Peter H. Schulze

Herrin beider Länder
Hatschepsut
Frau, Gott und Pharao

Peter H. Schulze

Herrin beider Länder Hatschepsut

Gustav Lübbe Verlag

3. Auflage
Schutzumschlag: Arno Häring, Bensberg
Schutzumschlag-Motiv: Georg Gerster (s. Bildquellenhinweise)
Gesamtherstellung: Friedrich Pustet, Regensburg
Printed in Germany 1976

ISBN 3-7857-0181-0

Inhaltsverzeichnis

»Amun, der gekommen ist,
sie auf die Nase zu küssen . . .«
(aus Hatschepsuts Geburtslegende
im Tempel von Der el Bahari)

*Meiner Frau, die mir Appetit
zum Schreiben gemacht hat*

Einleitung

Sie hatte einen Gott zum Vater, und zum ersten Mal in der Menschheitsgeschichte erzählt sie die großartige Legende von der Geburt des Gotteskindes durch eine Menschenfrau – 1500 Jahre vor dem Neuen Testament. Sie hat das längste und tiefste Felsengrab in die Steilwände des »Tales der Könige« im Westen von Theben, der alten Hauptstadt Ägyptens, schlagen lassen. Hoch ragt ihr Obelisk, die steinerne Nadel als Zeichen der Sonne, in den ägyptischen Himmel, von keinem anderen in Ägypten übertroffen. In drei Terrassen schwingt sich ihr Totentempel aufwärts an das Steilkliff im Felsenkessel von Der el Bahari. Nie zuvor noch danach hat ein ägyptischer Baumeister Gleiches vollbracht. Ihr Tempel ist der eigenartigste, schönste in Ägypten, unvergleichlich in seine Umgebung eingepaßt. Wer ist die Frau, die so Einmaliges vollbracht hat?

›Hatschepsut‹, »Erste der Edelfrauen«, war ihr Geburtsname, und ›Khnemetamun‹, »die Amun umfängt«, ergänzte sie ihn zu Ehren ihres göttlichen Vaters, als sie den Thron Ägyptens bestieg. Als regierender König von Ober- und Unterägypten trug sie den Thronnamen ›Makarê‹, »die Weltordnung ist das Wesen des Sonnengottes«. So nannte sie sich selbst auf ihren Denkmälern, und so bezeichneten die Zeitgenossen ihre Herrscherin. Wie sie den Namen aussprachen, wissen wir freilich bis heute nicht genau, da die altägyptische Hieroglyphenschrift nur Konsonanten wiedergibt – »Huschpeswa« dürfte der Aussprache zu Hatschepsuts Zeit nahekommen[1], wie Sprachforscher aus der Wiedergabe auf Keilschrifttafeln erschlossen haben. Wir bleiben aber bei allen ägyptischen Namen bei der uns vertrauten Umschrift unserer Geschichtsbücher.

Über zwanzig Jahre hat Hatschepsut das Land am Nilstrom als weiblicher Pharao beherrscht, die einzige Frau, die so lange, so erfolgreich und tatkräftig im alten Ägypten regierte. Sie war eine gewaltige Bauherrin, auf deren Spuren wir von der Alabastersphinx in dem Palmenhain, der sich heute bei Kairo an der Stelle des alten Memphis erhebt, bis weit nach Nubien hinein stoßen. Und kaum ein ägyptologisches Museum in der ganzen Welt birgt nicht wenigstens eines der Kunstwerke, die den unverwechselbaren Stil dieser großen Frau tragen. Dieser Stil, den sie allen Bauwerken und Statuen, den Reliefs und Wandbildern ihrer Zeit aufprägte, sagt viel über sie aus: Eine deutliche Herbheit und Zurückhaltung verbindet sich mit klarer Linienführung und einer Eleganz, die leicht, aber nie leichtfertig oder gar dekadent wirkt. Die Monumentalität ihrer Bauten und Statuen erwächst aus Gestaltung und Durchformung, sie verliert sich nie ins Nur-Kolossale wie in der späteren Ramessidenzeit.

Das Land blühte auf unter ihrer Regierung, und wir haben Zeugnisse dafür, daß auch Bauern und Handwerker teilhatten an dem zunehmenden Wohlstand. Hatschepsut läßt die Handelsfahrten nach Libanon und Syrien, nach Kreta und Nubien in großem Stil wieder aufnehmen. Eine erfolgreiche Expedition führt auf ihr Geheiß bis weit nach Ostafrika hinein, in das Land des Goldes und Weihrauchs, der Giraffen und der in Pfahlbauten lebenden schwarzen Menschen. Wiederum ist sie die Erste und Einzige, die uns die spannende Geschichte dieses Zuges ausführlich erzählt, mit Bildern von solcher Genauigkeit, daß Naturforscher noch heute danach Tiere und Pflanzen des Landes Punt, ja die Fische in seinen Flüssen bestimmen können.

Nicht nur am wirtschaftlichen Aufschwung des Landes hatten alle Bewohner in der einen oder anderen Form teil. Hatschepsut, die Frau auf dem Pharaonenthron, nahm die Verantwortung des Herrschers sehr ernst. Immer wieder betonen ihre Erlasse gleiches Recht aller Ägypter vor dem Gesetz und die Pflicht jedes Beamten, Bittsteller anzuhören und Gesuche unabhängig von Stellung und Grad persönlicher Bekanntschaft zu entscheiden.

In ihren Inschriften taucht immer wieder das »Ich« auf, ihre ganz persönliche Art, Ereignisse darzustellen und zu kommentieren. Sie brachte in die seit Urzeiten festgelegten Texte einen neuen Ton von Individualität der Person und von Einmaligkeit der Handlungen, von Stolz darauf, als Erster etwas geschaffen zu haben. Und diese Erkenntnis vermittelte Hatschepsut auch ihrem Volk. Plötzlich bricht sich dieses neue Gefühl in einer Flut von Schilderungen des eigenen Lebenslaufes in den Gräbern hoher und niederer Ägypter, von Priestern, Künstlern, Beamten und Soldaten, Bahn und läßt uns teilhaben an ei-

zu Seite 9:
Charme, Klugheit, Willensstärke: Hatschepsut als Pharaonin

ner Entwicklung, die zur geistesgeschichtlichen Geburt des Individuums führte – eintausend Jahre vor Hellas und seinen Philosophen, die unserem Bewußtsein bisher als die Entdecker der menschlichen Persönlichkeit und ihres Ranges galten.
Bis in das persönlichste aller Gefühle, die Liebe zwischen zwei Menschen, reichte das neue Bewußtsein von der Persönlichkeit, dessen Akkorde zur Zeit Hatschepsuts zum ersten Male in der Menschheitsgeschichte voll angeschlagen werden. Die Liebeslyrik konnte erst auf diesem Boden erwachsen, und in Hatschepsuts Jahrhundert entstehen die ersten ägyptischen Liebesgedichte, die uns noch heute durch die Tiefe des Gefühls und die Schönheit ihrer dichterischen Sprache entzücken und deren Bilder und Formen über das Hohelied Salomonis im Alten Testament bis in unsere Zeit fortwirken.
Ein großartiger Mensch war diese Hatschepsut – und eine sehr schöne Frau. Die Nase, auf welche der Gott Amun sie nach dem Zeugnis ihrer Geburtslegende küßte, als er kam, um die kleine Prinzessin den Göttern vorzustellen, diese Nase war höchst attraktiv, schmal und leicht gebogen. Der ausdrucksvolle, meist leicht lächelnde Mund, die großen Augen, eine wohlgerundete Stirn verbinden sich zu einem Gesicht, dessen Charme wir uns bei der Betrachtung ihrer Bilder und Statuen auch heute, nach so vielen Jahrtausenden, nicht entziehen können. So einmalig, so unverwechselbar ist es, und so vollkommen haben Hatschepsuts Künstler es dargestellt, daß wir auch unbeschriftete Statuen oder von späteren Königen mit deren Namen usurpierte Bilder ohne Mühe als die ihrigen identifizieren können.
Eine Frau auf dem Thron einer Weltmacht – dieses Thema hat die Geschichtsschreiber immer wieder fasziniert, und oft sagen sie in ihren Urteilen und Meinungen mehr über sich selbst, über das Bild der Geschlechter zu ihrer Zeit aus, als daß sie eine gerechte Würdigung der Heldin zu geben vermöchten. Auch an Person und Handlungen Hatschepsuts werden immer wieder die Maßstäbe angelegt, die in der gesellschaftlichen Vorstellung des jeweiligen Historikers bestimmen, was als »typisch männlich« und »typisch weiblich« zu gelten habe.
Liegt bei der Regierung Hatschepsuts ein Fall von Frauenherrschaft vor, von Mutterrecht und Matriarchat? Oder maßt sie sich eine Rolle an, die nur Männern zusteht? Führt sie eine »typisch weibliche« Regierung der Friedensliebe und des Pazifismus und versagt dabei? Ist sie nur Werkzeug männlicher Günstlinge, die im Hintergrund die Drähte ziehen und die wahren Regenten sind?
So viele Fragen und Theorien, und keine wird dem Wesen dieser Frau, ihrer geschichtlichen Leistung und Bedeutung gerecht, auch nicht

dem ägyptischen Denken jener Zeit und seinem Verständnis von den Rollen von Mann und Frau im Leben der Familie wie in der Erbfolge des Königtums.

Der geschichtliche Rang der Pharaonin Hatschepsut wird uns besonders deutlich, wenn wir sie an ihrem Vorgänger und an ihrem Nachfolger messen. Ihr Vater war Thutmosis I., der mit seinem Kriegszug nach Asien bis über den Euphrat hinaus das ägyptische Weltreich begründete, das sich vom heutigen Sudan bis Syrien und Palästina erstreckte und dort an die Reiche der Hethiter, Mitannis und Babylons grenzte. Ihr Nachfolger wurde ihr Stiefsohn Thutmosis III., den die Historiker übereinstimmend den größten aller Pharaonen nennen, weit bedeutender als ein Ramses II., dessen Gigantomanie ganz Ägypten mit seinen Riesenstandbildern bedeckte und der sich damit im Bewußtsein späterer Generationen vordrängte. Thutmosis III. war es, der dem Weltreich seines Großvaters durch erfolgreiche Kriegszüge und geschickte Diplomatie für mehrere Jahrhunderte Dauer verlieh, der sich in seiner langen Regierungszeit als kluger, energischer, kunstliebender und auf allen Gebieten der Staatsführung, der Wirtschaft und Verwaltung äußerst begabter Herrscher erwies.

Und dieser Thutmosis, dem man mit mehr Recht als vielen späteren Fürsten den Namen »der Große« zuerkennen könnte, war für mehr als zwanzig Jahre Mitregent Hatschepsuts, gekrönter Pharao auch er. Zwar war er zur Zeit seiner Thronbesteigung noch ein Kind, zeigte aber früh seine Herrscherbegabung, war Oberkommandierender der Armee und unternahm unter Hatschepsuts Regierung Kriegszüge. Er errichtete eigene Bauten – und stand doch deutlich an zweiter Stelle. Auch im Bewußtsein der Zeitgenossen, die mit großer Selbstverständlichkeit Hatschepsut als »Herrin der Beiden Länder«, als »Bugtau Ägyptens« bezeichneten, »die befiehlt und ihre Worte werden getan«.

Was muß das für eine Frau gewesen sein, die es nicht nur vermochte, einen solchen energischen, willensstarken Mann über zwanzig Jahre bis zu ihrem Tode von der Alleinherrschaft abzuhalten, sondern die auch deutlich die führende Rolle in dieser gemeinschaftlichen Regierung spielte! Zwischen dem großen Vater und dem gewaltigen Nachfolger behauptet Hatschepsut eine durchaus selbständige Stellung in der Geschichte Ägyptens, nicht als Lückenbüßer, sondern mit eigenständigen Leistungen, auf denen Thutmosis III. aufbauen konnte und die vieles von dem erst möglich machten, was er vollbringen sollte und was die oft ungerechte Geschichtsschreibung ihm allein zuschreibt.

Denn Hatschepsut war lange Zeit, weit über drei Jahrtausende, vergessen. Von dunklen Rätseln ist ihr Ende umschattet und das, was danach geschah: Ihre Bilder wurden ausgemeißelt, ihre Statuen zerschlagen, ihr Name ausgekratzt. Ausgelöscht sollte sie sein in der Erinnerung der Menschen, und keine der späteren Königslisten, keine griechischen Historiker nennen ihren Namen. Ihre Mumie schien verschwunden – vernichtet auch sie und damit jede Hoffnung für ein Weiterleben, für ein Wiederauferstehen, wie es die Ägypter glaubten?

Mit Mühe und großer Sorgfalt haben erst in unserer Zeit Forscher aller Nationen buchstäblich Stein für Stein zusammengetragen, um allmählich ein Bild dieser faszinierenden Herrscherin zu zeichnen, in dem noch immer manche Einzelheit fehlt, mancher Stein an falscher Stelle liegen mag, das aber doch ihre Größe, Bedeutung und ihr Schicksal als Fürstin und Frau aus dem Dunkel der Vergangenheit wieder auftauchen läßt und so eine späte Wiedergutmachung dessen ist, was man ihr vor Jahrtausenden angetan hat.

Beim Zusammentragen der durch Inschriften überlieferten und von der Forschung erschlossenen Daten über Leben und Werk der Königin stieß ich immer wieder auf weiße Flecken, auf Unbekanntes und auf Rätsel, deren von der Wissenschaft bisher angebotene Lösungen nicht befriedigen konnten. Durch eigene Forschung habe ich versucht, das Dunkel um Hatschepsuts Ende, um den Verbleib ihrer Mumie, um den Urheber ihrer Auslöschung und dessen Motive aufzuhellen und den Leser an dieser Detektivarbeit der Spurensuche, Spurensicherung und Motivforschung teilhaben zu lassen.

Das Manuskript wurde im Frühjahr 1974 abgeschlossen, konnte aber erst zwei Jahre später in Druck gehen. Die neuesten Forschungsergebnisse wurden, soweit möglich, noch eingearbeitet. Sie änderten nichts an den vorher gewonnenen Grunderkenntnissen und Deutungsversuchen.

1.
Fremdherrschaft und Befreiung

Wie sah die Umwelt Ägyptens aus, als Hatschepsut kurz nach der Wende vom 16. zum 15. vorchristlichen Jahrhundert den Thron der Pharaonen bestieg?
Die Dynastie des berühmten Hammurabi in Babylon war seit hundert Jahren erloschen, und die Stadt begann, ihren Einfluß unter westsemitischen Königen allmählich wieder auszubreiten. Assur und Ninive waren recht unbedeutende Lehmsiedlungen unter Königen, die um das bloße Überleben kämpften. Das erste, das Alte Reich der Hethiter war zerfallen, und Thronstreitigkeiten wurden von den mächtig ihr Gebiet ausweitenden Königen von Mitanni ausgenützt, um große Teile von Nordsyrien unter ihren Einfluß zu bringen, nachdem sie sich von dem Schlag erholt hatten, den ihnen Thutmosis I., Hatschepsuts Vater, mit seinem Blitzfeldzug zum Euphrat versetzt hatte. Doch sie hüteten sich noch geraume Zeit, in ägyptisches Einflußgebiet vorzudringen.
In Kreta ging man in dieser Zeit an den Wiederaufbau des Palastes von Knossos, der in den großen Erdbeben um die Wende des 16. Jahrhunderts zerstört worden war. Auf dem griechischen Festland breitete sich die Macht von Mykenä und der Einfluß seiner Kultur aus. Die homerischen Helden aber waren noch längst nicht in Sicht: die ersten dorischen Einwanderer sollten erst 200 Jahre nach Hatschepsuts Tagen Griechenland erreichen. Und die Urväter der Bibel, Abraham und seine Nachkommen, weideten ihre Herden noch in »Ur in Chaldäa«.
Über dieses ganze weite Gebiet Vorderasiens waren in den Jahrhunderten vor Hatschepsut wiederholt Züge von Stämmen und Völkern hinweggegangen, angestoßen von den Ausläufern der ersten indoari-

schen Wanderung. Ein solcher Völkerschub hatte auch Ägypten erreicht und in einer Zeit innerer Zerrissenheit und Schwäche gar zu einer Fremdherrschaft geführt. Die Geschichte kennt sie unter dem Namen »Hyksos«, der griechischen Umschrift einer ägyptischen Bezeichnung für »Herrscher der Fremdländer«. Erst knapp drei Generationen lag für Hatschepsut die nach langen und harten Kämpfen errungene Befreiung Ägyptens zurück.

Der Schock aber von der einstigen Besetzung Ägyptens, das doch in seiner Geschichte nie zuvor einen fremden Herren erlebt hatte, saß noch immer tief. Königin wie Beamte, Künstler wie Offiziere beschwören in ihren Inschriften immer wieder die Zeit, in der Fremde über das Land am Nilstrom herrschten, »die Rê nicht kannten«, Rê, den Sonnengott Ägyptens, der hier für alle seine Götter, ja sein Denken, seine kulturelle Eigenart und seine Selbstidentität als Volk steht.

Die große indoarische Wanderung hatte im 18. Jahrhundert die Hurri – das Alte Testament nennt sie »Horiter« – aus ihren Sitzen in den armenischen Bergen um den Van-See verdrängt[1]. Auf ihrer Wanderung nach Süden und Westen überrannten diese Hurri, wahrscheinlich bereits unter indoarischer Führung, zahlreiche Stadtkönigtümer Syriens und Palästinas. Sie bildeten dort eine neue Herrenschicht, nahmen teils die Kultur und die Sprache der Unterworfenen an, hinterließen aber auch tiefe Spuren ihrer Religion und Weltsicht.

Sie gründeten am Euphrat das Mitannireich, das als Feind und später als Verbündeter ein Hauptpartner des ägyptischen Imperiums werden sollte. Hier, in Mitanni, sind manche Namen von Königen, Prinzen und hohen Beamten indoarischen Ursprungs[2]. Waren es also Hurrigruppen, die in Ägypten einbrachen und dort als »Hyksos« bezeichnet wurden? Und hatten sie gar eine indoarische Oberschicht?

Ein Hurrieinfluß auf die Hyksos ist nach einigen Namen ihrer Herrscher, Kleinfürsten und ihres Gefolges möglich. Auch viele Namen semitischen Ursprungs finden wir bei den Hyksos, wie es nach den langen Zügen durch semitisches Gebiet in Vorderasien auch zu erwarten ist. Indoarische Namen tauchen aber in Ägypten in Zusammenhang mit den Hyksos nicht auf, so daß wir über eine Beteiligung indoarischer Gruppen und Personen am Hyksoseinfall in Ägypten auf Vermutungen angewiesen sind.

Ein Großreich haben die Hyksos nicht geschaffen, ebensowenig die Hurri[3]. Aber wahrscheinlich bildeten alle die Städte, Stämme und Staaten, die unter hurrischem Einfluß standen oder mit hurrischen Machtzentren verbündet waren, eine lockere Föderation[4] und er-

kannten, zumindest im Raum Palästina-Syrien, die Oberherrschaft des Hyksoskönigs an, der in Ägypten residierte. Dieser Hyksos-Staatenbund sollte für die Bildung des ägyptischen Weltreichs nach den Freiheitskriegen von wesentlicher Bedeutung werden.
Auch in Ägypten haben die Hyksos, deren Herrscher als Pharaonen anerkannt wurden und als 15. ägyptische Dynastie gezählt werden, die Form der lockeren, indirekten Herrschaft gewählt. Obgleich ganz Ägypten bis zum ersten Katarakt bei Assuan ihrer Oberherrschaft unterstand und ihnen steuerpflichtig war, gab es vor allem in Oberägypten mehrere lokale Fürstentümer, die in allen Fragen der inneren Verwaltung weitgehend selbständig blieben. Im Deltagebiet hatten die Hyksos Unterhäuptlinge aus ihrem eigenen Gefolge als Teilfürsten eingesetzt, die in der ägyptischen Geschichtsschreibung als sogenannte »Kleine Hyksos« die 16. Dynastie bilden. In Oberägypten waren es dagegen Gaufürsten ägyptischer Herkunft, zu denen auch die Fürstenfamilie in Theben gehörte, die als 17. Dynastie zählt und aus der Hatschepsuts unmittelbare Vorfahren hervorgegangen sind.
Die Herkunft dieser thebanischen Fürstenfamilie verliert sich im Dunkel der »Zweiten Zwischenzeit«, den historisch wenig erschlossenen Jahrhunderten zwischen den Blütezeiten des »Mittleren« und des »Neuen Reiches«. Wir wissen nicht, ob ihre Begründer etwa Nachkommen der letzten Pharaonenfamilie des Mittleren Reiches gewesen sind, und von den meisten dieser Regenten kennen wir allenfalls die Namen.
Das ändert sich erst mit zwei Herrschern, die beide den Namen Tao tragen und etwa zu Beginn der Regierung des Hyksospharaos Apophis lebten, der vom Ende des 17. bis etwa Mitte des 16. vorchristlichen Jahrhunderts über Ägypten herrschte. Volkserzählungen aus viel späterer Zeit, die uns in Papyrushandschriften erhalten sind, bewahren eine Erinnerung daran, daß die Taofürsten die Last der Hyksosherrschaft immer drückender empfanden und gelegentliche Auseinandersetzungen mit dem Oberherrn, der von der Stadt Auaris im Nildelta aus regierte, nicht scheuten.
Die Mumie Taos II., der den Thronnamen Seqenenrê trug, wurde im vorigen Jahrhundert mit denen der großen Pharaonen des Neuen Reiches in einem Versteck ganz in der Nähe des berühmten Terrassentempels seiner Ur-Urenkelin Hatschepsut gefunden. Der französische Ägyptologe Maspero, der diesen Fund zusammen mit dem Deutschen Emil Brugsch barg und untersuchte, kann in seinem Bericht unter der trockenen Gelehrtensprache kaum seine Erschütterung über den Befund verbergen: Deutlich zeigen die schweren Hals- und Schädelwun-

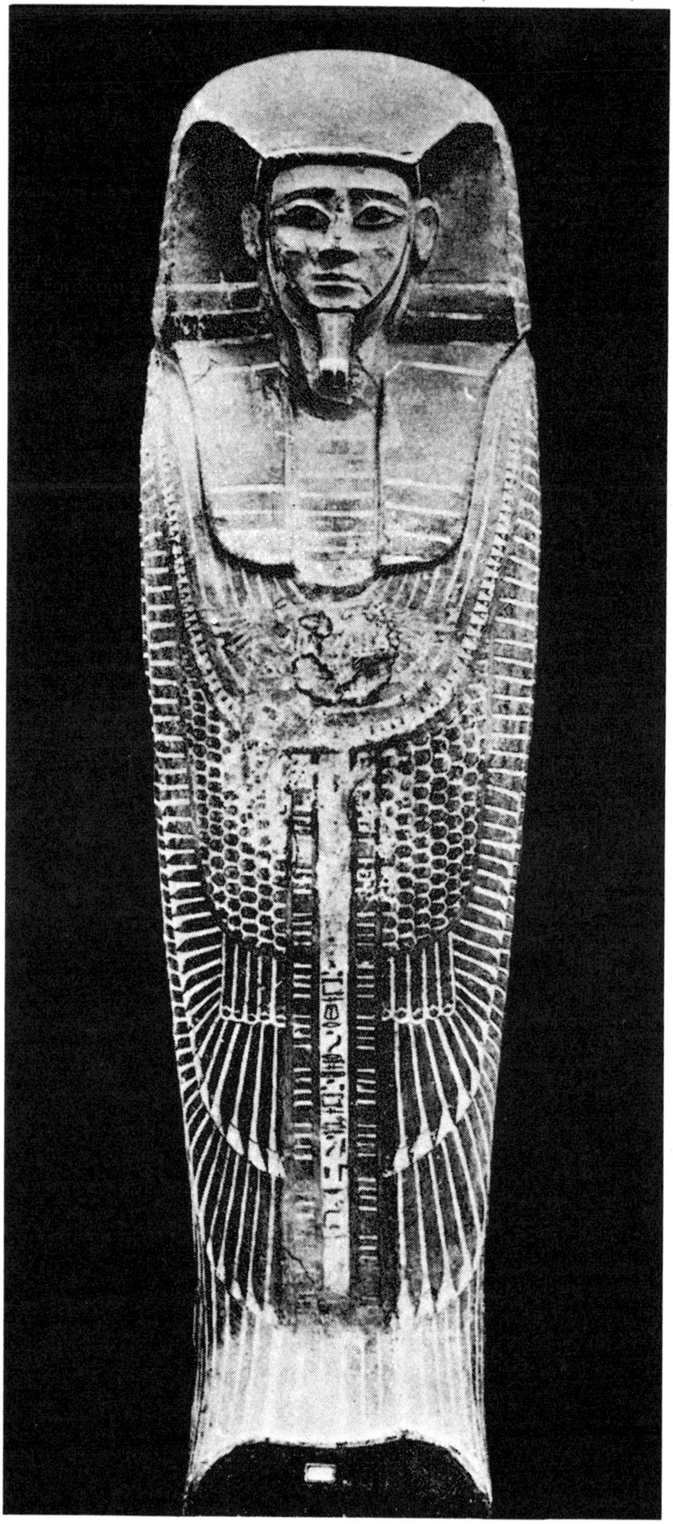

Kamose begann den
Befreiungskampf
gegen die Hyksos

den und die im Todeskampf verzerrten Züge der Mumie, daß Tao II. nach hartem Kampf – gegen die Hyksos oder ihre ägyptischen Kollaborateure – fiel und den Beinamen »der Tapfere« verdiente, den spätere Generationen ihm beilegten.
Aber erst Taos Sohn Kamose, der etwa 1560 v. Chr. seinem Vater auf den Thron folgte[6], fühlte sich stark genug, einen größeren Feldzug gegen den Hyksosoberherrn zu führen und seinen Vater zu rächen. Bei diesen Kämpfen, die Kamose auf einer erhaltenen Stele schildert[7], werden zum ersten Mal in Ägypten von Pferden gezogene Streitwagen erwähnt. Diese neue Kriegswaffe hatten die Ägypter – ebenso wie den zusammengesetzten Bogen oder den syrischen Kriegshelm – erst durch die Hyksos kennengelernt.
Der Zug Kamoses führte ihn bis vor die Mauern der Hyksoshauptstadt Auaris, die er jedoch nicht einnehmen konnte – offenbar reichten Anzahl und Bewaffnung seiner Truppen noch nicht für die Eroberung gut befestigter Plätze aus. Kurz nach diesem Feldzug, mit dem die ägyptischen Befreiungskriege gegen die Hyksos eröffnet wurden, muß Kamose gestorben sein.
Seinem Bruder Ahmose war es vorbehalten, das Werk der Befreiung fortzusetzen und zu vollenden. Nach einer Pause von mehreren Jahren, aus denen keine Quelle etwas über Kämpfe berichtet und die vielleicht auf beiderseitige Erschöpfung nach Kamoses Unternehmen zurückzuführen ist, setzen die Gefechte mit einem Vorstoß der thebanischen Nilflotte gegen Auaris ein. Diesmal wird nach langer und für beide Seiten verlustreicher Belagerung die Stadt erobert. Ahmoses Heer setzt dem fliehenden Feind nach und vertreibt ihn schließlich über die ägyptische Grenze.
Hier, in Südpalästina, setzen sich die Hyksos ein letztes Mal erbittert zur Wehr. Wir wissen dies aus dem Lebensbericht an der Grabwand eines Marineoffiziers, der wie sein König den Namen Ahmose trug, in dem es heißt: »Man belagerte Scharuhen (eine südpalästinensische Festung) drei Jahre lang. Seine Majestät eroberte es. Da brachte ich Beute von dort: zwei Frauen, eine Hand (als Beweis für die Erschlagung eines Feindes). Man gab mir das Gold der Tapferkeit und die Beute als Sklaven . . .«[8]
Die Hartnäckigkeit, mit der die Hyksos nach diesem Bericht drei Jahre lang die Stadt Scharuhen verteidigt haben, ist ein Beweis dafür, daß das Hyksosreich über die Grenzen Ägyptens hinausgriff und mindestens noch Südpalästina einschloß – eine starke Stütze für die Vermutung, daß das Hyksosreich Teil einer größeren, Syrien und Palästina umfassenden hurrischen Konföderation gewesen ist[9].

So tief und langwirkend der Schock war, den die Fremdherrschaft der Hyksos bei den Ägyptern auslöste, so eindrücklich und vielseitig waren die Auswirkungen der Befreiung aus eigener Kraft.
Geschichte wird nun auch als Folge einmaliger, auf ein bestimmtes Ziel gerichteter Handlungen begriffen und nicht mehr ausschließlich als ewig sich wiederholende, in gewaltigen Kreisen verlaufende Erhaltung und Befestigung der Maat, der Weltordnung, wie sie die Götter gegründet hatten. Der einzelne und besonders der König, in dem das gesamte Volk sich gegenüber Göttern und Welt repräsentiert fand, hatte bisher eine streng festgelegte Rolle in der Geschichte gespielt, die somit zum kultischen Vollzug vorgegebener Rituale wurde[10].
Gewiß – wie stets in Ägypten, verschwindet das Alte nicht, es behält seine Bedeutung und gibt weiterhin dem Ausdruck des Denkens Form, setzt ihm gewisse Grenzen. Aber das Neue tritt hinzu, erweitert das Lebensgefühl und verhindert Erstarrung und Versteinerung.
Und dieses neue Lebensgefühl ist so stark und umfassend, so alles durchdringend, daß es in kurzer Zeit eine neue Blüte des Landes und der Kultur hervorbringt. Durch alle Äußerungen zieht sich ein Gefühl der Freiheit, der Persönlichkeit, eine Jugendfrische, die diese Zeit der frühen 18. Dynastie nicht nur zu einer der großen Zeiten Ägyptens, sondern für uns zugleich zu einer der anziehendsten Perioden in der Kulturgeschichte dieses Landes machen – und wir werden noch sehen, daß Persönlichkeit, Leistung und Geschmack der Pharaonin Hatschepsut dabei eine große Rolle spielen.
Diese freiere Auffassung zeigt sich auch in den Beziehungen Ägyptens zur Umwelt. Im Alten und im Mittleren Reich beschränkte sich Ägypten ganz auf sich selbst. Für den Ägypter hatten die Götter nur in diesem Land die rechte Ordnung errichtet – jeder Ausländer, alles Fremde war tief unterlegen, verächtlich und eigentlich lächerlich.
Die Hyksoszeit riß Ägypten gewaltsam aus dieser selbstzufriedenen Abkapselung. Die folgenden Befreiungskriege bannten dann die Gefahr, daß diese Gefühle in Minderwertigkeitskomplexe und Selbstmitleid umschlugen. Sie brachten mit ihren weiten Zügen über jahrtausendealte Grenzen ein Kennenlernen des Auslandes und vielfältige menschliche Kontakte, durch die zahlreichen Gefangenen und Zuwanderer auch in Ägypten selbst. Denn – erfreulich genug und anders, als wir das von anderen alten Völkern Asiens kennen – Fremdherrschaft und Befreiung führten keineswegs zu Verfolgung aller Fremden und ihrer Eigenarten, sondern zu einer erstaunlichen Großzügigkeit und einem zunehmenden Interesse an allem, was jenseits der Grenzen lag und von dort kam. Zahlreiche Anregungen technischer, künstleri-

scher und militärischer Art wurden aufgenommen und haben Ägypten bereichert. Seine Kultur und sein Selbstbewußtsein waren stark genug, daß diese fremden Einflüsse nicht zu einer Umformung oder Überfremdung führten – sie verstärkten aber das Lebendige und Menschliche, das diese Zeit auszeichnete.

Das neue Erleben der Geschichte sowie der Völker und Vorgänge im Ausland führten auch erstmals zu einer ägyptischen Außenpolitik, die wirklich diese Bezeichnung verdient. Ägypten schaltet sich jetzt bewußt und planmäßig in das Spiel der Großmächte seiner Zeit ein. Es entwickelt eine diplomatische Kunst, deren Höhepunkt wir einige Generationen später in den berühmten Amarnatafeln mit der Korrespondenz zwischen den Herrschern Ägyptens, Mitannis, des Hethiterreiches und der syrischen Kleinkönige bewundern können.

Auch hier liegen die Wurzeln natürlich schon in der Vergangenheit, und es ist wahrscheinlich, daß sowohl Kamoses wie Ahmoses Kriegszüge durch außenpolitische Ereignisse ausgelöst wurden. Auffällig ist jedenfalls, daß kurz vor Kamoses Zug gegen Auaris der Hethiterkönig Hattuschili I. einen Angriff gegen hurrische Stadtkönigreiche in Syrien führte, durch den die hurrische Konföderation geschwächt wurde[11], und daß dem endgültigen Stoß Ahmoses gegen die Hyksos der Feldzug König Murschilis I. vom Hethiterreich quer durch die nordsyrischen Hurri-Staaten gegen Babylon vorausging, womit dort die Dynastie des berühmten Gesetzgebers Hammurabi ihr Ende fand[12].

Man sage nicht, daß Verkehrsverhältnisse und Technik zu so früher Zeit solch weiträumige Abstimmung politischer Aktionen, ja auch nur die gegenseitige Information gar nicht möglich gemacht hätten. Es ist immer wieder erstaunlich, daß man zu dieser, ja zu noch viel früherer Zeit an zahllosen Funden nachweisen kann, wie ein ständiger Strom von Kaufleuten, von wandernden Stämmen, Gruppen und Einzelpersonen für Verbindungen zwischen Staaten und Völkern sorgte, für Austausch von Rohstoffen, Handelsgütern, technischen und kulturellen Kenntnissen – und natürlich und vor allem auch von Informationen.

Wir wissen zudem aus allen Staaten Vorderasiens von den frühesten Zeiten an, welche Rolle der »Bote« nicht nur innerhalb des jeweiligen Herrschaftsbereiches spielte, sondern auch zur Übermittlung von Nachrichten nach außen und von außen. So erscheint eine ähnliche Verbindung Thebens zum Hethiterreich oder zumindest recht genaue Kenntnis über das, was jenseits des Hyksosgebietes geschah, durchaus möglich. Wie dem auch sei – Tatsache ist, daß Hyksosherrschaft und Befreiung von ihr für Ägypten das Tor zur Welt aufgestoßen haben.

2.
Eine Dynastie der Erneuerung

Ungefähr um das Jahr 1551 vor unserer Zeitrechnung bestieg Ahmose, der König in Theben und Besieger der Hyksos, den Thron Ägyptens. In jeder heutigen ägyptischen Geschichte beginnt mit ihm eine neue, die 18. Dynastie[1]. Das ist nach europäischen dynastischen Begriffen ungewöhnlich: Er gehört nicht nur der Hauptlinie der bisherigen Königsfamilie, der 17. Dynastie, an, sondern ist auch legitimer Erbe des Thrones nach dem frühen Tod seines älteren Bruders Kamose, der offensichtlich keine erbberechtigten Kinder hinterließ. Ahmose war zudem legitimiert nach den ägyptischen Auffassungen seiner Zeit und dem »Hausgesetz« der thebanischen Herrscher der 17. Dynastie, indem er die Erbtochter Ahmes-Nefertari, Tochter des Seqenenrê Tao II. und seiner Großen Königlichen Gemahlin Ahhotep (folglich seine eigene Schwester) heiratete.
Die Ordnung nach Dynastien erfolgte jedoch in Ägypten nicht nach schematischen Familienbegriffen, sondern faßte Könige gleicher Herkunft und mit gleicher offizieller Residenz zusammen, die den gleichen Machtbereich haben und der gleichen Geschichtsepoche angehören[2]. Und so spricht es für ein sehr feines Geschichtsgefühl, daß mit Ahmose, der durch die Vertreibung der Fremden die Königsherrschaft über ganz Ägypten und damit die göttliche Weltordnung wiederherstellte, eine neue Dynastie beginnt, obgleich er in ungebrochener genealogischer Folge der vorigen steht.
Ahmose war nicht nur wegen seiner Kriegstaten und -Erfolge ein geeigneter Dynastiegründer und »Vater des Neuen Reiches«, das mit dieser Dynastie beginnt. Nach Abschluß der Feldzüge ging er unverzüglich daran, das Land wiederaufzurichten, Wirtschaft und Verwaltung anzukurbeln und die Tempel wieder aufzubauen. Auch hier er-

Hatschepsuts Großvater Amenophis I. auf seinem Alabasterschrein im Karnak-Tempel

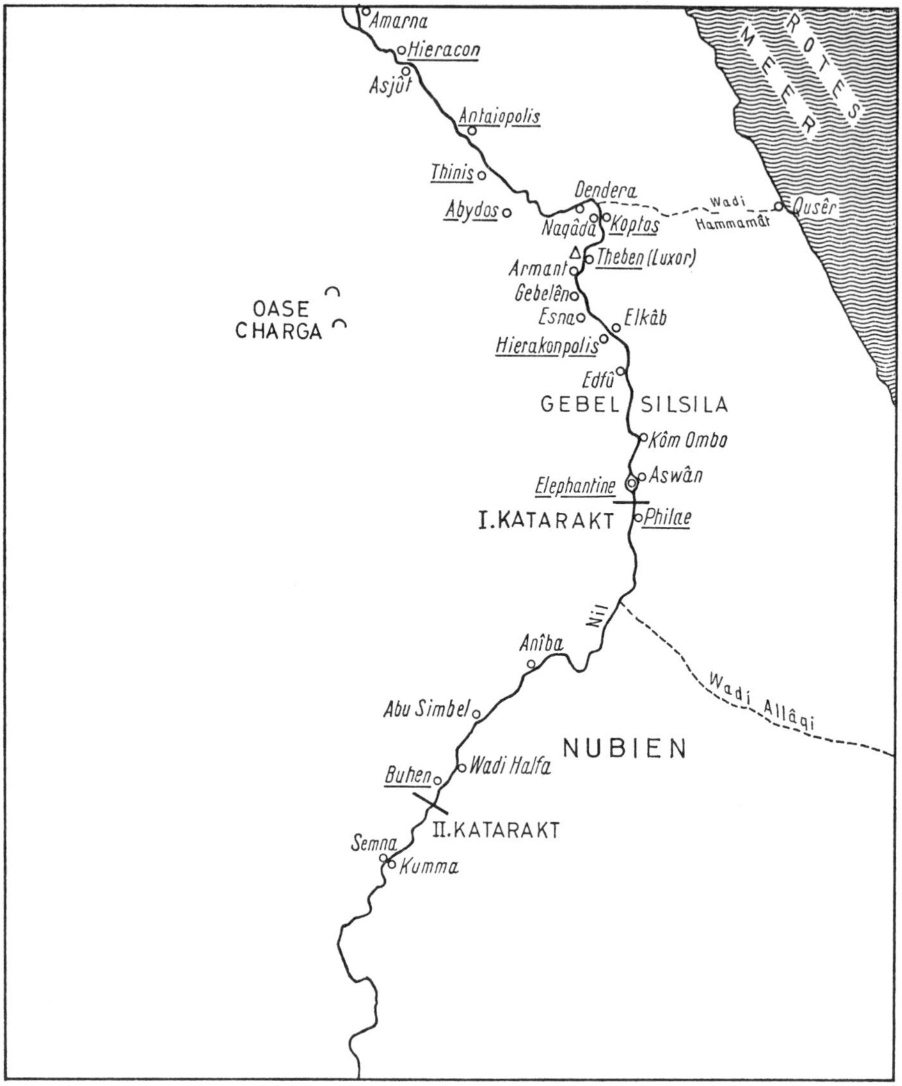

wies er sich als Herrscher von großer Energie und außergewöhnlichen Fähigkeiten; ein in jeder Hinsicht würdiger Ahnherr der glänzenden Herrscherreihe, die diese begabte Dynastie in den Königen mit den Namen Amenophis und Thutmosis durch fast zwei Jahrhunderte aufwies – und in die sich Hatschepsut würdig einfügen sollte.

Mit großer Wahrscheinlichkeit trifft die Angabe des spätägyptischen Priesters und Geschichtsschreibers Manetho zu, daß König Ahmose 25 Jahre regiert habe[3], so daß als sein Todesjahr etwa 1526 v. Chr. anzusetzen wäre. Er wurde, wie seine Vorfahren, nördlich vom späteren »Tal der Könige« in Dra Abu'n Naga in Theben-West begraben; seine Mumie wurde im Sammelversteck von Der el Bahari gefunden[4].

Ahmose und seine »Große Königliche Gemahlin« Ahmes-Nefertari hatten mehrere Kinder, von denen die meisten früh starben. So bestieg eines der jüngsten Kinder des Pharaos, Amenophis, der erste seines Namens, den Thron etwa im Jahre 1526 v. Chr. Wir kennen dieses Datum ziemlich genau, weil in einem medizinischen Papyrus aus seiner Regierungszeit ein astronomisches Datum enthalten ist, das eine exakte Rückrechnung erlaubt, nämlich der Frühaufgang des Sirius, den die Ägypter Sothis nannten und dessen erstmalige Sichtbarkeit am Morgenhimmel alljährlich die ersehnte Nilflut ankündigte[5].

Der altägyptische Kalender, der schon zur Zeit der Reichseinigung um das Jahr 3000 v. Chr. festgelegt worden war und das Jahr in 12 Monate

zu je 30 Tagen mit 5 Zusatztagen am Jahresschluß einteilte, war mit seinen 365 Tagen der genaueste der Alten Welt und wurde noch von Julius Caesar als Grundlage für seine Kalenderreform benutzt; aber er kannte keine Schalttage, und damit fehlte ihm alle vier Jahre ein Tag am Sonnenjahr, so daß im Laufe der vieltausendjährigen ägyptischen Geschichte jeder Kalendertag mehrmals durch alle Jahreszeiten wanderte. Zudem gab es in der ägyptischen Zeitrechnung kein »vor Christi Geburt«, kein »ab urbe condita – nach Gründung der Stadt« wie im römischen, kein »seit der Auswanderung (Muhammeds nach Medina)« wie im arabischen Kalender.
Die Jahre wurden nach dem Regierungsantritt jedes Pharaos neu gezählt, und da wir häufig weder Anzahl der Regierungsjahre noch Beginn und Ende jeder Regierung kennen, ist die Zeitbestimmung oft nur durch komplizierte Vergleichsrechnungen annähernd möglich – wenn nicht eine solche Angabe wie bei Amenophis I. zu Hilfe kommt. Für ihn und seine Nachfolger sind wir daher auf gesichertem Boden. Wenn auch gewisse chronologische Probleme noch immer unter den Gelehrten heftig diskutiert werden, nehmen wir künftig die von dem Ägyptologen Erik Hornung vorgeschlagenen Daten[6] für die frühe 18. Dynastie an und verzichten darauf, bei jeder Jahreszahl das streng wissenschaftlich immer noch notwendige »etwa« hinzuzufügen.
Aus Amenophis' I. Regierung kennen wir nur kurze Erwähnungen von Feldzügen nach Nubien und Sinai, die aber offenbar eher Strafexpeditionen gegen aufrührerische Nomaden als wirkliche Kriege waren. Dennoch bestätigen ihm die Historiker: »er verdient den Ruf der Größe«[7]. Es ist völlig richtig, die Größe eines Herrschers eher an seinen Friedenstaten zu messen als an seinem Kriegsruhm – bei Hatschepsut freilich werden wir erleben, daß die Ägyptologie plötzlich andere Maßstäbe anlegt. Amenophis' I. Regierungstaten waren vor allem die weitere Konsolidierung des Landes, seiner Wirtschaft, des Kultus seiner Götter und eine rege Aufbautätigkeit.
Die Porträtstatuen des Königs zeigen für die frühe 18. Dynastie typische Züge: vorspringende, leicht geschwungene Nase, fester Mund, enggestellte Augen, hohe, massive Kinnbacken. In Form und Ausdruck stimmen sie voll mit dem Bild überein, das wir uns von den Herrschern dieser Zeit zu machen versuchen: Tatkräftig, wach, energisch, tüchtig – und sehr menschlich, weder ins Göttliche entrückt wie die Könige des Alten Reiches noch alles menschliche Maß unter sich lassend wie die späteren Ramessiden.
Auch Amenophis I. war mit seiner Schwester verheiratet, die nach der gemeinsamen Großmutter den Namen Ahhotep trug. Ihr Titel war

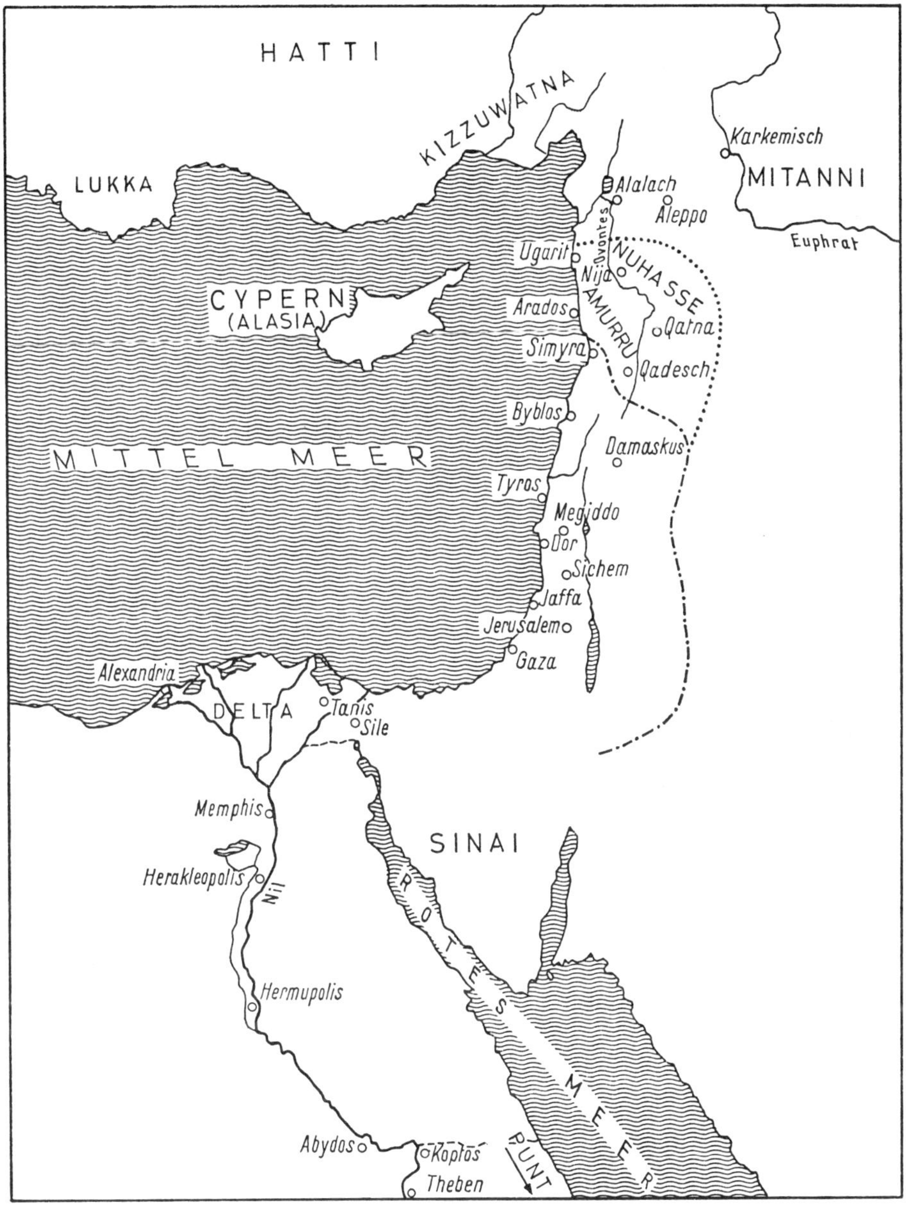

–·–·–·–·–·–·–
Ausdehnung des ägyptischen Machtbereichs in Asien nach dem Friedensschluß Ramses' II. mit den Hethitern (1270)

················
Weiteste Ausdehnung des ägyptischen Machtbereichs unter Tuthmosis III. (1450)

»Königsmutter«, obwohl sie nicht Mutter des auf Amenophis folgenden Königs Thutmosis I. war[8]. Nach Ahhoteps Tod heiratete der König deren (und seine) jüngere Schwester Meryet-Amun. Eine dritte Schwester, Ahmose, genannt »Königsschwester«, trug den Titel der »Gottesgemahlin des Amun«.

Amenophis I. starb 1505. »Seine Majestät führte die Lebenszeit als einer mit schönen Jahren in Frieden; er stieg auf zum Himmel, vereinigte sich mit der Sonne und gesellte sich zu dem, aus dem er hervor-

gegangen war«. Mit diesen schönen Worten verabschiedet in seiner Grabinschrift der Baumeister Ineni seinen König[9].
Sein Grab – oder das für seine Mutter Ahmes-Nefertari, die genaue Bestimmung ist umstritten[10] – liegt hoch an einer Felsklippe über den Ziegelpyramiden der Vorfahren an Thebens Westseite. Es steht fest, daß der König dieses Grab hat errichten lassen. Und mit dieser Form des Felsgrabes sowie mit der Trennung des Grabes vom Grabtempel schuf er die entscheidende kultische und bauliche Neuerung für den königlichen Totenkult, der seine Nachfolger der 18., 19. und 20. Dynastie treu blieben, auch als sie längst nicht mehr in Theben residierten. Im Tode kehrten sie zurück in die tiefen Grabstollen, die weit in die Felsen eines öden Wüstentales hineinreichen, das bis heute das »Tal der Könige« heißt. Ihre Grabtempel aber standen zum Nil hin jenseits einer Bergwand, an der Grenze zum Fruchtland und ausgerichtet auf das Reichsheiligtum von Karnak.
Das Grab barg aber noch ein Geheimnis. Wir müssen es hier erwähnen, weil es – vielleicht! – einen Beitrag zur Entschlüsselung der Politik dieser ersten Könige nach der Befreiung liefert: In diesem Grab also lag eine Vase, die deutlich den Namen »Herita, Tochter des Ausserrê« trägt[11]. Ausserrê aber ist der Thronname des Hyksosherrschers Apophis, und dieser Name ist nicht ausgelöscht, wie dies sonst mit den Namen überwundener Feinde zu geschehen pflegte. Man hat hieran die Vermutung geknüpft, daß die Befreierkönige oder ihre unmittelbaren Nachfolger ganz planmäßig verwandtschaftliche Beziehungen mit den Hyksos herstellen wollten – in diesem Fall also Amenophis I. eine Tochter des Apophis als Nebenfrau geheiratet habe – um das legitime Erbrecht auf das Hyksosreich zu erwerben[12].
Wir können außer diesem Vasenbruchstück keine Belege finden, um diese Vermutung zu beweisen. Sie hat immerhin zwei weitere Stützen: Einmal wäre es eine typisch ägyptische und besonders für diese Zeit der jungen 18. Dynastie mit ihrer überragenden staatsrechtlichen Rolle der »Erbtochter« durchaus auf der politischen Linie liegende Überlegung. Zum anderen könnte es auch die kriegerische Untätigkeit Ahmoses nach seinem Sieg über die Hyksos und Amenophis' I. in Palästina und Syrien erklären. Für die syrischen Städte, die Mitglieder der hurrischen Föderation waren, hätte die Vertreibung der Hyksos nur einen Wechsel der Oberkönige bedeutet, und sie erkannten die Pharaonen als deren legitime Nachfolger an[13].
Für die Pharaonen aber hätte dann die Ausdehnung ihres Reiches weder Expansion noch Imperialismus bedeutet, sondern das Antreten eines Erbes.

3.
Drei Königinnen machen Geschichte

Eine kleine, zarte Königsgemahlin steht am Anfang der Reihe eindrucksvoller Frauengestalten, die hinter, neben oder gar auf dem Thron Ägyptens im 16. und 15. Jahrhundert die Geschicke des Landes in dieser für Ägypten so entscheidenden Zeit mit geleitet haben.
Sie hieß Tetischêre, »die kleine Teti«, und stammte von bürgerlichen Eltern ab[1]. Ihr Gatte war der Pharao Senachtenrê Tao I., von dem die Geschichte kaum etwas zu berichten weiß[2]. Ihre Mumie, die in demselben Versteck wie die ihres Sohnes Tao II., des Tapferen, und so vieler anderer Pharaonen gefunden wurde, bestätigt trotz der schweren Beschädigungen durch Grabräuber alter und neuer Zeit, was uns die von ihr erhaltene Statuette zeigt: sie war sehr klein, mit feinen Hand- und Fußgelenken, einem schmalen, sehr reizvollen Gesicht mit großen Augen und langem Haar, dem man bei der Mumie durch Einflechten falscher Zöpfe die Fülle ihrer Jugendzeit wiederzugeben sich bemüht hatte.
Für sie gilt wie für alle ihre Schwestern auf und hinter dem Thron des Nillandes: Sie waren alles andere als Blaustrümpfe in Reformkleidern. Ihre Statuen, Bilder und sogar die Mumien verraten eine raffinierte Kosmetik und Schminktechnik. Salben und Parfüms spielten eine große Rolle, und die Gewänder aus feinstem, durchsichtigen Leinen waren höchst elegant und raffiniert zugleich. Sie trugen gern und viel Schmuck, den die Künstler des Hofes – ob in den ersten, kargen Jahrzehnten aus einfachem Material oder später aus Gold und Halbedelsteinen – außerordentlich geschmackvoll zu gestalten wußten: Diademe und hohe Goldfedern zum Schmuck der Frisur und der häufig getragenen Perücken, Ohrgehänge und Halsketten, die oft zu sehr dekorativen breiten Halskragen zusammengelegt wurden, Armreifen

jeder Art und Breite und schließlich eine Vielzahl verschiedener Fingerringmodelle. Sie waren vom Äußeren her alles andere als harte Karrierefrauen, diese Königsmütter, Königsgemahlinnen und Herrscherinnen, von denen wir hier hören, und noch viel weniger waren sie indolente Haremsdamen.

Das gilt auch schon voll und ganz für die erste in dieser Reihe, Tetischêre. Man kann sich bei ihrem Aussehen gut vorstellen, daß sie ein wahres Energiebündel gewesen sein muß. In jener für das Fürstentum Theben besonders kritischen Zeit, als die Entscheidungen für die künftige Politik gegenüber den Hyksosherrschern zu treffen waren, muß sie nachdrücklich die Politik des Widerstandes gegen die Fremden vertreten haben.

Sie überlebte ihren Gatten Tao I., ihren Sohn Tao II. und den ersten ihrer Enkel auf dem Thron, Kamose, und erlebte sogar noch die ersten Thronjahre ihres Enkels Ahmose und damit den Beginn der endgültigen Befreiung Ägyptens vom Joch der Hyksos. Nach ihrem Tod tat Ahmose, der regierende Pharao, etwas absolut Ungewöhnliches: Er errichtete seiner Großmutter nicht nur ein Grab (das war üblich), sondern auch eine Kapelle auf heiligem Boden in Abydos, nahe dem »Grab des Osiris«, mit einem Teich und einem Baumgarten. Aber lassen wir den König selbst sprechen. Wir finden die bewegende Szene auf dem Denkstein in dieser Kapelle:

»Es geschah aber, daß Seine Majestät in der Säulenhalle saß, der König von Ober- und Unterägypten Nebpehtirê, der Sohn der Sonne Ahmose . . ., indem die Gunstreiche, die Anmutige, die Königstochter, Königsschwester und Große Königliche Gemahlin Ahmes-Nefertari, sie lebe!, bei Seiner Majestät war. Einer sprach zum anderen und suchte, was für die Dahingeschiedenen nützlich ist, nämlich Wasser zu spenden und auf dem Altar zu opfern an allen Festen des Himmels und der Erde.

Es sprach seine Schwester (die Königin), indem sie ihm antwortete: ›Warum erinnert man (Höflichkeitsanrede für den König) sich dieser Dinge? Weshalb spricht man darüber? Was ist deinem Herzen eingefallen?‹

Der König selbst aber sprach zu ihr: ›Ich denke viel an die Mutter meiner Mutter und die Mutter meines Vaters, die Große Königliche Gemahlin, die Mutter eines Königs, Tetischêre, die selige‹. Er schildert dann seine Stiftungen für sie und schließt mit dem rührenden Satz: ›Seine Majestät hat dies gemacht, weil er sie so über alles liebte. Niemals haben frühere Könige ähnliches getan für ihre Mütter!‹[3]«

Mindestens zwei Kinder müssen Tetischêre und Tao I. gehabt haben:

zu Seite 29:
Tetischêre,
Gemahlin Taos I.,
als junge Königin

einen Sohn, der nach dem Vater Tao genannt wurde und später den Beinamen »der Tapfere« erhalten sollte, und eine Tochter Ahhotep, die ihrem Bruder als »Große Königliche Gemahlin« angetraut wurde. Die Geschwisterehe war bei den Pharaonen seit frühesten Zeiten nichts Außergewöhnliches[4], während sie bei Privatleuten kaum vorkam. Diese Sitte am Hofe beruhte darauf, daß es die vollbürtige, vom regierenden König und seiner Großen Königlichen Gemahlin (also nicht von Nebenfrauen) abstammende Erbtochter war, welche die Legitimität der Thronfolge sicherte.

Aus Taos Ehe mit Ahhotep sind sechs Kinder hervorgegangen[5], von denen drei früh starben. Für den ältesten der drei, Ahmose, haben seine Eltern und Geschwister eine Statue gestiftet, auf der wir als Titel der Königin eingeschrieben finden: »Die Große Königstochter, die die Weiße Krone (die von Oberägypten) trägt, Ahhotep ist es, die seinen Namen lebendig erhalten hat«[6].

In dieser Titulatur wird hervorgehoben, daß Ahhotep die Erbtochter ist und das Anrecht auf die Krone eingebracht hat. Sie handelt hier ebenbürtig und, wie wir heute sagen würden, gleichberechtigt neben ihrem Gatten Tao II., der im Satz zuvor mit identischem Widmungswortlaut erwähnt wird: »Der vollkommene Gott (Bezeichnung des regierenden Königs), der Sohn des Rê, Tao, er lebe ewiglich! ist es, der seinen Namen lebendig erhalten hat«[7].

Schon an dieser Inschrift erkennen wir die Rolle, die Königin Ahhotep spielt. Auch nach dem Tod ihres Gatten hat sie gemeinsam mit ihrer Mutter Tetischêre und nach deren Tod allein sich als äußerst tatkräftig erwiesen.

Ein selbst in der ägyptischen Geschichte mit ihrer hohen Bewertung der Frau ziemlich einmaliger Beweis hierfür ist der sogenannte ›Königinmuttererlaß‹. Im 10. Regierungsjahr ihres Enkels Amenhotep I. starb der Haushofmeister der verwitweten Königinmutter Ahhotep namens Kares. Auf einem Denkstein für ihn lesen wir: »Befehl der Königinmutter für den Fürsten, den Schatzmeister des Königs von Unterägypten, einzigen Freund, Vorsteher der beiden Goldhäuser, Vorsteher der beiden Silberhäuser, großen Haushofmeister der Königinmutter Ahhotep, sie lebe!, den Berichterstatter (ein etwa unserem Staatssekretär vergleichbarer Rang) Kares.

Die Königinmutter hat befohlen, dir eine Grabkapelle errichten zu lassen an der Treppe des Großen Gottes, des Herrn von Abydos (also am Osirisgrab). Aufgezeichnet werden alle deine Ämter und alle Gunstbezeichnungen, die dir zuteil geworden sind; deine Statuen bleiben im Tempel des Großen Gottes (wie die der verstorbenen Kö-

nige!) . . . und es wird dir ein Opfer gestiftet, wie eine Große Königliche Gemahlin es dem macht, den sie mag . . .«[8]
Die Stiftung von Kapellen am Osirisgrab in Abydos und das Verleihen des Rechts, Statuen im Tempel des Gottes aufzustellen, die ja nach ägyptischem Glauben dann teilhatten am Kult und am Opfer für den Gott, waren Vorrechte des Königs. Wenn die Königinmutter Ahhotep mit großer Selbstverständlichkeit dieses Recht auch für sich in Anspruch nimmt, so ist dies ein Beweis mehr für ihre weit über die einer Großen Königlichen Gemahlin hinausgehende Bedeutung.
Die großzügige Stiftung gibt uns aber auch ein Bild vom Leben am Hofe und wie hohe Beamten nicht nur als Diener, sondern als Menschen geschätzt wurden. Auch dieser Zug hebt Ägypten unter den zeitgleichen Kulturen des alten Orients heraus.
Wenn man sich vor Augen hält, daß es sich bei Kares trotz seiner ›politischen‹ Titel nicht etwa um den Wesir des Königs handelt, so ermißt man, in welchem Ausmaß diese Frau – und, so dürfen wir jetzt schon sagen, alle königlichen Frauen dieser Familie – an der Politik teilhatte, eine Selbstverständlichkeit nicht nur für sie, sondern auch für ihre Umgebung, besonders für die regierenden Könige.
Wenn wir hierfür schon deutliche Anzeichen in der Stiftung Ahmoses für Tetischêre und in den gleichberechtigten Widmungen Taos und Ahhoteps fanden, so ist die politische Rolle der Königin besonders deutlich ausgesprochen in einem Denkstein, den König Ahmose im Amuntempel von Karnak aufstellen ließ. Nach einem ausführlichen Lob seiner eigenen Person und seiner Taten und der Aufforderung, ihn zu ehren, fährt Ahmose fort:
»Preiset die Herrin des Landes, die Fürstin der Gestade der mittelmeerischen Inselbewohner (ägyptisch: Haunebut), deren Name hoch ist über jedem Fremdland, die das Volk beriet, die Königliche Gemahlin, Schwester des Herrschers, Königstochter, Königinmutter, die Erhabene und Kundige, die für Ägypten sorgte. Sie hat sich seiner Soldaten angenommen und sie beschützt. Sie hat seine Flüchtlinge zurückgebracht, indem sie seine Auswanderer sammelte. Sie hat das Südland beruhigt, indem sie seine Widersacher vertrieb, die Königliche Gemahlin Ahhotep, sie lebe!«[9]
Zunächst fällt die weitgehend sachliche und offenbar konkrete historische Ereignisse schildernde Formulierung auf. Leider aber vergrößert das die Probleme des Historikers, denn außer diesen wenigen Zeilen gibt es keine anderen Zeugnisse für die dargestellten Ereignisse. Fest steht, daß die Königinmutter in einer für Ägypten entscheidenden Stunde tatkräftig und erfolgreich gehandelt hat. Es kann

sich auch nicht nur um die Meisterung einer gespannten innenpolitischen Lage – etwa ausgelöst durch den plötzlichen Tod ihres Gatten Tao II. oder ihres Sohnes Kamose – handeln[10]. Zu deutlich sprechen die präzisen Angaben vom Eingreifen der Königin in die Befreiungskämpfe, so daß ich mich den Ägyptologen anschließe, die in ihr »die Seele der ägyptischen Erhebung« gegen die Hyksos sehen[11].
Was sie im einzelnen wann und wo getan hat, ist freilich schwer festzustellen. Von wo hat sie ägyptische Flüchtlinge zurückgebracht? Und was bedeutet in dieser Inschrift die ägyptische Bezeichnung »Haunebut«, als deren Fürstin sie bezeichnet wird? Als »Gestade der mittelmeerischen Inselbewohner« galten damals die Ägäis und die angrenzenden griechischen Küstenlandschaften. In Griechenland nun begann zu dieser Zeit die mykenische Kultur, deren Zeugnisse uns zuerst Schliemann erschlossen hat. Es ist auffallend, daß in den früheren Schachtgräbern dieser Kultur manche Verbindungen zu Ägypten gefunden wurden: Gegenstände aus ägyptischem Sykomorenholz; die Sitte des Auflegens von Goldmasken auf die Gesichter der Toten; die mit Inschriften und Darstellungen versehenen Grabsteine und die auf diesen Stelen – zum erstenmal in Griechenland – dargestellten pferdegezogenen Wagen[12].
Diese Verbindungen werden noch auffallender, wenn sie sogar zur Person Königin Ahhoteps selbst gezogen werden können, zu ihrem Grabschatz nämlich[13]. Wie so oft in der Geschichte wurde auch der Sarg dieser Königin durch Zufall gefunden, ohne daß man etwa nach dem Grab gesucht hätte. Und wie es nur zu oft bei frühen Funden geschah, war auch hier die Behandlung des Fundes höchst unwissenschaftlich, ja, ein nichtsahnender ägyptischer Provinzgouverneur hatte kurzerhand die Mumie und die Leinenbinden, in die sie eingehüllt war, weggeworfen. Darum ist uns die Mumie dieser bedeutenden Frau leider nicht erhalten. Sie hätte sonst vielleicht eine ungefähre Altersbestimmung und damit die Lösung mancher chronologischer Probleme ermöglicht.
Erhalten blieben aber die Beigaben. Und hier sind zwei Dinge interessant: Neben sehr schön gearbeiteten Schmuckstücken, die den beachtlichen künstlerischen Fortschritt seit den ärmlich-provinziellen Zeiten der frühen thebanischen Herrscher dokumentieren, finden wir auffallend viele Waffen, Streitäxte und Dolche vor allem; überraschend als Grabbeigaben für eine Frau, auch wenn sie eine Königin war, und Bestätigung für die Rolle, die Ahhotep im Befreiungskrieg spielte.
Noch deutlicher wird dieser militärische Aspekt bei dem Fund, den

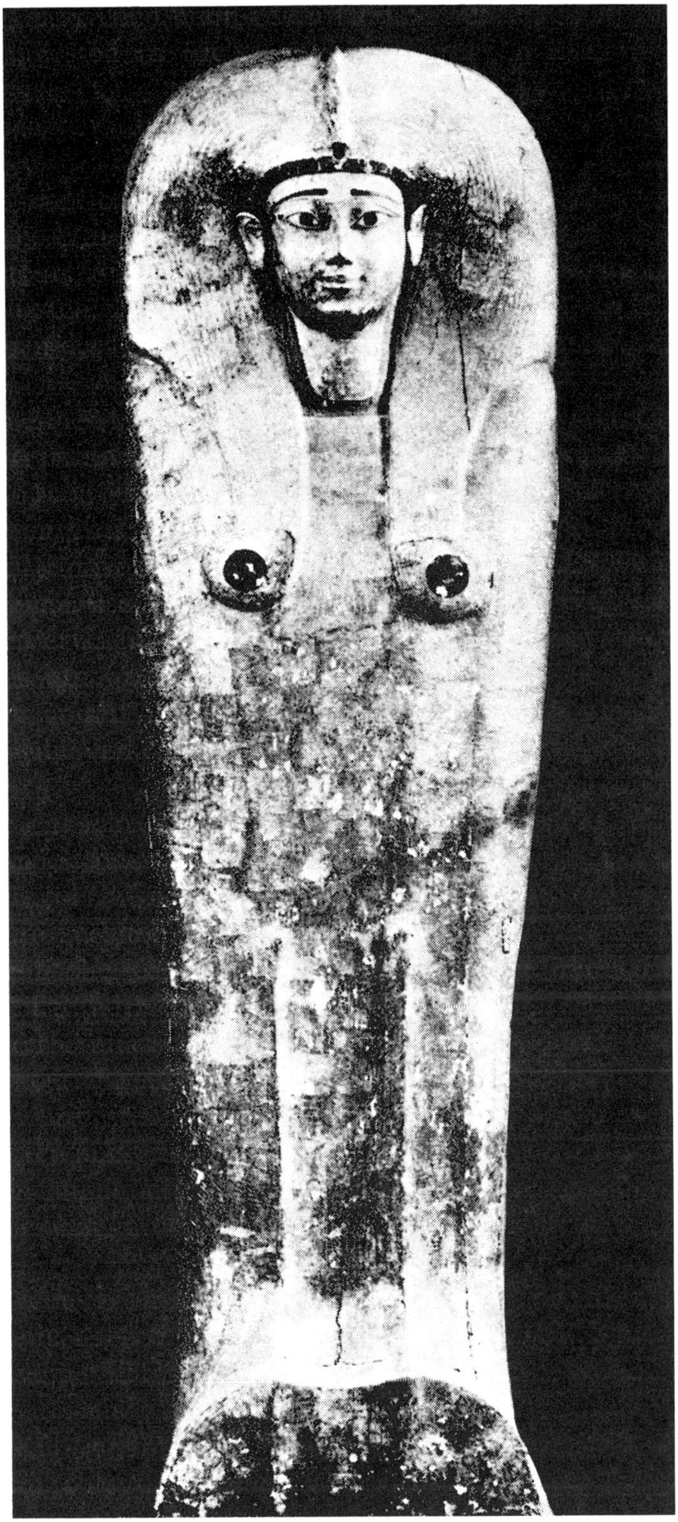

Ahhotep, Gemahlin Taos II. und Ur-Ur-Großmutter Hatschepsuts, spielte im Befreiungskrieg eine große Rolle

König Ahmose stiftete diese kostbare Waffe in das Grab seiner Mutter Ahhotep; Technik und Motive deuten auf Verbindungen mit Mykenä

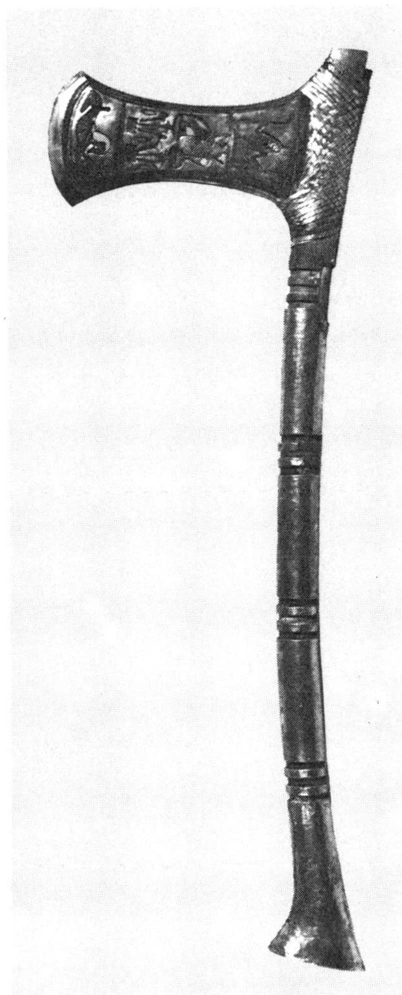

wir nur als eine Ordenskette bezeichnen können: eine 59 cm lange Goldkette, an der drei goldene Fliegen von je 9 cm Länge befestigt sind. Goldene Fliegen aber wurden im alten Ägypten für hervorragende militärische Leistungen verliehen – auch diese Ordenskette also eine einmalige Beigabe für das Grab einer Königin[14].

Wenn wir nun die Waffen näher betrachten, so finden wir auf einem Dolch und einer Streitaxt die heute »Niello« genannte Einlegetechnik, eine Art Grubenschmelz. Diese Technik war vor dieser Zeit in Ägypten nicht bekannt – wir finden sie aber in den Schachtgräbern von Mykenä[15]! Dazu sind auch die in Niello eingelegten Motive nicht alle gut ägyptischen Ursprungs: eine geflügelte Sphinx auf der Streitaxt war vor dieser Zeit in Ägypten unbekannt, begegnet uns aber wiederum in Mykenä[16].

Das weist auf eine Verbindung zwischen Ägypten und Mykenä zur Zeit der Königin Ahhotep hin. Ob freilich dieser Kontakt direkt war, ob also etwa ägyptische Flüchtlinge während der Hyksoszeit in Griechenland Zuflucht fanden und ihre Kulturgüter mitnahmen wie nach ihrer Rückkehr mykenische nach Ägypten, oder ob ein drittes Volk durch Handel vermittelte, wissen wir nicht. Wenn wir Ahmoses Lobpreis seiner Mutter wörtlich nehmen, dann erscheint die erste Vermutung am einleuchtendsten. Wir können annehmen, daß Ahhotep in irgendeiner Form persönlichen Anteil daran hatte.

Die politische Bedeutung Ahhoteps zeigt sich erneut in einer Inschrift: In der nubischen Festung Buhen hat Ahmose nach deren Wiedereroberung einen Tempel erbauen lassen, in dessen steinerne Toreinfassung die Namenskartusche, der in ein Oval eingeschlossene Königsname, der Königinmutter Ahhotep neben der ihres Sohnes eingegraben ist[17]. Solche Doppelkartuschen kommen aber sonst nur bei Mitregentschaften vor, so daß wohl der Schluß erlaubt ist, Ahhotep sei zumindest eine Zeitlang Mitregentin Ahmoses gewesen[18]. Vielleicht hat sie nach dem plötzlichen Tod ihres ältesten Sohnes Kamose die Regentschaft für ihren in noch kindlichem Alter auf den Thron gelangten jüngsten Sohn Ahmose übernommen. Dann würden sich die in der Ahmose-Inschrift geschilderten Ereignisse in dieser Zeit abgespielt und die siegreichen Feldzüge des Ahmose gegen die Hyksos vorbereitet haben. Damit erklären sich auch die Waffengeschenke Ahmoses an seine Mutter.

Auch König Ahmose hat wiederum eine Gemahlin zur Seite gehabt, die sich nicht auf ein Leben in der Familie beschränkte, sondern eine wichtige und vom Land wie vom König anerkannte Rolle im politischen Leben Ägyptens spielte. Wir haben Ahmes-Nefertari bereits im

Gespräch mit König Ahmose über die Gedenkbauten für die dem Ehepaar gemeinsame Großmutter Tetischêre kennengelernt. Ihr Name findet sich von den Türkisminen des Sinai bis zur Felsinsel Sai tief in Nubien[19], und immer ist ihre Darstellung mit wichtigen Ereignissen, wie Entsendung von Expeditionen zu den Bergwerken des Nordens oder des Südens, Errichtung von Tempeln oder mit Verwaltungsentscheidungen verknüpft. Sie wird in einer Inschrift einmal »weiblicher Führer von Ober- und Unterägypten« genannt[20], eine Bezeichnung, die nicht formelhaft klingt und Wesentliches aussagt über die Rolle der Frau und Königin in dieser Zeit.

Auf einem Kalksteinblock aus dem Füllmaterial des 3. Torbaues (Pylons) im Amunstempel von Karnak, der erst kürzlich gefunden wurde, sehen wir die Königin in gleicher Größe wie ihren Gatten, den König Ahmose, und Gott Amun – bei der strikten Beachtung der »Wesenhaftigkeit« der dargestellten Menschen in der ägyptischen Kunst und damit auch der Übersetzung ihrer Rangverhältnisse in Größenunterschiede ein deutliches Zeichen für ihr hohes Ansehen[21]. Der Text dieser Szene spricht vom Verkauf des Titels eines Zweiten Propheten des Amun, also des zweithöchsten Priesterranges am Reichstempel von Karnak[22] – entweder von der Königin an den König oder umgekehrt, das geht aus dem beschädigten Text nicht einwandfrei hervor. Beide Lesungsmöglichkeiten beweisen aber, daß die Königin in dieser Zeit auch höchste Priesterämter wahrnehmen konnte.

Noch bedeutsamer erweist sich ein weiterer Titel, den Königin Ahmes-Nefertari als erste lebende Königstochter und Königsgemahlin trug (ihrer Mutter Ahhotep wurde er erst nach dem Tode verliehen): der einer »Gottesgemahlin des Amun«[23].

Der Ursprung dieses religiösen Amtes ist dunkel. Für uns genügt zu wissen, was es in der frühen 18. Dynastie bedeutete: Die Gottesgemahlin des Amun hatte im Kultus den Gott bei ewiger Kraft zu erhalten[24] und damit eine rituelle Bedeutung, die der des Königs nur wenig nachstand. Die Königin war das Gefäß, in das die numinose, göttliche Mächtigkeit einströmte und durch sie, – *nur* durch sie! – auf den Thronerben übertragen wurde. Schon immer hatten die königlichen Frauen in Ägypten eine wichtige Rolle in der Übertragung der Legitimität gespielt. Aber diese religiöse Vertiefung und theologische Begründung der legitimierenden Macht der Königin oder der »Erbtochter« (denn immer häufiger wurden hinfort auch Erbprinzessinnen Gottesgemahlinnen des Amun) wurde erst jetzt gefunden. Aus der Tatsache, daß Amun die Königin erwählt hatte, unterstand ihr der gesamte weibliche Stab des Tempels. Sie hatte als Gottesgemahlin ei-

nen eigenen Palast, eigenes Vermögen[25] und einen eigenen, von dem einer Großen Königlichen Gemahlin unterschiedenen Ornat.
Ahmes-Nefertari lebte noch weit bis in die Regierungszeit ihres Sohnes Amenophis I. hinein; wahrscheinlich hat sie, als er in sehr jungen Jahren auf den Thron kam, mehrere Jahre die Regentschaft für ihn geführt[26] und war damit faktisch Herrscherin Ägyptens, ohne freilich den letzten Schritt zu tun und selbst die Doppelkrone von Ober- und Unterägypten zu tragen. Diese Konsequenz blieb Hatschepsut vorbehalten, ihrer Enkelin, die der Ahnfrau in Begabung, Energie und Tüchtigkeit mindestens ebenbürtig, wenn nicht überlegen war.
Ahmes-Nefertari wurde nach ihrem Tod von ihrem Sohn, mutmaßlich in seinem eigenen Grab, bestattet. Auf jeden Fall teilte sie seinen Totentempel mit ihm[27]. Kurze Zeit darauf wurde sie zusammen mit Amenophis I. als eine Art Schutzgottheit der thebanischen Totenstadt verehrt. Die Arbeiter und Künstler der Totenstadt führten in ihrer Siedlung Der el Medina diesen Kult der großen Königin durch Jahrhunderte fort[28]. Die Hochschätzung und Beliebtheit Ahmes-Nefertaris, die sich in dieser göttlichen Verehrung spiegelt, hat sogar 3500 Jahre überdauert: sonst eher trockene Ägyptologen geraten fast ins Schwärmen, wenn sie von ihr berichten: Als »willensstarke Frau« bezeichnet sie Redford bewundernd, und selbst der Amerikaner Hayes, gegenüber Frauen auf dem Thron sonst recht skeptisch eingestellt, spricht von ihr als »einer der fähigsten, geachtetsten und geliebtesten Frauen ihrer Zeit«[30].
Welche Reihe höchst eindrucksvoller und geschichtswirkender weiblicher Gestalten waren die drei Königinnen Tetischêre, Ahhotep und Ahmose-Nefertari! Welche Bedeutung hatten sie in einer wilden, kriegerischen Zeit, die man so gern als »männliche Zeiten« zu bezeichnen pflegt. Welcher Einfluß muß von diesen drei Persönlichkeiten auf das Bild von der Rolle einer ägyptischen Königin auf Zeitgenossen und folgende Generationen ausgegangen sein, und vor allem auf den Geist einer Frau, die sich schon aus Eigenem zu Großem berufen fühlte und direkte Blutserbin dieser großartigen Vormütter war: auf Hatschepsut, Enkelin einer Ahmes-Nefertari, Urenkelin einer Ahhotep und Ur-Ur-Enkelin einer Tetischêre!

4.
Die Eltern

»Königlicher Befehl an den Königsohn und Vorsteher der südlichen Länder Turoy: Siehe, es wird dieser Erlaß des Königs gebracht, um dich wissen zu lassen, daß Meine Majestät – sie lebe, sei heil und gesund! – erschienen ist als ein König von Ober- und Unterägypten auf dem Thron des Horus der Lebenden, wie er sich nicht wiederholen wird ewiglich. Meine Titulatur wurde festgesetzt folgendermaßen: *Horus* = ›der starke Stier, von der Maat geliebt‹, *die beiden Herrinnen* = ›der erschienen ist mit der Uräusschlange, groß an Kraft‹, *Goldhorus* = ›schön an Jahren, der die Herzen belebt‹, *König von Ober- und Unterägypten* = ›Aakheperkarê‹, *Sohn der Sonne* = ›Djehutjmes (Thutmosis)‹ – er lebe ewiglich bis in Ewigkeit[1].«
Dieser königliche Erlaß, der uns über die Thronbesteigung von Hatschepsuts Vater, Thutmosis' I., informiert, war eine Art Rundbrief an alle höchsten Reichsbeamten, wie sie bei der Thronbesteigung jedes Königs üblich und notwendig waren, schon um die Titulatur, die »fünf Großen Namen« des neuen Königs, bekanntzugeben. Diese waren nicht nur für das Protokoll und die richtige Anrede von Bedeutung, sondern vor allem für den religiösen Kultvollzug, der ja stets im Namen des Königs geschah, und für das Rechtsleben, da beim Namen des Königs Eide geleistet wurden. Von den vielen derartigen Thronbesteigungsanzeigen, die es gegeben haben muß, sind nur wenige erhalten, die Thutmosis' I. gleich zweimal, nämlich auf Stelen, die der – schon von Amenophis I. eingesetzte – Vizekönig von Nubien und Königsohn Turoy bei Wadi Halfa und bei Quban meißeln ließ.
Ihre Erhaltung ist ein historischer Leckerbissen. Neben dem von uns aufgeführten Text geben sie nämlich auch das Datum der Thronbesteigung an: »Regierungsjahr 1, 3. Monat der Aussaatjahreszeit,

Abstammung Hatschepsuts

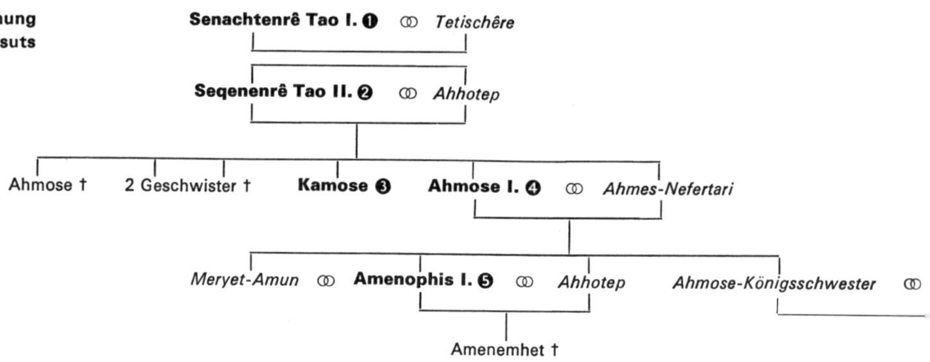

Zeittafel (nach Hornung, Wolf, Redford u. a.)

Namentlich aufgeführt sind die in diesem Buch erwähnten Pharaonen (abgekürzt Ph.) und Großen Königlichen Gemahlinnen, Regentinnen und Pharaoninnen (abgekürzt Kgn.). Angegeben sind die Regierungs-, nicht die Lebensdaten der Ph. Bei Datenüberschneidung = Mitherrschaft zweier Ph.

Einigung Ägyptens, Übergang aus Vorzeit Ph. u. a. Skorpion, Narmer	etwa 3000–2900 v. Chr.
Frühzeit (1. und 2. Dynastie; Ph. u. a. Menes-Aha, Neteren; Kgn. Hotep-Neith, Merit-Neith)	etwa 2900–2628 v. Chr.
Altes Reich	etwa 2628–2134 v. Chr.
(3. u. 4. Dynastie; Ph. u. a. Djoser, Huni, Snofru, Cheops, Chefren »die Pyramidenbauer«; Kgn. Hetep-heres)	2628–2465 v. Chr.
(5. und 6. Dynastie; Ph. u. a. Unas, Merenrê; Kgn. Nitokris)	2465–2134 v. Chr.
Erste Zwischenzeit (7.–10. Dynastie)	etwa 2134–2040 v. Chr.
Mittleres Reich	etwa 2040–1785 v. Chr.
(11.–12. Dynastie; Ph. u. a. Mentuhotep, Sesostris I.–III., Amenemhet I.–IV.; Kgn. Nefrusobek)	etwa 1789–1785 v. Chr.
Zweite Zwischenzeit	etwa 1785–1551 v. Chr.
(13.–14. Dynastie)	1785–1650 v. Chr.
(15.–16. Dynastie »Hyksos«, Ph. u. a. Ausserrê Apophis)	1650–1540 v. Chr.
(17. Dynastie »Thebaner«	1650–1551 v. Chr.
Senachtenrê Tao I. Kgn. Tetischêre	1535–1560 v. Chr.
Seqenenrê Tao II. Kgn. Ahhotep	1560–1555 v. Chr.
Wadjkheperrê Kamose)	1555–1551 v. Chr.

fett = regierende Pharaonen
kursiv = Große Königliche Gemahlinnen
❶ = Reihenfolge der Herrscher
† = früh verstorben
–?– = fragliche Verbindung oder Abkunft
⚭ = Heirat

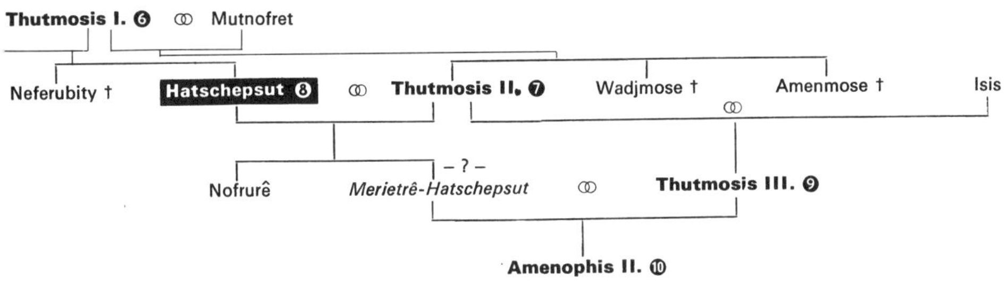

Neues Reich	1551–1070 v. Chr.
(18. Dynastie	1551–1306 v. Chr.
Nebpehtirê Ahmose	1551–1526 v. Chr.
Kgn. Ahmes-Nefertari	
Djoserkarê Amenophis I.	1526–1505 v. Chr.
Kgn. Ahhotep	
Aakheperkarê Thutmosis I.	1505–1493 v. Chr.
Kgn. Ahmose	
Aakheperenrê Thutmosis II.	1493–1490 v. Chr.
Kgn. Hatschepsut	
Menkheperrê Thutmosis III.	1490–1436 v. Chr.
Kgn. Merietrê Hatschepsut	
Makarê Hatschepsut (seit Krönung)	1489–1468 v. Chr.
Aakheprurê Amenophis II.	1438–1412 v. Chr.
Menkheprurê Thutmosis IV.	1412–1402 v. Chr.
Nebmaatrê Amenophis III.	1402–1364 v. Chr.
Kgn. Teje	
Echnaton Amenophis IV.	etwa 1364–1347 v. Chr.
Kgn. Nofretete	
Semenchkarê, Tutenchamun, Eje, Haremhab; Kgn. u. a. Anchesenamun, Mutnedjmet)	1349–1306 v. Chr.
(19. Dynastie	1306–1186 v. Chr.
Ph. u. a. Sethos I., Ramses II., Sethos II.; Kgn. Tausret)	1204–1198 v. Chr.
(20. Dynastie	1186–1070 v. Chr.
Ph. u. a. Ramses III. und IV.)	
Dritte Zwischenzeit	1070– 715 v. Chr.
(21.–24. Dynastie)	
Spätzeit	715– 332 v. Chr.
(25.–31. Dynastie)	
Griechische Zeit	332 v.–30 n. Chr.
(Ptolemäer; Kgn. Kleopatra; Geschichtsschreiber Manetho)	
Römische Zeit	30– 395 n. Chr.

Thutmosis I., Hatschepsuts Vater, im Schmuck der Atef-Krone

Tag21«[2], und damit können wir nicht nur das Jahr, sondern auch den Tag seiner Thronbesteigung nennen: es war der 23. März 1505[3]. Dieser Erlaß zeigt uns die komplizierte volle königliche Titulatur, wie sie sich im Laufe der ägyptischen Geschichte entwickelt hatte. Zu jedem der fünf Titel (oder man könnte auch sagen: Erscheinungsformen) des Königs: Horus, Herrinnen (die beiden Kronengöttinnen von Ober- und

Unterägypten), Goldhorus, König von Ober- und Unterägypten und Sohn des Sonnengottes Rê, gehörte einer der »Großen Namen«[4]. Der letzte ist sein Geburtsname und derjenige, unter dem wir in unseren Geschichtsbüchern die Pharaonen fast ausschließlich kennen – und das noch dazu in der griechischen Form, so auch unseren Thutmosis. Auf den ägyptischen Monumenten erscheinen aber fast ausschließlich andere Namen: in der Frühzeit der ›Horus‹-, im Neuen Reich vor allem der ›König von Ober- und Unterägypten‹-Name, der in die Königskartusche, einen ovalen Ring, eingeschlossen ist. Man kann ihn in Inschriften daher leicht herausfinden, selbst wenn man keine Ahnung von Hieroglyphen hat. Vor der Kartusche steht dann eine Binse und eine Biene – und so, als ›der von der Binse und der Biene‹ (Symbole für die beiden Teile Ägyptens), drückten die Ägypter aus, was wir mit ›König von Ober- und Unterägypten‹ übersetzen. Da bisweilen aber auch andere der Großen Namen für den König gebraucht werden, kann man sich vorstellen, wie schwierig es war, die Könige mit den jeweiligen Namensformen zu identifizieren. Bei einigen Namen, die der Priester und Geschichtsschreiber Manetho angibt, ist das bis heute noch nicht zu aller Zufriedenheit gelungen.

Der Erlaß Thutmosis' I. läßt uns aber noch mehr wissen: über dem Text ist der König selbst dargestellt, wie er einer Gottheit opfert, und hinter ihm stehen seine ›Große Königliche Gemahlin‹ Ahmose und deren Mutter Ahmes-Nefertari, die Gemahlin Amenophis'[5]. Somit zeigt der König auch gleich die Legitimität seiner Thronbesteigung an und wem er sie verdankt.

Thutmosis I., der Vater Hatschepsuts, war weder Sohn noch Bruder seines Vorgängers Amenophis' I., und ob er überhaupt mit dem Königshaus verwandt war, ist umstritten. Seine Mutter Seniseb trägt jedenfalls weder die Titel einer ›Großen Königlichen Gemahlin‹ noch einer ›Königstochter‹ oder ›Königsschwester‹[6]. Amenophis I. hatte ihn nach dem Tod seines einzigen Sohnes mit seiner jüngsten Schwester Ahmose verheiratet, ihn damit zum Thronerben bestimmt und legitimiert. Die Legitimierung durch die Hochzeit mit der Erbprinzessin ist insbesondere in dieser Dynastie, in der die weibliche Blutlinie allein über die Legitimität entscheidet, wichtigstes Erfordernis[7]. Die Einbeziehung auch der Mutter von Ahmose in das Thronbesteigungsdekret und damit der zweiten Generation der weiblichen Blutlinie unterstreicht noch die Bedeutung, die diese Legitimierung für Thutmosis I. hatte.

Seinen Ruhm verdankt der König seinen Eroberungen, die ihn zum ersten einer Reihe glänzender Soldaten auf dem Thron Ägyptens mach-

ten und als den eigentlichen Gründer des ägyptischen Imperiums erscheinen ließen. So jedenfalls lautet die allgemein akzeptierte Meinung der Geschichtsschreibung. Sehen wir uns an, ob und wieweit das zutrifft.

»Ich fuhr den König Aakheperkarê (Thutmosis I.), als er auf der Hinauffahrt war nach Nubien, um den Aufruhr in den Fremdländern zu bestrafen, um den Übermut des Fremdlandes fernzuhalten. Ich war tapfer vor ihm auf dem schlechten Wasser (2. Katarakt), als man die Flotte über die Strudel schleppte. Ich wurde zum Obersten der Schiffsmannschaft ernannt . . . Seine Majestät – er lebe, sei heil und gesund! – entsandte seinen ersten Pfeil und er blieb im Leibe jenes Feindes. Die Feinde flohen verzagt vor seiner Stirnschlange (dem königlichen Machtzeichen Uräus, der, als Abbild der Schlange an der Stirn des Sonnengottes, wie diese Feuer gegen seine Feinde speien soll) . . . Seine Majestät fuhr stromab, indem alle Länder in seiner Faust waren, jener elende nubische Nomade war mit dem Kopf nach unten aufgehängt am Vorderteil des Königsschiffes Seiner Majestät. Es wurde gelandet in Karnak«[8].

Wieder ist es der Marineoffizier Ahmose, Mitkämpfer schon in den Befreiungskriegen unter den Königen Kamose und Ahmose, der uns diesen lebendigen Bericht von dem nubischen Feldzug Thutmosis' I. gibt, auf dem er schließlich den höchsten Marinerang erhielt, den wir etwa mit ›Admiral‹ übersetzen können. Freilich, die Schwierigkeiten des Weges scheinen größer gewesen zu sein als die von den Feinden verursachten. Es war wohl nicht mehr als eine Strafaktion gegen unruhige Nomaden. Viel bedeutsamer scheint uns die organisatorische Leistung des Königs, denn nach einer anderen Quelle drang er mit seinem Heer tief in heute sudanesisches Gebiet jenseits des 3. Katarakts vor[9]. Er hat dabei nicht nur die gesamte Kriegsflotte über die Katarakte schleppen lassen müssen, wie Ahmose so anschaulich erzählt, er mußte auch den Nachschub für das Heer sicherstellen und bewegte sich zudem vom 2. Katarakt an auf weithin unbekanntem und offenbar feindlichem Gebiet. Er legte dort die Grundlagen für Festungsbauten und eine geordnete Verwaltung, so daß für seine Nachfolger die Ausdehnung unmittelbarer ägyptischer Macht im Süden bis zum 4. Katarakt vorbereitet war.

Schon bald darauf ging es gegen Syrien. »Danach zog man nach Retenu (Syrien, bisweilen auch für ganz Vorderasien gebraucht), um sein Herz in den Fremdländern zu waschen. Seine Majestät gelangte zu dem Zweistromland (ägyptisch ›Naharina‹). Seine Majestät fand jenen Feind, wie er die Streitmacht ordnete. Seine Majestät machte ein

zu Seite 42:
Königin Ahmose, Hatschepsuts Mutter, trägt als Königsmutter die Geierhaube

großes Gemetzel unter ihnen, nicht zu zählen die Gefangenen, die Seine Majestät bei seinen Siegen fortführte. Ich war an der Spitze unseres Heeres, Seine Majestät sah, daß ich tapfer war, ich führte einen Wagen fort und sein Gespann als Beute, und sie wurden Seiner Majestät überbracht. Ich wurde mit Gold beschenkt abermals«[10].

Dies ist nun der letzte Teil der Kriegsberichte des alten Kriegers Ahmose, und bevor wir seine Schilderung analysieren, wollen wir von ihm als Person Abschied nehmen mit den Worten, die seine Grabinschrift in Elkab beschließen: »Ich bin alt geworden, ich habe das Greisenalter erreicht . . . Ich gehe ein in das Felsgrab, das ich mir selbst bereitet habe«[11]. Und darunter folgt noch die rührende Widmung seines Enkels, der dem Großvater das Begräbnis ausrichtete: »Der Oberste der Schiffsmannschaft Ahmose, der Selige. Der Sohn seiner Tochter ist es, der seinen Namen leben ließ an dieser Stelle, der Schreiber Paheri«[12].

Was in Ahmoses und allen anderen zeitgenössischen Berichten zunächst auffällt, ist das völlige Schweigen über Kämpfe auf dem Wege nach Naharina, dem Land am Euphrat. Es scheint demnach, daß es zumindest keinen organisierten Widerstand gegeben hat, und das in einem zwei kurze Generationen zuvor erstmals – und auch nur zum Teil – von ägyptischen Truppen betretenen Gebiet voller wohlorganisierter und bewaffneter Städte, einem Gebiet, in dem die Nachfolger Thutmosis' I. später lange und blutige Kämpfe zu bestehen hatten. Denn daß in diesem Fall »Naharina« das Land am Euphrat und nicht das dazwischenliegende syrische Gebiet bedeutet, dafür haben wir zwei Beweise: Der Enkel Thutmosis III. berichtet 60 Jahre später, er habe seine Siegesstele »nach Überschreiten des Euphrat« neben der seines Großvaters errichtet[13]. Thutmosis I. schildert auf seinem Monument den von ihm darauf als »Grenze Ägyptens« bezeichneten Fluß ganz richtig als den »kopfübergedrehten Strom, auf dem man mit gehißten Segeln fährt, wenn man stromab reist«[14] (das heißt also unter Ausnützung des Nordwindes, der in Ägypten die Nilschiffe stromauf trieb.)

Dagegen sind die Kämpfe in ›Naharina‹ sehr heftig, das zeigen Beute und Zahlen der getöteten Feinde, die jeweils ein Einzelkämpfer angibt. Wer ist dieser Gegner? Und warum hat Thutmosis I. überhaupt diesen Feldzug unternommen? War es wirklich nur Eroberungslust und schierer Imperialismus?

Kurz vor dieser Zeit hatten sich im nördlichen Zweistromland hurrische Gruppen unter indoarischer Führung staatliche Form gegeben. Ihr erster für uns bezeugter König heißt Kirta. Sein Staat erhält später

den Namen Mitanni, er ist äußerst aggressiv und breitet sein Herrschaftsgebiet rasch nach Süden und Westen in Richtung Syrien aus[15].
Wenn wir diese Tatsachen zusammen sehen mit den oben (s. S. 26) von uns angestellten Vermutungen über ein Erbrecht der Pharaonen an der Hinterlassenschaft der Hyksos, nämlich einer hurrischen Föderation in Syrien/Palästina, sowie einer Anerkennung dieses Erbrechts durch die syrischen Kleinkönige und Städte, dann stützt eins das andere. Dann hätten die Mitannifürsten, die über ein hurrisches Volk herrschten, sich ebenfalls als Erben der Hyksosherrschaft über die hurrische Föderation gefühlt.
Dann aber ist die Begründung für den Zug Thutmosis' I. nach Vorderasien viel differenzierter zu sehen als in bloßer Herrschsucht oder ägyptischem Expansionismus. Er dürfte von palästinensischen oder syrischen Vasallen auf die Vorgänge um das entstehende Mitannireich und dessen Ansprüche aufmerksam gemacht worden sein. Daß Korrespondenzen der Pharaonen mit vorderasiatischen »Kollegen« und Stadtfürsten nur aus der Zeit Echnatons etwa 130 Jahre später erhalten sind, ist bei der Vergänglichkeit des »Briefpapiers« jener Epoche, nämlich ungebrannter Tontafeln, reiner Zufall[17] und spricht eher dafür, daß davor wie danach der diplomatische Verkehr sich nicht anders vollzog.
Jetzt wurde Ägypten sein Erbe streitig gemacht von einer zwar weit entfernten, aber doch drohend heraufziehenden Macht. Anspruch stand gegen Anspruch, und Thutmosis fühlte sich verpflichtet, die Maat aufrechtzuerhalten und die Gefahr auszuschalten. Wir wissen nicht genau, welcher König sein mitannischer Gegner war; möglich erscheint Suttarna I., Sohn des Dynastiegründers Kirta[18]. Unter diesen Umständen wäre die rasche politische Auffassungsgabe Thutmosis' I. ebenso zu bewundern wie seine richtige Einschätzung der Machtverhältnisse. Denn für Jahrhunderte stellte Mitanni immer wieder eine ernste Bedrohung für Ägypten und seine Verbündeten in Vorderasien dar, bis es schließlich unter dem Druck eines noch mächtigeren Gegners, des Hethiterreiches, selber zum Verbündeten Ägyptens wurde.
Thutmosis I. aber ist es durch seinen Feldzug gelungen, die Bedrohung für sich und seine unmittelbaren Nachfolger abzuwehren. Mit diesem Zug über die gewaltigen Landstrecken vom Nildelta bis zum Euphrat hat der König sich als begabter Organisator und mitreißender militärischer Führer gezeigt, in der Schlacht als geschickter Stratege und hervorragender Soldat. Zu diesem Persönlichkeitsbild gehört auch die

Jagdleidenschaft des Königs: seine Tochter Hatschepsut berichtet später, daß sie Elefantenzähne aus der Beute ihres Vaters Gott Amun geweiht habe, die der Verstorbene auf einer gewaltigen Jagd im Gebiet von Nijy in Syrien (damals gab es in Vorderasien noch große Herden dieser Dickhäuter) erlegt hatte[19]. Mit den Waffen jener Zeit fürwahr ein Beweis für Tapferkeit und vollendete Beherrschung von Pfeil und Bogen!

Zur Bewertung des von Thutmosis und seinen Nachfolgern geschaffenen Großreiches findet man nicht selten von Historikern die Bemerkung, es habe »nur einige Jahrhunderte« gehalten[20]. Nun, wenn man nur die eigentliche Hochblüte dieses Reiches rechnet, waren es ziemlich genau 400 Jahre. Verglichen mit der Dauer der Hochblüte des römischen Imperiums, des assyrischen, persischen oder gar dem Alexanders oder etwa moderner Imperien wie des spanischen oder britischen, erscheint eine Verbindung der 400 Jahre mit dem Wörtchen »nur« nicht ganz gerechtfertigt. Anders sieht es aus, wenn wir das Imperium des Neuen Reiches mit der Gesamtdauer des ägyptischen Staates von fast 3000 Jahren vergleichen – da sind allerdings 400 Jahre nicht sehr viel . . .

Das, was die Pharaonen der 18. Dynastie und unter ihnen vor allem die Thutmosiden so anziehend macht, ist ihre erstaunliche Vielseitigkeit. Sie waren alle große Bauherren von sicherem Geschmack. Thutmosis I. hat sich auch hier hervorgetan, und man muß sich oft fragen, wie er in den höchstens 13 Jahren seiner Regierung die Zeit fand, neben seinen Feldzügen, der Außenpolitik, neben Reorganisation der Verwaltung und großen wirtschaftlichen Unternehmungen zahlreiche Bauten im ganzen Lande zu errichten und die Grundlage dafür zu organisieren. Denn Bauen erschöpfte sich ja damals nicht darin, einen Architekten und eine Baufirma zu beauftragen: zunächst mußten die nötigen Steine gehauen und oft über weite Entfernungen transportiert werden, Pläne waren in Übereinstimmung mit den rituellen Erfordernissen zu entwerfen; der König selber spielte zudem beim Abstecken des Bauplatzes und Legen der Grundsteindepots eine wichtige und unersetzliche Rolle. Daß Thutmosis I. stets hervorragend begabte, loyale Mitarbeiter fand, die zudem künstlerisch und architektonisch nicht nur seinem Geschmack gemäß arbeiteten, sondern dies in einem uns Heutige noch ansprechenden hohen Maß an Qualität und stilistischer Eleganz – das spricht ebenfalls für den Bauherrn, den König. Lassen wir einen dieser Baumeister des Königs sprechen – es ist derselbe Ineni, von dem wir schon unter Amenophis I. gehört hatten:

»Ich sah die großen Denkmäler, die König Thutmosis I. in Karnak errichtete, wie man den herrlichen Säulensaal mit Papyrussäulen aufstellte, wie man neben ihm die großen Pylonentürme aus schönem weißen Sandstein errichtete, wie man die herrlichen Flaggenmasten an der Vorderfront des Tempels aufstellte, aus neuem Zedernholz, vom besten des Libanon, ihre Spitzen waren aus Gold. Ich sah, wie man anbrachte das große Tor mit Namen ›mächtig ist das Ansehen Aakheperkarês und des Amun‹, sein großer Torflügel aus asiatischem Kupfer, der Gottesschatten (Abbildung des Gottes) darauf gebildet aus Gold. Ich sah, wie man die beiden großen Obelisken aufstellte, an der Vorderfront des Tempels aus rotem Granit. Ich sah, wie man das gewaltige Schiff zimmerte von 120 Ellen Länge und 40 Ellen Breite, um diese Obelisken zu transportieren; sie kamen glücklich, wohlbehalten und heil an und wurden in Karnak gelandet . . .«[21]

Ineni schildert besonders den Bau der Pylonen, der mächtigen Tortürme, die jedem ägyptischen Tempel bis heute schon von weitem sein Gepräge geben, sowie der riesigen Tore, die sie einschlossen. Hiermit hat Thutmosis I. dem Tempel eine neue, zusätzliche Aufgabe gestellt, oder deren Erfüllung zumindest erleichtert: als Prozessionstempel[22], wie er für das Neue Reich dann typisch werden sollte.

Mit Höfen und Säulenhallen bekommt der Tempel nun eine starke axiale Ausrichtung, die durch die Pylonen noch unterstrichen wird. Das Allerheiligste, Sitz des Gottesbildes und ›Urhügel‹, von dem nach ägyptischem Mythos die Schöpfung ausging, wird nun zugleich Ausgangspunkt der prunkvollen Prozessionen, wenn an den Festen des Gottes die Heilige Barke, auf der das Gottesbild steht, durch immer höher, größer und heller werdende Hallen auf die weiten, säulenumstandenen Höfe getragen wird, wo das Volk es sehen und verehren kann.

An den Pylonen stehen die Flaggenstangen mit wehenden Wimpeln und vergoldeter Spitze, wieder Elemente der Schöpfung darstellend und damit sichernd: Luft, Wind und Sonne. Zum erstenmal hören wir in diesem Bericht auch von Obelisken. Diese steinernen Nadeln, die ihren Namen von spottenden griechischen Söldnern erhielten (›Bratspieße‹ bedeutet das griechische Wort), waren wesentlicher Bestandteil der Sonnenverehrung. Denn auf ihren Spitzen, die häufig vergoldet waren, ließ sich die Sonne mit ihrem ersten Morgenstrahl nieder. Ihre Errichtung in Karnak unter Thutmosis I. ist für uns erstes greifbares Zeichen einer Verschmelzung Amuns mit dem Sonnengott Rê und erschließt uns religiöse und kultische Neuentwicklungen im frühen Neuen Reich.

Das Obeliskenpaar Thutmosis' I. stellte schon recht imposante ›Bratspieße‹ dar: 21,75 m hoch und an der Basis 1,84 m im Quadrat messend[23]. Ineni hat das für die damalige Zeit riesige Schiff beschrieben, das zum Transport dieser je 143 t schweren Giganten, die jeweils aus einem einzigen ungeheuren Granitblock bestanden, von den Steinbrüchen bei Assuan bis Karnak nötig war. Wie oft mögen bei solchen Transporten Unglücksfälle geschehen sein – man spürt jedenfalls in Inenis Erzählung noch den Seufzer der Erleichterung über die glückliche Ankunft der Ladung.

Noch auf einem anderen architektonischen Gebiet hat Thutmosis den gewandelten religiösen Auffassungen seiner Zeit einen neuen und für lange Zeit verbindlichen Ausdruck gegeben: im Bau des Königsgrabes. Gewiß hatte schon sein Vorgänger Amenophis I. die mit dem Totentempel verbundene, weithin sichtbare Pyramide aufgegeben zugunsten eines in die Felsen geschlagenen Ganges als Zugang zur Grabkammer, während der Tempel für die rituelle Verehrung und Versorgung des toten Königs oft weit entfernt an der Grenze zum Fruchtland lag.

Aber erst Thutmosis I. legte sein Felsgrab im späteren ›Tal der Könige‹ an, jenem Wüstental hinter dem parallel zum Nil verlaufenden Bergrücken, über dem sich eine pyramidenförmige Bergspitze erhebt. Und die Stollen, Treppen, Vorsäle und die Grabkammer selbst folgen in einer keineswegs willkürlichen oder nur technisch bedingten Form aufeinander, sondern sind Abbild eines gewandelten Totenkultes, dessen Einzelheiten und deren Bedeutung wir beim Grab Hatschepsuts untersuchen werden.

»Ich sah, wie man grub das Felsgrab Seiner Majestät im Alleinsein, es gab niemand, der sah, es gab niemand, der hörte«, so berichtet der Baumeister Ineni. Und stolz fährt er fort: »Ich suchte das, was nützlich war dafür . . . Ich legte Lehmfelder an, um ihre Gräber in der Totenstadt zu überziehen«[24].

Zum ersten Male hören wir hier, wie ein Ägypter sich einer Erfindung rühmt, die übrigens für den neuen Typus des Königsgrabes von wesentlicher Bedeutung war: Bisher bestand die Ausschmückung der Gräber aus bemalten Reliefs. Der Sandstein im Tal der Könige aber war zu bröckelig und spröde, um die für Bild und Schrift nötige scharfe Umrißzeichnung zu erhalten. Wir finden daher noch heute die Wände der Königsgräber mit einer Lehmschicht überzogen, darüber einen dünnen Stuckbewurf, auf den dann die Bilder und Hieroglyphen aufgemalt wurden in Farben, die bis heute nichts von ihrer Leuchtkraft verloren haben. Und Ineni war der Erfinder dieser Methode – oder zumindest der erste, der sie zur Ausschmückung der Königsgräber im Großen einführte[25].

Von der Großen Königlichen Gemahlin Thutmosis', Ahmose Königsschwester, sind nur sehr wenige Urkunden auf uns gekommen. Die Thronbesteigungsstele hatte uns bereits die hohe Achtung und Verehrung gezeigt, die Thutmosis I. seiner Frau entgegenbrachte. Ihre älteste Tochter Hatschepsut hat uns auf den Reliefs ihrer Geburtsgeschichte die Titel von Ahmose überliefert: »Die Fürstin, die Gunstreiche, die geliebte Freundin des Horus (des Königs), die Herrin der Lieblichkeit, groß an Liebe, die Fürstin des Wohlbehagens, die Erste aller Frauen, die alle Dinge sagt und sie werden ihr getan, die mit dem Horus Vereinigte, die Herrin der Beiden Länder, Ahmose, sie lebe!«[26]

Sie hat ihrer Tochter Hatschepsut das Erbe der großen Königinnen der Dynastie mitgegeben: Schönheit und Gesundheit (man denke an die für damalige Zeit erstaunlich lange Lebensdauer einer Tetischêre oder Ahhotep), vor allem aber Willensstärke, Klugheit und Energie und die Gabe, Menschen für sich einzunehmen. Dazu kamen vom Vater Organisationstalent und politischer Weitblick und gewiß auch eine große Portion Ehrgeiz und Selbstbewußtsein. Diese Mischung war zur politischen Größe prädestiniert.

5.
Geburt des Gotteskindes

Mit Hatschepsuts Mutter Ahmose beginnt auch die eigenartige Legende von der Gotteskindschaft Hatschepsuts, die sie uns selbst auf den Wänden einer Säulenhalle ihres Terrassentempels im Felsenkessel von Der el Bahari in Bild und Schrift erzählt. Gott Amun nämlich, so beginnt die Geschichte, hatte in Theben eine besonders schöne Frau gesehen und schickte nun Thot, den Gott des Wissens, als Boten aus, um zu erkunden, wer diese Schöne war. Und der Götterbote berichtet Amun umgehend von der schönen Königin Ahmose, Gemahlin des Königs Thutmosis. »Seine Majestät ist aber noch ein Kind«, so fügt er hinzu. Und der Götterkönig macht sich sofort auf nach Theben: »Es kam dieser herrliche Gott Amun, der Herr der Länder, nachdem er die Gestalt ihres Gatten annahm. Er fand sie in der Schönheit des Palastes ruhen. Sie erwachte vom Duft des Gottes und lachte vor seiner Majestät. Er ging sofort zu ihr und entbrannte für sie. Er verlor an sie sein Herz. Sie konnte ihn schauen in der Gestalt eines Gottes, nachdem er ihr nahegekommen war. Sie jauchzte, seine Schönheit zu sehen. Seine Liebe drang in ihre Glieder. Der Palast war überflutet vom Geruch des Gottes. Die Majestät dieses Gottes tat an ihr alles, was er wünschte. Sie erfreute ihn mit sich und küßte ihn[1].
Sie sprach: »Wie herrlich ist es, dein Haupt zu sehen. Du hast Meine Majestät mit deinem Glanz umfangen«. Es spricht Amun, der Herr von Karnak, zu ihr: »Hatschepsut, welche Amun umfängt, ist also der Name dieser meiner Tochter, die ich in deinen Leib gelegt habe, gemäß dem Ausspruch, der aus deinem Munde kam.«
Nach einem alten ägyptischen Brauch bildet also der Gott aus den ebenso verehrenden wie liebevollen Worten der Mutter, die sie bei Zeugung und Geburt sprach, den Namen des Kindes: ›herrlich‹ heißt

auf ägyptisch *schapess*, das ›Haupt‹ heißt *hat*, ›umfängt‹ *khnemet*; daraus formt sich der volle Name *Hatschepsut Khnemet-Amun*, auf deutsch etwa: ›Herrliches Haupt (was auch bedeuten kann: Erste der Herrlichen, der Edelfrauen), welche Amun umfängt‹[2].

Und der Gott fährt fort in seiner Verkündigung mit den entscheidenden Worten: »Sie wird das treffliche Amt des Königs ausüben in diesem ganzen Land.«

Wir sehen auf den reizvollen Reliefs der Geburtsgeschichte weiter, wie auf Amuns Weisung der widderköpfige Schöpfergott Chnum auf der Drehscheibe des Töpfers das Ebenbild des neugezeugten Thronfolgers formt und mit göttlicher Lebenskraft versieht, jener Kraft, die der Ägypter Ka nannte, die die Persönlichkeit ausmachte und zugleich das Göttliche in jedem Menschen. Der ausdrückliche Befehl Amuns an Chnum lautet, er solle einen Leib bilden, der »der des Amun ist«, also dem des Vaters wesensgleich und damit göttlich[3].

Übrigens – den Thronfolger, den Amun so deutlich als Mädchen bezeichnet hatte und von dem immer nur in weiblichen Wortformen die Rede ist, hat der Künstler der Reliefs auf der Töpferscheibe als Knaben abgebildet. Das kleine Malheur gehört zu den Ungereimtheiten, auf die wir im Leben Hatschepsuts noch so oft stoßen werden, die manchmal erklärbar sind, bisweilen aber auch dunkle, schwer lösbare Rätsel aufgeben.

Chnum, der menschenbildende Gott, ist es auch, den wir als Begleiter der hochschwangeren Königin Ahmose gemeinsam mit der krötengestaltigen Geburtshelferin Heket auf dem Wege zur Geburt sehen. Nach der Verkündigungsszene durch den Gott ist die Geburt Hatschepsuts das Zentrum des Geschehens – auch ganz wörtlich genommen nimmt diese Darstellung die Mitte der Westwand in der Säulenhalle des Tempels ein. Noch heute sieht jeder Besucher, der sich früh genug von den Hotels im Touristenort Luxor aufmacht, um über den Nil zu setzen und die Totenstätte im westlichen Wüstengebirge zu besuchen, wie die Morgensonne die zarten und in heiteren Farben bemalten Reliefs dieser Geburtsgeschichte beleuchtet.

Hathor, die Göttin der Schönheit und Liebe, zugleich Göttin des Himmels wie des Totenlandes im Westen Thebens, Hathor also nimmt das Neugeborene entgegen und reicht es Amun, und dazu sagen die Inschriften: »Es kommt dieser erhabene Gott, um seine geliebte Tochter zu sehen, den König von Ober- und Unterägypten – sie soll leben! – nachdem sie geboren worden ist, worüber sein Herz sehr, sehr froh ist.[4]«

Diese im alten Ägypten wie bei vielen alten Völkern – so auch bei den

Germanen – übliche und bedeutsame Aufnahme und damit Anerkennung des Neugeborenen durch den Vater erhält eine besonders göttlich-feierliche Note durch Amuns Worte: »Mein Sohn von meinem Leibe, mein strahlendes Abbild, aus mir hervorgegangen[5].« Daß auch hier wieder die Bezeichnung ›Sohn‹ auftaucht, während in den mehr familiären und liebevollen Szenen stets von ›Tochter‹ die Rede ist, gibt uns einen weiteren Hinweis darauf, daß in den Geburtsbericht Hatschepsuts uralte Ritualtexte eingearbeitet worden sind.
Wir wissen nicht, in welchem Jahr Hatschepsut geboren wurde. Thutmosis I. regierte von 1505 bis 1493[6] v. Chr. Es ist wahrscheinlich, daß diese Geburt in einem der ersten Regierungsjahre Thutmosis' I., wenn nicht im ersten selbst, erfolgt ist. Hatschepsut ihrerseits hat nämlich ihrem späteren Gemahl, Thutmosis II., eine Erbtochter geboren, namens Nofrurê. Erbtochter aber konnte sie nur genannt werden, wenn ihr Vater bei der Geburt schon König war. Thutmosis II. bestieg den Thron 1493 und starb wohl früh im Jahr 1490[7]. Da Hatschepsuts Vater 1505 auf den Thron kam und wir Hatschepsut für die Geburt ihrer Tochter bei aller Frühreife ägyptischer Mädchen jener Zeit doch ein Alter von wenigstens 14 Jahren zubilligen müssen, kommen wir auf ein Geburtsjahr sehr früh in der Regierungszeit Thutmosis' I.
Die schöne, poetische Form und Sprache von Hatschepsuts Geburtsbericht spricht beides aus: geschichtliche Tatsachen und religiöse Mythen. Manches erinnert an vertraute Bilder aus der Bibel: der Gottesbote, die Verkündigung der Geburt eines Gotteskindes von einer Jungfrau, die zweitrangige, aber dabei doch durchaus ehrenhafte Rolle des Gatten der Auserwählten – der hier zum ›Kind‹ erklärt wird, wie Joseph in der christlichen Legende zum ›alten Greis‹ –, die göttlichen Vorhersagen über das künftige Schicksal des Kindes. Biblische Bilder, die freilich erst eineinhalb Jahrtausende später aufgeschrieben wurden. Über solche Zeiträume hinweg soll man bei der Deutung noch so auffälliger Parallelen sehr vorsichtig sein. Dennoch: vielfältige, wenn auch in Einzelheiten noch umstrittene Beeinflussung biblischer Vorstellungen aus dem altägyptischen Religions- und Geistesleben ist nachweisbar[8].
Neben diesen uns vertraut anmutenden Bildern steht aber in dem Geburtsbericht auch manches, das uns sehr fremd erscheint. Was erst ein schönes, poetisches Märchen schien, erhält immer tiefere Dimensionen. Das Götterkind, dessen Geburt hier geschildert wird, ist ja der künftige König des Landes. Ist also all dieser Aufwand – der Tempel mit der langgestreckten Säulenhalle als Raum für die schriftliche und bildliche Darstellung der Geburtsgeschichte – vielleicht nur eine gi-

zu Seite 52:
Götter führen die schwangere Ahmose zu Hatschepsuts Geburt

gantische Propagandaaktion einer Königin, die ihrer Legitimität nicht sicher war und ihren Ehrgeiz und ihre Herrschsucht nur befriedigen zu können glaubte, wenn ihre Untertanen ihr nicht nur als Herrscherin gehorchten, sondern sie als Göttin anbeteten? Viele namhafte Ägyptologen waren dieser Meinung[9].

Gegen eine zu enge Bindung des Geburtsberichtes der Hatschepsut an ihre Person und die politischen Verhältnisse ihrer Zeit sprechen aber gewichtige Gründe: Einmal war die Terrasse des Totentempels, auf deren Wand wir die Darstellung finden, in altägyptischer Zeit keineswegs dem Volk zugänglich und also für eine »Werbetafel« recht ungeeignet. Vor allem aber: Der Bericht von der Gotteskindschaft Hatschepsuts steht in Ägypten keineswegs allein[10].

Besucher von Luxor erinnern sich gewiß der Geburtsdarstellung des Königs Amenophis III. an der Seitenwand einer Kapelle des dicht bei den großen Hotels am Nilufer gelegenen Tempels. In ganz ähnlicher Weise werden hier der Besuch des Gottes Amun bei der Mutter des Königs, die Bildung seiner gottgleichen Person und seines Ka auf der Töpferscheibe des Gottes Chnum und die Geburt des Thronfolgers abgebildet.

Die Texte und Darstellungen zeigen aber auch gewisse Unterschiede zu denen im Tempel der Hatschepsut, so daß mit Sicherheit keine unmittelbare Kopie vorliegt, obwohl Amenophis III. nur etwa 90 Jahre nach Hatschepsut regierte. Er hätte eine Vorlage der zu seiner Zeit als Usurpatorin geltenden – oder von ihm erst zu einer solchen erklärten? – Hatschepsut nie verwendet. Wahrscheinlich gehen beide Fassungen auf eine ältere, jeweils abgewandelte zurück[11].

Einen Hinweis für das Alter nicht nur mancher Textteile, sondern sogar einzelner Bildelemente gibt uns die Szene, in der Amun und die Königin auf dem Brautbett sitzen, deren Reliefdarstellungen in Hatschepsuts Tempel und dem des Amenophis' III. fast identisch sind. Das Bettgestell ist nämlich von den jeweiligen Künstlern recht ungeschickt gezeichnet und dann modelliert worden – ganz im Gegensatz zu ihren sonst bewiesenen künstlerischen Qualitäten. Man kann nachweisen, daß hier eine Bildvorlage verwendet wurde, die – nach der Form des Bettes zu schließen – mindestens auf die 4. Dynastie zurückgeht und damit tausend Jahre vor den Darstellungen in Der el Bahari und Luxor liegt[12]!

Dem Denken des Ägypters entsprach es, das Neue einzubeziehen in alte Formen oder es neben das Alte zu setzen, womit dem Alten Weitergeltung und doch Erneuerung gesichert war. Altägyptisches Denken war nicht dualistisch und seine Logik basierte nicht auf dem Entweder-Oder, wie wir es unter dem Einfluß biblischen Denkens und griechischer Philosophie gewöhnt sind[13], so daß wir zumindest bis zu unserer eigenen Denkrevolution im Gefolge der Atom-, Relativitäts- und Quantentheorien sowie der modernen Mathematik und nichteuklidischen Geometrie Logik schlechthin damit gleichsetzten. Ägyptisches Denken dagegen ist dem Sowohl-Als Auch verhaftet. Es abstrahiert die unendliche Vielfalt der Erscheinungen in Begriffen, die Kreisen gleichen, die sich nicht ausschließen, sondern einander weit überschneiden[14].

So kommt es auch, daß Ägyptens Götter nicht, wie die griechisch-römischen, eine feste ›Zuständigkeit‹, einen ihnen jeweils ausschließlich zukommenden ›Geschäftsbereich‹ hatten, sondern daß ihre Bedeutung, ihre örtlichen und sachlichen Begrenzungen, fließend waren, einander überdeckten, ja ineinander übergehen konnten[15]. Kein Wunder, daß dies schon dem griechischen Ägyptenreisenden Herodot und in seinem Gefolge vielen antiken und modernen Gelehrten höchst verwunderlich und verwirrend erschien[16]. Säuberliche Unterscheidungen wie Monotheismus und Polytheismus, Idolatrie und Geistesreligion, Offenbarungs- und Erlösungsreligion, so oft sie auf die ägyptische Religion angewendet wurden, vermochten ihr Wesen und das des ägyptischen Denkens nicht zu fassen und mußten schließlich zu unangemessenen, also falschen Schlußfolgerungen führen.

Für den Ägypter war in jedem einzelnen Gott, dem er sich gerade zuwandte, die ganze Wirklichkeit des Göttlichen anwesend, waren »die Einzelgötter nur Einzelaspekte der göttlichen Kraft und Fülle des Lebens«[17]. Die Bilder und Gestalten, die er verehrte, ob menschlichen, ob tierischen Aussehens, ob Mischgestalten oder bloße Symbole wie Obelisken, Steine und sonstige Machtzeichen, waren für ihn nicht Gott, sondern Träger einer Aussage, ein Attribut, ein Ort, an dem Gott sich niederlassen, sich ereignen kann[18]. Welche Bedeutung hatte in diesem Weltbild die Gotteskindschaft des Königs, was bedeutete diese Geschichte für Hatschepsut selbst und für ihre Zeitgenossen?

6.
Der König als Gott und Mensch

Über 1500 Jahre dauerte ägyptische Geschichte schon, als Hatschepsut Königin wurde. Etwa um das Jahr 3000 v. Chr. hatten tatkräftige Könige aus Oberägypten das Nilland vom ersten Katarakt bei Assuan im Süden bis zur Deltaküste am Mittelmeer, von den Gebirgswüsten am Roten Meer bis zu den Oasen des libyschen Sandmeers endgültig geeint. Eine Vielzahl von Stämmen und Stammesverbänden, von Kleinkönigreichen und städtischen Zentren wurde zu einem Staat zusammengefaßt[1].

Diese ›Vereinigung der beiden Länder‹ genannte Reichsgründung hat auf das Denken der alten Ägypter tiefsten Eindruck gemacht. Die Einheit des Reiches wurde in großartigen Bildern immer wieder dargestellt in Tempeln und Gräbern, auf Thronen und Kultgeräten, in Kronen und Königsornaten, in Salbgefäßen und auf Obelisken. Sie immer wieder im Kult zu vollziehen und zu wahren, war die Hauptaufgabe jedes ägyptischen Königs[2]. Denn diese Einheit der ›beiden Länder‹ hatte eine viel tiefere Bedeutung als eine nur nationale. Götter waren es, die nach ägyptischem Selbstverständnis das Land einst in Vollendung geschaffen und regiert hatten. Seine Ordnung war die der ganzen Welt[3].

Diese göttliche Weltordnung verehrten die Ägypter in einer Göttin, die den Namen Maat trug und deren reizende Gestalt einer knieenden jungen Frau mit einer hohen Feder im Haar uns häufig auf Tempelwänden und in Papyruszeichnungen begegnet. Auftrag des Königs war es, die göttliche Weltordnung, wie er sie von den Götterkönigen der Vorzeit übernommen hatte, immer neu zu verteidigen und zu vollenden. Und so sieht man bis in die späteste Zeit hinein auf Tempelwänden den jeweiligen König, wie er auf seiner ausgestreckten Hand dem

Die Prunkpalette König Narmers aus der Reichseinigungszeit um 3000 v. Chr. zeigt (l) den König vor dem Horusfalken; am Oberrand Hathor mit Kuhhörnern und -ohren als Himmelsgöttin

höchsten Gott eine kleine Frauengestalt, eben das Symbol der Maat, zum Opfer darbietet als Zeichen, daß er den göttlichen Auftrag erfüllt hat.

Zum König als Garant und Vollender der göttlichen Weltordnung und dem König als Vereiniger des Landes, Beschützer und Erhalter seiner Art und Kultur trat jedoch von Anfang an noch ein religiöser Aspekt.

Verkörperung der geordneten Welt (als Gegensatz zum ungeordneten Chaos) war zu Beginn der ägyptischen Geschichte Horus »der Erhabene«[4]. In bildhafter, mythischer Gestalt sah ihn der Ägypter als gewaltigen Falken, dessen Flügel den Himmel deckten und dem Sonne und Mond als Augen dienten. Der König war wesenseins mit dem Weltengott, seine immer neue Verkörperung, der ›lebende Horus‹.

Die Bezeichnung des Herrschers als ›lebender Horus‹ bedeutete nicht nur Macht, die alleinige und ausschließliche Macht des Königs über das Land, über seine Menschen und Tempel – er bedeutete auch und vor allem Verantwortung. Als Erhalter und Vollstrecker der Maat ist der König verantwortlich für den ungestörten Lauf der Welt wie des Lebens, und zwar ganz unmittelbar und konkret; nur der König konnte – und mußte – dafür sorgen, daß die jährliche Nilflut zur rechten Zeit und in gehöriger Fülle einsetzte, daß die Fruchtbarkeit des Landes erhalten blieb und Tiere und Menschen sich vermehrten[5]. Er allein, wesensgleich mit den Göttern, konnte mit den göttlichen Mächten umgehen, für sie im Kult sorgen und ihr Wohlverhalten für Ägyptens Land und Menschen durch sorgfältige Beachtung der kultischen Pflichten und Opfer herbeirufen[6], ja herbeizwingen.
So ist es ursprünglich nur der König allein, der die Riten im Tempel durchführt, und Priester können nur von ihm Beauftragte, seine Kult-Stellvertreter sein[7] – bis zum Ende ägyptischer Zeit sehen wir Pharaonen wie griechische Ptolemäer und römische Kaiser auf den Wandreliefs der ägyptischen Tempel allein den Kult vor den Göttern vollziehen.
Zum ägyptischen Königsdogma gehört nun aber auch, daß der ›Gott‹ genannte König zu seinen Lebzeiten innerhalb Ägyptens keine kultische Verehrung empfing. Die Priester am Königshof hatten rituelle Pflichten an den geheiligten Zeichen des Göttlichen im Königtum zu leisten, an Kronen und Zeptern, Thron und Ornat, aber nicht dem Herrscher selbst gegenüber. Zwar werden beim Namen und Leben des Pharaos Eide geleistet, er wird aber nicht im Gebet angerufen wie ein Gott[8].
Ein anderer der Großen Namen jedes Pharaos war verbunden mit dem Titel ›Sohn des Rê‹. Nicht mehr fleischgewordener Horus, der lebende Weltengott, ist der König nach einem zu Ende der 4. Dynastie der großen Pyramidenerbauer entstandenen neuen Dogma, sondern in den Vordergrund tritt seine Bezeichnung als Sohn des neuen Allgottes, eben des Rê, der seinem göttlichen Vater gegenüber verantwortlich ist[9]. Der Gedanke der Verantwortlichkeit, der beim Horuskönigtum schon deutlich wurde, wird hier ganz konkret gefaßt mit der Festlegung, wem gegenüber der König die Verantwortung trägt. Ein entsprechender ›Sohn-des-Rê-Name‹ wird eingefügt in die königliche Titulatur und bleibt darin, neben dem Horusnamen, der auch weiterhin an ihrer Spitze steht, aber in seiner Bedeutung überdeckt wird von der nun als Wirklichkeit empfundenen Sohnschaft des Herrschers gegenüber dem höchsten Gott[10]. Und daß dieses Sohnesverhältnis ganz

real gedacht war, zeigt, daß der ›Sohn-des-Rê‹-Name nicht, wie die übrigen vier Namen in der Königstitulatur, bei der Thronbesteigung neu gebildet wird, sondern daß hierfür der Name eingesetzt wird, den die Eltern dem kleinen Prinzen bei seiner Geburt gegeben haben.
Zu Hatschepsuts Zeit ist Gott Amun an die Stelle Rês getreten. Der alte Schiffer- und Windgott Amun, – wehende Federn auf dem Haupt und als Symbol die Nilgans erinnern noch an diese Herkunft[11] –, war bereits von den Königen des Mittleren Reiches (etwa 2065–1786 v. Chr.), die aus Theben stammten, zu ihrem Hausgott erkoren worden; immer mehr wird er damit zum Königsgott und zum Götterkönig. Den endgültigen Durchbruch zur Verehrung als Allgott brachten dann die Siege der unmittelbaren Vorfahren Hatschepsuts über die verhaßte Fremdherrschaft der Hyksos, Siege, die im Namen und mit Hilfe Amuns wiederum von einem in Theben ansässigen Geschlecht errungen worden waren[12].
Aber es wäre ägyptischem Denken ganz fremd gewesen, diesem Gott damit Ausschließlichkeit der Verehrung oder gar der Geltung zu geben: So wie im täglichen Leben für jeden Ägypter der Gott, den er gerade ansprach, alles Göttliche schlechthin verkörperte und alle anderen Götter in sich enthielt, zugleich aber in diesem Augenblick ganz als Einer und als Wirklichkeit im Glauben erlebt wurde[13], so nahm auch Amun im offiziellen Kult der Könige des Neuen Reiches die Rolle des Königs- und Allgottes auf und vereinigte in sich die Wirkkräfte aller anderen Götter.
So ist es innerhalb dieses Denkens und Glaubens ganz selbstverständlich, daß in den Geburtsgeschichten der Thronfolger in der 18. Dynastie, so auch in der Hatschepsuts, der Königsgott Amun als Vater des Kindes auftritt anstelle des Rê im Königsdogma des Alten Reiches. Ebenso selbstverständlich aber ist es, daß dieses Kind Amuns in seinen Königstiteln die Bezeichnung trägt: »Tochter des Rê« – und daß der dazugehörige Name wiederum lautet: »Hatschepsut, die Amun umfängt«.
Das Königsdogma von der erhabenen Rolle, welche der von einem göttlichen Vater gezeugte Pharao im Leben seines Landes, ja der gesamten Schöpfung zu spielen berufen war, das war die dritte Säule, auf der Hatschepsuts Selbstverständnis beruhte.

7.
Kindheit und Jugend am Pharaonenhof

Die Erzählung von der Gotteskindschaft Hatschepsuts im Tempel von Der el Bahari endet nicht mit ihrer Geburt, sondern führt noch weit hinein in ihre Kindheit und Jugend. Zunächst ist auf den Reliefs zu sehen, wie Amun, ihr göttlicher Vater, sich persönlich um göttliche Ammen für seine kleine Tochter bemüht. Sie sind meist in Kuhgestalt dargestellt, ernähren das Kleine mit ihrer Milch und geben ihm so die Göttlichkeit des künftigen hohen Amtes ein. An ihrer Spitze steht Hathor, Göttin der Schönheit und Gattin des Königsgottes Horus, die zugleich eine Himmelsgöttin ist[1].
Wieder fällt uns die familiäre Intimität auf und die reizende Art, wie der mächtige Gott Amun mit seiner kleinen Tochter umgeht. Hier tritt in das religiös-kultische Geschehen wiederum die Wirklichkeit ein und nimmt den feierlichen Szenen jedes Pathos und jede Formelhaftigkeit heiliger Texte. Denn Wirklichkeit ist die übergroße Kinderliebe der Ägypter – im Reich der Pharaonen ebenso wie heute. Jeder, der heute Ägypten besucht, wird die Langmut, Geduld und Freundlichkeit bewundern, die dort Kindern entgegengebracht wird. Kein Wunder, daß hier auch ein Gott sich mit liebevollen und ganz unfeierlich herzlichen Worten der kleinen Tochter zuwendet.
Auch die Bestallung von Ammen durch den Gott ist eine auf kultische Ebene transponierte Wirklichkeit: Hatschepsut hatte, wie es nicht nur in der Königsfamilie, sondern weitum im Land üblich war, eine Amme – und der Glücksfall zufälliger Erhaltung läßt uns sogar ihren Namen kennen. Auf einem Kalksteinplättchen, das aus ihrem noch heute unbekannten Grabe stammen muß, finden wir die Inschrift: »Ein Opfer, das der König gibt: Makarê und Osiris, der Beherrscher der Westlichen, der große Gott, der Herr von Abydos, sie geben ein Toten-

zu Seite 61: Hatschepsut trinkt am Euter der Hathor-Kuh; unter ihrem Arm lesbare Reste ihres Thronnamens »Makarê«

opfer an Brot, Bier, Rindern und Gänsen, tausend von allen guten und reinen Dingen, für die große Amme, die die Herrin der beiden Länder aufzog, Satrê genannt In, die Selige«[2].

Satrê hat also noch die Krönung ihres Milchkindes Hatschepsut erlebt, denn sie verwendet in ihrer Inschrift den Thronnamen der Königin ›Makarê‹. Hatschepsut hat ihr Dankbarkeit bis über den Tod hinaus bewahrt, indem sie eine großzügige Totenversorgung stiftete und damit ihr Leben im Totenreich erleichterte.

Die Bindung zwischen Amme und Milchkind war gewiß sehr eng, denn die ägyptischen Kinder bekamen bis ins dritte Lebensjahr die Brust. Wir wissen dies aus der Weisheitslehre des Anii, niedergeschrieben in der Mitte der 18. Dynastie, die zugleich ein hohes Lied auf die Mutter singt: »Verdoppele das Brot, das deine Mutter dir gab. Trage sie, wie sie dich trug. Sie hatte Mühe und Last mit dir. Sie endeten nicht, als du geboren wurdest nach deinen Monaten. Ihr Nacken trug dich. Ihre Brust war in deinem Mund drei Jahre lang . . . Sei eingedenk, daß du geboren wurdest und aller Sorge, mit der deine Mutter dich aufzog. Verhüte, daß sie sich von dir wendet, daß sie ihre Arme erhebt vor Gott und daß er ihre Klage hört«[3]!

Hatschepsut wuchs nicht in der Isolierung eines Einzelkindes auf. Sie hatte eine jüngere Schwester mit Namen Neferubity, die freilich noch als Kind starb, und drei Halbbrüder, deren Mutter eine Prinzessin Mutnofret war, die jedoch nicht den Titel einer Großen Königlichen Gemahlin trug und deren Söhne daher nicht voll erbberechtigt waren. Die beiden älteren Halbbrüder, Wadjmose und Amenmose, starben noch während der Regierungszeit Thutmosis' I.; der dritte namens Thutmosis sollte der künftige Gatte Hatschepsuts und als zweiter dieses Namens Nachfolger seines Vaters werden[4].

Hatschepsut wuchs gesund heran, und neben Geschwistern und Halbgeschwistern hatte sie im Palast auch die Kinder der hohen Beamten als Spiel- und Erziehungsgefährten, und dazu die ›Kinder des Kep‹. Der Kep war eine Organisation, in der Söhne nubischer (später auch syrischer) Fürsten als eine Art Geisel am Königshof gehalten wurden. Sie wuchsen gemeinsam mit den Königskindern auf, und wenn sie später in ihre Länder zurückkehrten, waren sie die besten Botschafter der ägyptischen Kultur und bewahrten ihnen gegenüber oft eine lebenslange Loyalität, ja Freundschaft[5].

Jedem Königskind wurde ein hoher Beamter, der sich des persönlichen Vertrauens des Königs erfreute, als Erzieher beigegeben. Er erhielt den Ehrentitel ›Vater‹, und wenn sein Schüler der künftige König war, ›Gottesvater‹[6]. Zur Zeit Thutmosis' I. war der Wesir Imhotep Leiter der Erziehung, und er rühmt sich dessen in seinem Grab mit den Titeln: ›Vater und Amme der Königskinder König Aakheperkarês‹[7]. Mit ›Amme‹ wurden die Beamten bezeichnet, welche die Königskinder in ihren ersten Lebensjahren betreuten sowie deren Dienerschaft und die eigentlichen Ammen beaufsichtigten. Aus unserem Text sehen wir, daß Thutmosis I. einen einzigen Mann seines Vertrauens, den Wesir Oberägyptens, zum Leiter der Erziehung aller seiner Kinder gemacht hatte. Seiner *Kinder* heißt es, und das erscheint mir wichtig, denn damit war die Aufgabe nicht auf die Söhne beschränkt, sondern umfaßte auch die Prinzessinnen und somit auch Hatschepsut.

Mit vier Jahren begann die eigentliche Ausbildung. Am Vormittag wurden Lesen und Schreiben unterrichtet. Zunächst mußten die Schüler Schriftbild, Bedeutung und Aussprache von mehreren hundert Hieroglyphen lernen. Bei der Kompliziertheit dieses Schriftsystems dauerte dies sicher mehrere Jahre. Später kam die Kenntnis der abgerundeten Schreibschrift, des Hieratischen, hinzu, und schließlich in der ›Oberstufe‹ die änigmatische Schrift, eine Art verschlüsselter Umschreibungen, die bei den gelehrten Schreibern sehr beliebt waren, und dann vor allem die schwierige Literatursprache. Wenn man bedenkt, daß zur Zeit Hatschepsuts das gesprochene ›Neuägyptisch‹ sich schon weit von dem ›Mittelägyptisch‹ der Literatur- und Kultsprache entfernt hatte, kann man sich die Mühen für die Schüler vorstellen – sie waren größer, als wenn unsere gesamte Literatur mittelhochdeutsch geschrieben wäre! Die Umschrift für Fremdwörter schloß diesen Teil des Unterrichtes ab[8].

Jeder Schüler – also auch Prinzen und Prinzessinnen – trug stolz seine Schreibpalette mit sich. Das war ein rechteckiges Täfelchen, meist aus Holz, aber bisweilen auch aus Elfenbein gefertigt. Es enthielt zwei Aushöhlungen für schwarze und rote Trockenfarbe, die mit etwas Wasser angerührt wurde, und ein Fach für einige Binsenstäbchen, deren Ende zum Gebrauch zerkaut wurde und so einen feinen Pinsel ergab. Ein Schaber aus Sandstein als ›Radiergummi‹, ein Glätter aus poliertem harten Stein und ein Wassernäpfchen vervollständigten die Schreibausrüstung. Die Schüler des Palastes übten auf dem kostbaren Papyrus. Der einfache Schreibschüler mußte sich mit Kalksteinstükken oder Krugscherben aus Ton behelfen. Zehntausende dieser sogenannten ›Ostraka‹ sind auf uns gekommen und zeigen neben der schwarzen Schülerschrift die roten Korrekturen der Lehrer[9].

Daß der Schreibkundige eine große Rolle in der ägyptischen Gesellschaft spielte, wie wir aus zahllosen Urkunden und Selbstdarstellungen wissen, lag nicht nur an der Bedeutung der Schrift für Staat und

Wirtschaft; der Grund lag tiefer, nämlich im Religiösem. Wir fragen uns oft, warum die Ägypter ein so kompliziertes System von Zeichen für Einzelbuchstaben, Buchstabengruppen, Wortbedeutungen und grammatikalische Abwandlungen wie das der Hieroglyphen bis zum Ende ihrer Geschichte verwendeten, obwohl sie doch Zeichen für Einzelbuchstaben schon sehr früh kannten und – etwa zur Schreibung fremder Eigennamen – auch verwendeten. Auch hierfür liegt der Grund im ägyptischen Denken: All die Hunderte von Hieroglyphenzeichen waren, unabhängig von ihrer Aussprache und ihrer Schriftbedeutung, für den Ägypter weiterhin Bilder von Gegenständen, von Tieren, Menschen und Göttern, und damit auf magische Weise wirklich. Wir sehen dies noch heute an Inschriften in Gräbern und Särgen, bei denen Schriftbilder, die den Toten gefährden könnten, wie Giftschlangen oder Bienenstachel, vermieden oder wenigstens verstümmelt wurden[10].

So ist eine der beliebtesten Darstellungen bedeutender Persönlichkeiten, einschließlich königlicher Prinzen, im alten Ägypten die als ›Schreiber‹[11]. Aber wie steht es mit den Frauen? Ist nicht vielleicht die Phantasie mit uns durchgegangen, als wir Hatschepsut ganz selbstverständlich ebenso wie ihre Brüder Schreibunterricht nehmen ließen? Es gibt Ägyptologen, die kurz und bündig erklären: Schreiben war Männersache[12]. Nun sind die Quellen über weibliche Schreiber tatsächlich nicht sehr ergiebig.

Umso bedeutsamer sind die Ausnahmen. Sie beginnen schon in der Mythologie: neben Thot, dem Gott der Weisheit, der Schreiber und der Schrift, steht die Göttin Seschat, die für ihn die Annalen führt[13]. In der 13. Dynastie wird ausdrücklich die Schreiber*in* einer Königin erwähnt, und aus der Spätzeit kennen wir gar nicht wenige Papyri, auf denen Verträge von Frauen eigenhändig unterschrieben wurden[14]. Vor allem aber: Königinnen und Prinzessinnen konnten häufig schreiben. Schon aus der Zeit des Alten Reiches kennen wir eine Königstochter der 5. Dynastie namens Idut, die sich in ihrem Mastabagrab in Saqqara abbilden läßt, wie sie in einem Nachen durch die Papyrussümpfe fährt und dabei stolz ihre Schreibpalette mit sich führt[15]. Aber wir können noch einen Beweis bringen, der viel näher an Hatschepsuts Zeit liegt, ebenfalls in der 18. Dynastie: Im Grab des jungen Pharaos Tutenchamun fanden die Ausgräber mehrere Geschenke von engen Familienangehörigen. Unter diesen rührenden Zeichen der Liebe und des Gedenkens ist auch die Gabe der Prinzessin Meritaton, Tochter Nofretetes und Echnatons und somit Schwägerin, vielleicht auch Nichte, Tutenchamuns, der ihre Schwester Anchesenamun geheira-

Urbild des »weisen Schreibers« und später als Gott verehrt: Amenophis, Wesir Amenophis' III.

tet hatte. Sie hatte als besonders persönliches und wertvolles Geschenk ihre kostbare Schreibpalette, versehen mit ihrem Namen, in das Grab legen lassen[16]. So dürfen wir mit Sicherheit davon ausgehen, daß ägyptische Prinzessinnen schreiben lernten – und gewiß auch Hatschepsut. Und daß sie eine gute Schülerin war, sehen wir – wenn auch leider unmittelbare Darstellungen bisher fehlen – nicht zuletzt daraus, daß sie ihre Inschriften in einer besonders reinen Form der Literatursprache, des als klassisch geltenden Hof-Ägyptisch des Mittleren Reiches, abfassen ließ.

Aber der Schreibunterricht war nicht der alleinige Inhalt der Erziehung am Königshof. Es ist zwar unwahrscheinlich, daß Hatschepsut, wie die männlichen Prinzen, in den militärisch wichtigen Disziplinen wie Wagenlenken, Bogenschießen und Schwertfechten ausgebildet wurde – gewisse Kenntnisse in Strategie und Truppenführung muß sie aber gehabt haben. Gewiß dürfte hingegen sein, daß zu ihren Lehrern auch der Hohepriester des Amun gehörte, der ebenfalls den Titel ›Gottesvater‹ trug[17]. Er führte die Königskinder in ihre künftigen religiösen und kultischen Pflichten und in die Geheimnisse der Götterlehre, in die Mythen von der Schöpfung der Welt und ihrer Wiederholung und Bewahrung ein und lehrte sie die für den Kult wichtigen Künste des Gesangs und Tanzes.

Hatschepsut war inzwischen zu einer wahren Schönheit herangewachsen. Wenn wir ihre Bilder und Statuen aus späteren Jahren betrachten, so können wir uns noch heute kaum dem Charme ihrer Erscheinung entziehen. Es ist wohl keine Übertreibung, wenn es über ihre Entwicklung in den Inschriften von Der el Bahari heißt: »Schöner war sie anzusehen als alle Dinge . . . Ihre Gestalt war göttlich. Ihre Art war göttlich. Alles, was sie tat, war göttlich. Ihre Majestät wurde ein schönes junges Mädchen. Die Kronenschlange an ihrer Stirn erhöhte ihre göttliche Gestalt«[18].

Mit ihrem Vater scheint sie ein sehr vertrauensvolles Verhältnis verbunden zu haben. Es ist anzunehmen, daß – nach dem frühen Tod seiner älteren Söhne und angesichts der schwächlichen Konstitution des Thronfolgers Thutmosis II. – der König sich bemühte, seine Erbtochter ganz in seinem Sinne zu erziehen. Sie sollte fähig sein, an der Seite ihres künftigen Gatten, dem nur sie die Legitimität der Erbfolge einbrachte, das ihrige zur Erfüllung der königlichen Pflichten zu tun und den Bestand der Dynastie und des Reiches zu sichern. Darum dürfen wir die folgenden Stellen aus dem sogenannten Krönungsbericht in Der el Bahari, den Hatschepsut über dem Geburtsbericht darstellen ließ, wohl als weitgehend historisch betrachten, wie wir ja in diesen

Meritaton, Tutenchamuns Schwägerin, stiftete ihre Schreibpalette in dessen Grab

Die Pharaonen der 18. Dynastie sind stolz auf ihre sportlichen Leistungen: Amenophis II. beim Bogenschießen aus dem fahrenden Streitwagen auf dicke Kupferscheiben

Texten immer wieder historisch durchaus beglaubigte Tatsachen neben religiös-mythischen und magischen Teilen kennen lernen. »Jedes Mal, daß Ihre Majestät (gemeint ist Hatschepsut) sich nach Unterägypten begab im Gefolge ihres Vaters, des Königs von Ober- und Unterägypten Aakheperkarê, er lebe ewiglich! kamen ... alle Götter von Ober- und Unterägypten ... Sie sprachen ›Willkommen, willkommen, oh Tochter des Amun, sieh dir deine Ordnung im Lande an, du richtest es ein, du bringst es in Ordnung, was in ihm schadhaft ist‹[19].« Und dann folgt eine sehr merkwürdige Stelle, die wir hier des Zusammenhangs wegen schon bringen müssen, deren Erklärung wir aber erst später versuchen werden. Die Götter fahren in ihrer Begrüßungsrede für Hatschepsut nämlich fort: ›Wunden aus deiner Hand sind in Libyen, dein Arm ist kräftig im Erschlagen der Beduinen, du schlägst ab die Köpfe der Heere, du faßt die Fürsten von Syrien unter dem Schrecken der Hinterlassenschaft deines Vaters[20].‹
Zunächst nur so viel: Es ist gewiß kein Zufall, daß diese, offensichtlich prophetisch gemeinten, höchst militärisch, ja blutrünstig klingenden Worte gerade im Zusammenhang mit den Unterägyptenreisen gesprochen werden, auf denen Prinzessin Hatschepsut ihren Vater begleiten durfte. Jedenfalls dürfte als historischer Kern feststehen, daß

der König seine Tochter auf Inspektionsreisen mitnahm, um sie in die Verwaltung des Staates einzuführen, sie den hohen Beamten vorzustellen – und auch den militärischen Kommandeuren, denn der Schwerpunkt der Armee lag bereits in dieser Zeit in Unterägypten. Nur von hier konnten die Feldzüge gegen Syrien und Mitanni ausgehen, hier auch waren die Hauptverteidigungslinien gegen Einfälle semitischer Beduinen wie libyscher Stämme, und hier lagen die Hauptarsenale für die Flotte, die Nachschublager für das Heer und die Trainingsplätze für die Wagentruppe[21].
Eins freilich dürfen wir fast sicher ausschließen: daß der König vorhatte, Hatschepsut zu seinem Nachfolger zu ernennen. Der ausführliche Text in Der el Bahari über die angebliche Krönung zum Mitregenten ihres Vaters wird uns aber erst im Krönungskapitel beschäftigen. Hierhin gehört ein weiterer Teil der Inschrift, der wahrscheinlich wiederum eine historische Tatsache enthält: nämlich die feierliche Erklärung der heranwachsenden Hatschepsut zur Erbtochter. Wir dürfen annehmen, daß Thutmosis I. diesen Schritt tat, bevor er den Thronfolger Thutmosis II. mit Hatschepsut verheiratete, gerade um jeden Zweifel an der Legitimität der Erbfolge und etwaige Auseinandersetzungen um den Thron nach seinem Tode auszuschließen[22].
Die Inschrift läßt Thutmosis I. sprechen: »Meine Majestät ließ sich holen die Edlen des Königs, die Vornehmen, die Freunde, die Hofleute der Residenz, die Spitzen der Untertanen, um einen Befehl an sie zu erlassen, indem Meine Majestät die Majestät dieser meiner Tochte in seine Arme nimmt in seinem Palast in der Residenz.« Und der König sprach zu den Versammelten: »Diese meine Tochter Khnemetamun Hatschepsut, sie lebe!, setze ich ein als meinen Stellvertreter . . .«[23].
Und bis hierher dürfte, nach allem, was wir über das Hofzeremoniell jener Zeit wissen, die Geschichte der Wirklichkeit entsprechen, wenn man nur das Wort ›Stellvertreter‹ in ›Erbtochter‹ ändert[24].
Über dem historischen Gehalt und der pompösen Sprache einer solchen Haupt- und Staatsaktion wollen wir aber nicht die ganz persönlich wirkenden Worte des großen Thutmosis' I. übersehen, wie er seine Tochter »in die Arme nimmt«. Und auch diesmal geht bei den Inschriften von Der el Bahari dieser Szene im Palast eine ähnliche in der Sphäre der Götter voraus, in der Amun alle Götter zusammenruft, um ihnen die heranwachsende Hatschepsut vorzustellen. Und selbst hier wieder entzückt uns die liebevolle Ansprache des Götterkönigs an seine Tochter, wenn es heißt: »Amun, der gekommen ist, um sie auf ihre Nase zu küssen . . .«, ehe er sie feierlich bei den Göttern einführt, denn »ich liebe sie. Ich bin mit ihr zufrieden«[25].

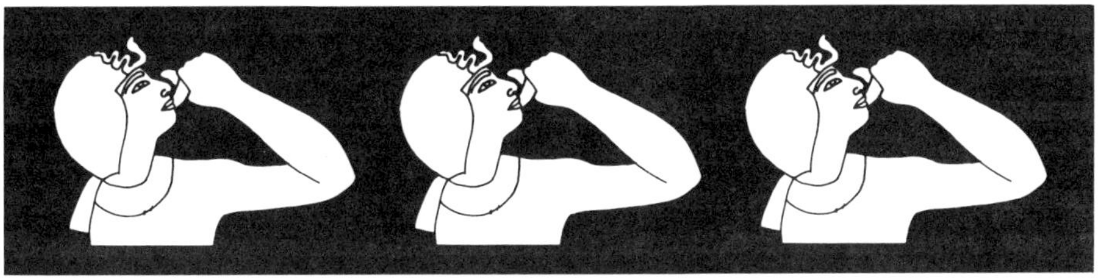

8.
Die Große Königliche Gemahlin

»Der König schied aus dem Leben und stieg empor zum Himmel, nachdem er seine Jahre in Wohlbefinden vollendet hatte«[1]. So berichtet der Baumeister Ineni vom Tod Thutmosis' I., der im Dezember 1493 v. Chr. erfolgt sein muß. Und da Religion, Ritual und Staatsraison es erforderten, daß der neue König, der junge Horus, dem verstorbenen, zu Osiris gewordenen sogleich folgte, bestieg Thutmosis II. zu Sonnenaufgang des folgenden Morgens den Thron.

»Der Falke im Nest (Bild für ›der junge Horus‹) erschien auf den Thron, der König von Ober- und Unterägypten Aakheperenrê, damit er König sei über das schwarze Land (Ägyptens Fruchtland), damit er das rote Land (Wüste und Bergländer) beherrsche; er nahm die beiden Länder in Besitz im Triumph«[2], fährt Baumeister Ineni in seinem Bericht fort und läßt uns damit auch den nur geringfügig von dem seines Vaters abweichenden Thronnamen des neuen Königs wissen. Die Thronnamen hatten eine über die wörtliche Übersetzung hinausgehende religiöse und programmatische Bedeutung, die sich uns noch nicht erschlossen hat. Es fällt jedoch auf, daß von Thutmosis I. an alle Könige der 18. Dynastie bis hin zu Tutenchamun, Eje und Haremhab stets das Zeichen des Skarabäus, des Sonnenkäfers, in ihrer Kartusche tragen, was dem Wortteil ›kheper‹ oder (im Plural) ›kheperu‹ mit der Bedeutung ›Werden, Entstehen‹ in ihren Thronnamen entspricht – alle bis auf zwei Ausnahmen, eine davon wird Hatschepsut sein.

Jetzt aber steht sie zunächst als Gattin an der Seite des noch jugendlichen Königs. Die erste gemeinsame Aufgabe des jungen Paares war das Begräbnis des Vaters in dessen von Ineni erbauten Grab im Tal der Könige[3].

Hatschepsuts Mutter Ahmose erscheint nach der Thronbesteigung

ihres Stiefsohnes noch einmal auf einem Denkstein eines dem Sonnengott geweihten Tempels. Hinter Thutmosis II. opfert sie dem Gott, angetan mit der Geierhaube, dem Würdezeichen der Königsmutter, und mit der Inschrift versehen: »Die Große Königliche Gemahlin und Königsmutter, Ahmose, sie lebe!«[4] – interessant besonders deshalb, weil Ahmose ja eben nicht die Mutter des Königs Thutmosis' II., sondern seiner Gattin Hatschepsut war, die auf diesem Relief hinter ihrer Mutter und nur mit dem kleinen, flachen Kopfschmuck einer Königstochter, aber in gleicher Größe mit Gatten und Mutter erscheint. Insgesamt ist dieser unscheinbare Denkstein wieder ein Beweis für das Selbstbewußtsein und die Geltung der weiblichen Mitglieder des Königshauses in dieser Zeit.
Ahmose muß bald darauf verstorben sein. Eine aus ihrem Grab stammende Schminkbüchse trägt die Inschrift: »Die Gottesgemahlin und Große Königliche Gemahlin Hatschepsut, sie hat es gemacht für ihre Mutter, die Große Königliche Gemahlin Ahmose, die Selige bei Osiris«[5].
Während Hatschepsut als Prinzessin die Titel trug: ›Große Königsprinzessin‹[6] oder ›des Königs Haupttochter, Gottesgemahlin des Amun in Karnak‹[7], lautet ihre volle Titulatur seit der Thronbesteigung ihres Gatten ›Erbprinzessin, groß an Gunst und Lieblichkeit, Herrin der beiden Länder, Gottesgemahlin, Große Königliche Gemahlin, seine (des Königs) Geliebte, Hatschepsut, die ewig lebe‹[8]. Es ist interessant, daß die Bezeichnung Erbprinzessin auch weiterhin an der Spitze der Titulatur bleibt. Hierin zeigt sich die überragende Bedeutung, die diese Eigenschaft für Hatschepsut hatte, da ja allein sie die königliche Blutlinie fortsetzte, – und offensichtlich auch für ihre Umgebung einschließlich des Königs, ohne dessen Weisung oder zumindest Zustimmung die Titulatur ja weder festgelegt noch in Tempelinschriften eingefügt werden konnte.
Immer wieder finden wir in den Titulaturen der Königinnen die Bezeichnung ›Große Königliche Gemahlin‹. Wir hören aber auch von Frauen und Müttern von Königen, die diesen Titel nicht tragen. Wie sah die Ehe in Ägypten allgemein und bei der Königsfamilie im besonderen aus?
Die Einehe war im Alten Ägypten – entsprechend der hohen Wertung, deren sich die Frau hier im Gegensatz zu den anderen Kulturstaaten des Alten Orients erfreute – selbst in führenden Schichten die Regel[9]. Die Ehefrau trug den Ehrentitel ›Herrin des Hauses‹ vollauf zu Recht, denn wir haben zahlreiche Zeugnisse dafür, wie in Haus und Familie nichts ohne ihre ausdrückliche Zustimmung geschah. Sie hatte eige-

nes Vermögen, über das sie frei verfügen konnte, volle Rechtsfähigkeit und konnte als Vormund ihrer Kinder wirken[10].

Wenn viele Ägyptologen feststellen, »Die Königsfamilie unterlag anderen Gesetzen«[11], so trifft das eigentlich nur auf die äußere Form zu: ursprünglich als Symbol der Fruchtbarkeit und wohl auch im Interesse der Erhaltung der Dynastie hatte der König das Recht, mehrere Frauen zu heiraten und daneben noch Konkubinen zu haben. Aber auch am Königshof war nur *eine* ›Herrin des Hauses‹, die über allen Frauen am Hofe stand und deren Nachkommen allein voll erbberechtigt waren: die schon durch ihren Titel herausgehobene ›Große Königliche Gemahlin‹.

Die ›Große Königliche Gemahlin‹ hatte auch mit der ›Herrin des Hauses‹ in den einfachen Familien des Landes ihre anerkannte und rechtlich dem Manne gleiche Stellung gemeinsam: sie hatte einen eigenen Palast mit eigener, nur ihr unterstehender Beamtenschaft, eigenes Vermögen und eigene Einkünfte[12]. Ebenso wie in Familien von Bauern, Handwerkern und Beamten finden wir auch im Königshaus während der gesamten altägyptischen Zeit von den frühesten Königen bis in die Spätzeit deutliche und oft rührende Beweise der Liebe der Könige zu ihren Gemahlinnen. Für die Außenwelt sichtbar sollte sich dieses harmonische Familienleben gerade in unserer 18. Dynastie, etwa in den Darstellungen Amenophis' III. und seiner Gemahlin Teje und Echnatons mit Nofretete dokumentieren, aber es gibt hierfür auch frühere Zeugnisse.

Ob die Ehe Hatschepsuts mit Thutmosis II. in diesem Sinne gut und harmonisch war, vermögen wir nicht zu sagen. Gewisse Hinweise auf eine spätere Trübung des Verhältnisses zwischen ihnen werden wir noch erörtern müssen.

Mit großer Wahrscheinlichkeit entsprang ihrer Ehe nur ein Kind, eine Tochter, die den Namen Nofrurê erhielt. Eine Zeitlang nahm man an, daß die spätere Gemahlin Thutmosis' III., Merietrê Hatschepsut, schon ihres Namens wegen ebenfalls eine Tochter Hatschepsuts und Thutmosis' II. gewesen sei. Hierfür haben sich aber keinerlei Beweise finden lassen; die meisten Historiker lehnen deshalb heute diese Theorie ab[13].

Nofrurê wurde als Säugling von einem hohen Offizier, Ahmose Pen-Nechbet, betreut, der sich dessen in seinem Grab rühmt: »Es erwies mir auch Gunst die Gottesgemahlin, die Große Königliche Gemahlin Makarê, die Selige. Ich zog auf ihre erste Tochter, die Königstochter Nofrurê, die Selige, als sie ein Kind war, das an den Brüsten lag«[14]. Offensichtlich ist bei dieser Grabinschrift einiges später eingefügt worden, so der Thronname Hatschepsuts Makarê (die spätere Einfügung erkennt man daran, daß davor nicht ihr Königs- sodern nur ihr Königinnentitel genannt wird) und das ›die Selige‹ hinter den Namen von Nofrurê und Makarê.

Die junge Prinzessin Nofrurê hatte später einen besonders tüchtigen und hochrangigen, Hatschepsut treu ergebenen Erzieher: Senenmut, den wir als engsten Mitarbeiter und Berater Hatschepsuts in ihrer Zeit als Herrscherin kennenlernen werden. Interessant ist zunächst, daß der Titel als ›Vater der Göttin‹ (entsprechend dem ›Gottesvater‹ eines Kronprinzenerziehers) stets zu den wichtigsten Titeln Senenmuts gehörte, ja oft am Anfang seiner umfangreichen Titulatur stand[15].

Und wieder wissen wir eine entscheidende Tatsache nicht mit Sicherheit, diesmal aus dem Leben Nofrurês: ob sie nämlich – bereits als Kind – mit ihrem Halbbruder Thutmosis III. verheiratet wurde, wie viele Gelehrte annehmen[16]. Es gibt bisher keine Darstellungen, auf denen sie den Titel ›Große Königliche Gemahlin‹ trägt, und so halten andere Ägyptologen eine Heirat zwischen den beiden für sehr fraglich[17]. Wenn die Hochzeit aber nicht zustande gekommen ist, so fragt sich, woher Thutmosis III. überhaupt die Legitimation für den Thron erhalten haben soll. Eins nämlich ist in den etwas undurchsichtigen Familienverhältnissen seines Vaters völlig sicher: mit Hatschepsut hatte Thutmosis II. keinen Sohn; sein einziger männlicher Nachkomme wurde vielmehr von einer Dame Isis geboren, die viele Gelehrte als »obskures Haremsmädchen« bezeichnen[18]. Damit aber hatte dieser keinen persönlichen Thronanspruch. Oder sollte, wie Thutmosis III. in einer allerdings sehr viel späteren Darstellung andeutet, sein Vater ihn in jungen Jahren zum Mitregenten gemacht und damit seine Legitimität gesichert haben[19]?

Noch weiter geht der kanadische Historiker Redford in seinen Vermutungen[20]. Ausgehend von der (nachweisbaren) Verleihung des Titels der ›Gottesgemahlin des Amun‹ an die junge Prinzessin Nofrurê nimmt er an, daß ursprünglich diese auch von Thutmosis II. zum Thronerben bestimmt gewesen, diese Vereinbarung aber später von dem König gebrochen worden sei. Weitgehende Übereinstimmung herrscht jedenfalls unter den Ägyptologen darüber, daß die Bestimmung des »aus einer dunklen Ecke des Harems stammenden«[21] Thutmosis III. als Thronfolger eine ganz persönliche Entscheidung Thutmosis' II. war.

Daß alle Fragen, die mit der Erbfolge zusammenhängen, für uns im Nebel der Vermutungen verschwimmen, weil beweiskräftige Unterlagen fehlen, ist eigentlich kein Wunder. Hier waren so entscheidende

Fragen des persönlichen Prestiges, der Staatsraison und uralter religiöser Gesetze miteinander verknüpft und dadurch in ihrer Bedeutung so sehr gesteigert, daß immer wieder Spuren verwischt, Urkunden ausgelöscht, andere gefälscht wurden, so daß es fast ein Wunder ist, daß wir über die gewaltigen Zeiträume hinweg heute wenigstens die Umrisse des Geschehens noch wahrnehmen können. Ein Wunder, das nur durch die unermüdlichen und mit höchster Genauigkeit und geradezu detektivischem Spürsinn mehrerer Generationen von Ägyptologen geleisteten Forschungen möglich wurde.
Unsere Nofrurê jedenfalls erscheint auf einigen wenigen Inschriften, vor allem in Elkab und in den Türkisminen des Sinai. Ihre schönste Darstellung aber verdankt sie ihrer Mutter: Im Allerheiligsten von Hatschepsuts Totentempel in Der al Bahari sehen wir auf einem Relief, das noch Spuren der ursprünglichen Bemalung trägt, die schlanke, jugendliche Gestalt der Prinzessin hinter ihrer Mutter und ihrem Halbbruder Thutmosis III., mit den Attributen einer Gottesgemahlin versehen. Ihre Titel lauten hier: ›Tochter des Königs aus seinen Lenden, die er liebt, Herrin der beiden Länder, Herrin von Ober- und Unterägypten, Gottesgemahlin und Heiliges Bild des Amun‹[22]. Es fehlt jeder Hinweis auf eine Ehe Nofrurês mit Thutmosis III., enthält aber Bezeichnungen, wie ›Heiliges Bild des Amun‹, die sonst nur in der Geschichte von der göttlichen Geburt Hatschepsuts vorkommen. Die Vermutung Redfords von einer ursprünglich geplanten Thronfolgerschaft Nofrurês findet hier jedenfalls eine Stütze.
Nofrurê muß jung gestorben sein – ihre letzte Erwähnung findet sich im 11. Regierungsjahr ihrer Mutter, in dem sie kaum älter als 14 Jahre gewesen sein kann[23]. Ihre Mutter legte für sie ein gut geschütztes Grab in einem Seitental etwa 1 km westlich von ihrer eigenen ersten Begräbnisstätte an.
Von der Regierungstätigkeit Thutmosis' II. haben wir nur wenige Dokumentationen über historische Ereignisse. Am Wege von Assuan nach Philae errichtete der König einen Gedenkstein zur Erinnerung an die Niederschlagung eines Aufstands in Nubien, der mit derselben uhrwerkähnlichen Pünktlichkeit bei seiner Thronbesteigung wie bei denen seiner Vorfahren und Nachfolger ausgebrochen war.
Zum Unterschied von allen Kriegsberichten der Pharaonen, denen wir bisher begegnet sind und in denen stets die entscheidende Rolle des Herrschers selbst auf dem Schlachtfeld unterstrichen wird, berichtet Thutmosis II. mit erstaunlicher Ehrlichkeit – denn dies widersprach der traditionellen Rolle des Königs –, daß er ein Heer aussandte, ohne persönlich am Kampf teilzunehmen. Nach dieser Inschrift und eini-

gen wenigen anderen Andeutungen nimmt man an, daß Thutmosis II. von schwacher Konstitution und vielleicht auch krank war[24]. Auch die Auszehrung des Gesichts seiner Mumie spricht für schwere Krankheit.

Hatschepsut dürfte an der Seite ihres Gatten eine wichtige und über das rein Repräsentative weit hinausgehende Rolle gespielt haben. Sie hat schon in dieser Zeit gezeigt, daß sie tüchtige und ihr ergebene Männer als Mitarbeiter gewinnen konnte; zu ihnen gehörte Senenmut, der sich in seinem ersten, um diese Zeit angelegten Grab als ›Aufseher der zwei Speicher des Amun, Haushofmeister der Gemahlin des Gottes, Hatschepsut, und Aufseher der Audienzhalle‹ bezeichnet[25]. Er hat also schon zur Regierungszeit Thutmosis' II. neben dem Vertrauensposten bei der Großen Königlichen Gemahlin die wirtschaftlich bedeutendste Beamtenstellung im Amuntempel innegehabt und dazu den einflußreichen Rang eines Aufsehers der Audienzhalle, der etwa die Aufgaben eines Protokoll- und Kabinettchefs umfaßte. Diese Posten hatte er zweifellos durch Hatschepsut erhalten, worin sich ihr Einfluß und ihre offensichtlich unbestrittene Bedeutung neben dem König ausdrückt.

Es scheint so, daß Hatschepsut sich schon als Königsgemahlin auf dem Gebiet betätigt hat, auf dem sie später als Pharaonin so Großes leisten sollte, nämlich als Auftraggeberin bedeutender Bauten. Die unter dem Namen Thutmosis' II. errichteten Bauteile des Tempels von Karnak, soweit sie erhalten oder zu rekonstruieren sind, wirken jedenfalls in Anlage und Stil wie Vorbereitungen der Tempelerweiterungen aus der Regierungszeit Hatschepsuts.

Einige Blöcke von einem Bau Thutmosis' II. sind erst kürzlich in Karnak zum Vorschein gekommen. Sie zeigen den König, ihm gegenüber Hatschepsut mit Geierhaube und Federkrone, wie sie vor Amun räuchert und Weinkrüge darbringt. Diese Mitwirkung am Kult, der auf Tempelbildern sonst nur dem König vorbehalten ist, wirkt ungewöhnlich, auch wenn Hatschepsut nur Schmuck und Titel trägt, die einer Königsgemahlin zukommen.

Eindeutig auf Hatschepsut zurückzuführen ist ein anderer Bau aus dieser Zeit: ihr erstes Grab. Etwa 2½ km vom ›Tal der Könige‹ entfernt führt ein enges Tal mit steilabfallenden Wänden in die Berge der westlichen Wüste. Am äußersten Talende, an einer senkrecht abfallenden Felswand, hat Howard Carter, der später durch seine Ausgrabung des Tutenchamun-Grabes weltberühmt wurde, in 70 m Höhe den Eingang dieses Grabes entdeckt[27]. Dieser Platz, weit jenseits des ›Tales der Könige‹, die Anlage und Ausstattung des Grabes beweisen

Hatschepsut als Große Königliche Gemahlin, mit der Geierhaube der Königsmutter und dem Federdiadem der Gottesgemahlin des Amun

eindeutig, daß es für eine Königsgemahlin gebaut wurde und daß also Hatschepsut zu dieser Zeit keine Pläne für die Besteigung des Thrones hatte[28].

Einige Stufen führen direkt von dem Eingangstor in einen absteigenden, 17 m langen Felskorridor, der etwa 2,20 m hoch ist. Rechts an seinem Ende liegt eine kleine Vorkammer, von der eine 5,30 m lange steile Galerie unmittelbar in die Begräbnishalle führt. Von ihr geht schließlich noch ein kurzer Gang zu einem tiefgelegenen, unvollendeten Raum ab, der wohl als eigentlicher Grabraum der Aufnahme des Sarkophages dienen sollte[29].

So aber stand der Sarkophag zur Zeit Carters noch in der Begräbnishalle, die mit 5,40 × 5,30 m und einer Höhe von 3 m recht geräumig wirkt. Er ist ein besonders schön gearbeiteter Schrein aus gelbem kristallinem Sandstein, den wir heute im Museum in Kairo bewundern können. Seine Inschriften sagen deutlich, für wen dieser Sarkophag bestimmt ist: »Die Erbprinzessin, groß an Gunst und Lieblichkeit, Herrin aller Länder, Königstochter, Königsschwester, Gottesgemahlin, Große Königliche Gemahlin, Herrin der beiden Länder, Hatschepsut[30].« Der Namensteil »die Amun umfängt« tritt erst nach der Thronbesteigung Hatschepsuts auf.

Wir wollen den Sarkophag noch etwas näher betrachten, denn er trägt einige Inschriften, die uns in ihrer Bedeutung weit zurückführen in die Frühzeit der ägyptischen Kultur und Religion, also weitere 1000–1500 Jahre vor der Zeit Hatschepsuts, in das Zeitalter der Reichsgründer und Pyramidenbauer und deren Vorstellungen vom Tod und Weiterleben des Gottkönigs. Vorstellungen, die im Neuen Reich längst durch andere abgelöst, deren Formen und Formeln aber weiter benutzt wurden und deren Glaubensinhalte, oft mit einer anderen Interpretierung, noch immer als Hintergrund der neuen religiösen Bilder durchscheinen und uns deshalb zum Verständnis auch einer Hatschepsut helfen können. Zum Verständnis einer Denkart, die der unseren sehr fern ist und uns doch so anziehend erscheint, und zur Vermeidung des Mißverständnisses, als seien Thutmosis und Hatschepsut, Senenmut und Ahmose und all die anderen Menschen, die wir hier als Handelnde kennenlernen, etwa ›moderne Menschen‹ gewesen, wie sehr auch manche ihrer Handlungen und deren Motive, besonders auf politischem Gebiet, uns modern, und manche, etwa im Familienleben und der Stellung der Frau, uns vertraut und symphatisch anmuten.

Auf dem Deckel des Sarkophages der Hatschepsut ist ein Abbild der Göttin Nut mit hoch emporgereckten Armen zu sehen. Die dazu gehörende Inschrift lautet: »Die Königstochter, Gottesgemahlin, Große Königliche Gemahlin, Herrin der beiden Länder, Hatschepsut sagt: ›Oh meine Mutter Nut, strecke dich aus über mich, damit du mich aufnimmst unter die unvergänglichen Sterne, die in dir sind, und damit ich niemals sterbe‹«[31]! Diesen Spruch, den wir häufig auf königlichen Sarkophagen finden, können wir zurückverfolgen bis zu den Pyramidentexten, die seit der 5. Dynastie in den Grabkammern der Pyramiden zu finden sind, aber gewiß noch früher entstanden.

Die älteste mit diesem Bild verbundene Vorstellung ist mit einem uralten Fruchtbarkeitskult verknüpft, in dem Nut als Muttergöttin sich mit dem verstorbenen Osiris, dem Korn- und Fruchtgott, vereinigt, um mit dem Sohn aus dieser Vereinigung die Vegetation neu zu gebären. Die Darstellung der Nut auf oder im Innern des Sargdeckels weist

mit der Aufforderung »Strecke dich aus über ...« noch ganz unmittelbar auf diese alte Vorstellung hin. Der tote König wird mit Osiris gleichgesetzt, der in dieser frühen Glaubensschicht noch nicht der Herrscher des Totenreiches ist, sondern seine ursprüngliche Rolle als Vegetationsgott spielt. Vielleicht sollte man bei der Vielschichtigkeit ägyptischer Religiosität besser von *einer* seiner Rollen sprechen, denn er ist Spender der Fruchtbarkeit, *weil* er König ist[32]. Das urtümliche Bild wird in einem Pyramidenspruch noch deutlicher: »Oh Nut, falle über deinen Sohn Osiris (es folgt der Name des toten Königs). Vereinige dich mit ihm, du Gefährtin des Großen ...« Die Doppelrolle Nuts als Mutter und Geliebte ist hier deutlich ausgesprochen.
Über dieser, am Hatschepsutsarg nur angedeuteten ältesten Vorstellungsschicht liegt sehr viel deutlicher die neuere, vorherrschende von Nut als Himmelsgöttin, die an oder in ihrem Leib die Sterne trägt. Damit wird eine vergeistigte Schicht des ägyptischen Auferstehungsglaubens nach – oder besser: neben – der grobsinnlichen von der Neuzeugung des Toten in seiner Mutter-Gattin sichtbar, die den toten König zu einem der ›unvergänglichen‹ Zirkumpolarsterne werden läßt, die nie untergehen ... »damit ich niemals sterbe«[33].
Für den Ägypter der Hatschepsutzeit ist im Bild der Nut aber vor allem der Kreislauf der Sonne verkörpert und damit die ›moderne‹ Auffassung jener Zeit von der Auferstehung. Wir finden diese Darstellung in vielen Königsgräbern an der Decke des Sargraumes: Nut, die Himmelsgöttin, die sich mit ausgesteckten Armen und Beinen auf die Erde stützt (im Ägyptischen ist die Erde männlich, der Himmel weiblich!), abends die Sonne schluckt und jeden Morgen neu gebiert. Ebenso wird der tote König, der ja ›Sohn des Rê‹, mit dem Sonnengott wesenseins ist und der seinen Vater stets begleitet, immer wieder auferstehen[34].
Auf dem Sarkophag der Hatschepsut wie in unendlichen vielen anderen Bildern (am schönsten vielleicht an der Decke des großen vergoldeten Schreins im Tutenchamungrab[35]), ist Nut die Mutter, die sich mit unendlich rührender Gebärde über ihr totes Kind neigt. Dieses Bild von Kind und Mutter wird von einem anderen Spruch an Hatschepsuts Sarkophag aufgenommen, in dem der Erdgott Geb der Toten Mut zuspricht wie einem Kind, das auf der Straße hingefallen ist: »... stehe auf zu deiner Mutter Nut, damit sie dich aufnimmt und in ihre Arme schließt«[36].
Dieses Königinnengrab ist niemals benutzt worden, ebensowenig wie der Sarkophag[37]. Es ist kurz vor seiner Vollendung verlassen worden, denn man hatte den schweren Sarkophag schon hineingewuchtet – bei

70 m Höhe des Grabeingangs über dem Talboden allein schon eine beachtliche technische Leistung –, die eigentliche Grabkammer aber noch nicht fertig ausgehauen, ebenso fehlte noch jeder Wandschmuck und jede Grabausstattung. Es sind nur zwei Ereignisse bekannt, die Hatschepsut zum Abbruch der Arbeiten an diesem Grab bewegen konnten: der Tod ihres Gatten sowie die eigene spätere Thronbesteigung, die den Bau eines Königsgrabes im Tal der Könige nötig machte.

Der Tod Thutmosis' II. trat am 30. April 1490 v. Chr. ein, so früh, daß sein Grab im Tal der Könige noch nicht fertiggestellt war und für das Begräbnis nicht benutzt wurde. Wir wissen nicht, wo und wie Hatschepsut ihm das Begräbnis richtete – nur, daß sie es getan hat und offenbar sehr sorgfältig, denn seine Mumie ist eine der besterhaltenen, die wir kennen. Sie wurde in eben dem Versteck bei Der el Bahari gefunden, in das sie um das Jahr 1000 v. Chr. gemeinsam mit anderen Königsmumien zum Schutz vor Grabräubern gebracht worden war.

Hatschepsut aber stand nun, nach dem frühen Tod ihres Gatten und bei dem noch kindlichen Alter des Thronfolgers Thutmosis' III., als Regentin an der Spitze des damals mächtigsten Staates der Alten Welt.

9. Regentin für den Stiefsohn

Dem uralten Brauch folgend, bestieg Thutmosis III. am Morgen nach dem Tod seines Vaters, also am 1. Mai 1490 v. Chr.[1], den Thron. Er dürfte damals erst drei, höchstens vier Jahre alt gewesen sein. Er selbst sagt in einer Inschrift in Karnak später darüber: »Meine Majestät war ein Knabe, ich war als Kind in Amuns Tempel«[2], wobei für Kind ein Wort steht, das ein gerade entwöhntes Kleinkind bezeichnet.

Zugleich mit der Thronbesteigung – die eigentliche Krönung folgte erst später, nämlich frühestens nach dem Begräbnis seines Vorgängers[3] – erhielt er seine königliche Titulatur: *Horus* = ›der siegreiche Stier, der in Theben erschienen ist‹; *die beiden Herrinnen* = ›mit gesegnetem Königtum‹; *Goldhorus* = ›prächtig an Kronen‹; *König von Ober- und Unterägypten;* ›Menkheperrê‹, *der Sohn des Rê* = ›Thutmosis, schön an Gestalt‹[4]. Wichtig für uns ist sein Königsname Menkheperrê, der, wie schon bei Vater und Großvater, den Sonnenkäfer kheper in der Bedeutung des Werdens, Aufsteigens, Erschaffens enthält und etwa ›Dauernd ist das Werden des Rê‹ bedeutet.

Wiederum ist es der Baumeister und Bürgermeister von Theben, Ineni, der uns in seiner Grabinschrift von diesen Vorgängen berichtet: »Sein Sohn trat an seine Stelle als König der beiden Länder, er herrschte auf dem Thron dessen, der ihn erzeugt hatte. Seine (Thutmosis' II.) Schwester, die Gottesgemahlin Hatschepsut, sorgte für das Land, die beiden Länder lebten nach ihren Plänen, man diente ihr, indem Ägypten in Demut war. Der vortreffliche Same, der aus dem Gott kam, das Bugtau Oberägyptens, der Landepflock der Südvölker, das vortreffliche Hecktau Unterägyptens war sie, eine Herrin des Befehlens, deren Pläne vortrefflich waren; die die beiden Länder beruhigte, wenn sie redete«[5].

Der hohe Beamte, dessen Karriere aufs engste mit dem Königshaus verknüpft war und der schon den Königen Amenophis I., Thutmosis I. und II. treu gedient hatte, war gewiß ein scharfer Beobachter und wußte über die internen Vorgänge im Palast genau Bescheid. Für altägyptische Grabtexte, die Vorgänge im Königshaus möglichst verschweigen oder doch wenigstens verhüllen, stellt er mit überraschender Deutlichkeit fest, daß der König Thutmosis III. nur pro forma regierte, daß die wirkliche Herrscherin des Landes aber seine Stiefmutter und Tante Hatschepsut war. Deutlich wird auch, daß das Land diese Regentschaft akzeptierte, und Ineni selbst verhehlt keineswegs seine Sympathie für die Regentin, die er als Halte- und Ankertau für das mit einem Schiff verglichene Ägypten sieht – eine Bezeichnung, die unter den üblichen formelhaften Lobeshymnen, die der Ägypter seinen Königen widmete, neuartig und sehr persönlich klingt.

Daß die Königinmutter für den unmündigen König die Regentschaft ausübte, war nichts Überraschendes für die Ägypter. In der Vergangenheit bis zurück zu den ersten Dynastien hatte es immer wieder solche Fälle gegeben. Keine dieser Fürstinnen aber ist, nach allem, was wir wissen, so allgemein als Herrscherin anerkannt worden, hat so weitgehende Macht ausgeübt und das auch so deutlich gezeigt wie Hatschepsut. Freilich: nach außen hin tritt sie bei offiziellen Darstellungen noch ganz hinter dem Stiefsohn zurück, auch bildlich: sie läßt sich zu Beginn der Regentschaft hinter ihm darstellen[6] und trägt auch weiter nur die Titulatur, die ihr traditionsgemäß zukam: ›Königstochter, Königsschwester, die Gemahlin des Gottes, die Große Königliche Gemahlin, die Herrin der beiden Länder, Hatschepsut – sie soll leben!‹ – so auf einigen Alabasterkrügen aus dem 1. Regierungsjahr Thutmosis' III.[7]

Eine wesentliche Tätigkeit Hatschepsuts als Regentin ist wiederum die Errichtung von Bauten. Angekündigt war diese Neigung schon in Hatschepsuts Geburtslegende, als Amun seine Tochter den anderen Göttern vorstellt: »Sie wird eure Kapellen neu bauen und Heiligtümer errichten!«[8]

So ist es auch der Tempel des Götterherrn, der Reichstempel in Karnak, in dem wir die frühesten Zeugnisse von Hatschepsuts Bautätigkeit finden. Wieder hat uns der schier unerschöpfliche Inhalt des 3. Pylonen an Füllmaterial aus früheren Epochen eines der schönsten Baudenkmäler nicht nur Hatschepsuts, sondern dieser ganzen Zeit bewahrt: die sogenannte ›Rote Kapelle‹, ein Allerheiligstes für die Barke mit dem Götterbild Amuns aus feinstem Rosengranit von Assuan. Es stand ursprünglich auf einer erhöhten Plattform vor dem da-

mals noch vorhandenen bescheidenen Tempelbau aus dem Mittleren Reich[9]. Um das Allerheiligste herum ließ Hatschepsut eine Reihe von Kulträumen aus bestem Sandstein errichten, von denen der nördliche und südliche Flügel heute noch erhalten sind. Sie liegen um das inzwischen immer wieder neu erbaute, in seiner heutigen Form vom Halbbruder Alexanders des Großen, Philippos III. Arrhidaios, stammende Sanktuar[10].
Das einzige Datum, das wir auf den erhaltenen Quadern der ›Roten Kapelle‹ finden, ist das 2. Regierungsjahr Thutmosis' III. . Sie muß also während der Regentschaft Hatschepsuts begonnen worden sein. Noch eine andere interessante Darstellung begegnet uns auf diesen Blöcken: Die Königin selbst steht gegenüber von zwei der von ihr errichteten Obelisken[11]. Dies können keineswegs diejenigen sein, von denen wir den einen noch heute auf seinem alten Platz vor dem Allerheiligsten von Karnak als höchsten aller in Ägypten noch stehenden Obelisken bewundern können, denn diese wurden laut Inschrift viel später errichtet, während das Paar, von dem auf Hatschepsuts Sanktuar die Rede ist, ja schon im Regierungsjahr 2 stand oder doch errichtet wurde.
Mit unermüdlichem Spürsinn sind die Ägyptologen diesen Andeutungen nachgegangen. Heute können wir die wahrhaft erstaunliche Geschichte dieses ersten Obeliskenpaares von Hatschepsut in allen Einzelheiten verfolgen – erstaunlich nicht nur in technischer und künstlerischer Hinsicht, sondern auch wegen der politischen und historischen Bedeutung gerade dieser Obelisken.
Am Anfang steht wieder eine Inschrift, diesmal des Vertrauten der Königin, Senenmut. Es ist ein sogenanntes Graffito, eine Steinritzung, die bei den Steinbrüchen von Assuan gefunden wurde und den Baumeister vor seiner Königin zeigt: »Die Prinzessin, groß an Lob, Gunst und Lieblichkeit, der Rê das wirkliche Königtum gegeben hat vor der Neunheit (der großen Götter von Heliopolis), Königstochter, Königsschwester, Gottesgemahlin und Große Königliche Gemahlin, Königin von Ober- und Unterägypten, Hatschepsut, sie soll leben . . .«[12].
Der Zusatz ›Königin von Ober- und Unterägypten‹ stammt offensichtlich aus späterer Zeit, weil damit nicht der Thron-, sondern der Geburtsname Hatschepsuts verbunden ist und auch die sonstigen Titel diese Inschrift klar in die Zeit der Regentschaft verweisen.
Weiter heißt es dann: »Bericht über dieses Werk an die Gottesgemahlin, Herrin der beiden Länder, durch den Schatzmeister von Unterägypten, den geschätzten großen Hofbeamten, den Schatzmeister Senenmut . . .«, und nach weiterem ausgiebigem Selbstlob teilt Sen-

enmut schließlich mit: »... begann die Arbeit an diesen beiden großen Obelisken für das Fest der Millionen Jahre«[13].
Der Baumeister war also ausgesandt worden, in den Granitsteinbrüchen von Assuan zwei Obelisken zu brechen. Erhalten ist von diesem Paar lediglich eine der pyramidenförmigen Spitzen, die sich im Ägyptischen Museum in Kairo findet. Aus ihr läßt sich aber ermessen, daß dieses erste Obeliskenpaar Hatscheputs noch größer war als das spätere, von denen der noch heute im Amuntempel stehende mit seiner Höhe von 29,5 Metern bereits unsere Bewunderung vor dem technischen Können jener Zeit und dem Wagemut der Auftraggeberin hervorruft. Denn diese Obelisken waren jeweils ein einziger Block, aus dem umgebenden, besonders harten Granitgestein Assuans geschlagen, und das ohne jedes eiserne Werkzeug!
Wir müssen uns bei dieser Gelegenheit wieder einmal klarmachen, daß Ägypten sich damals noch in der Bronzezeit befand, daß es folglich keine Eisen- oder Stahlmeißel oder -sägen gab, und ebensowenig das Rad zum Lastentransport oder irgendwelche Zugtiere. Das gerade erst eingeführte Pferd war viel zu edel und kostbar für solche Zwecke und diente ausschließlich als Zugtier für die leichten zweirädrigen Streitwagen.
Wir können uns noch heute ein Bild von den ungeheuren Anstrengungen machen, die das Schlagen solcher Riesenblöcke erforderte, wenn wir nahe der heutigen Stadt Assuan die alt-ägyptischen Granitbrüche besichtigen und dabei den wegen eines Risses im Stein unvollendet liegengebliebenen Obelisken betrachten: mit Hartsteinkugeln, wohl auch mit angefeuchteten Holzkeilen, wurde ein Graben um das Werkstück geschlagen und gesprengt und dann von den Seiten die Verbindung mit dem Fels unter dem Obelisken abgearbeitet[14]. An Ort und Stelle wurde schließlich das Werkstück zubehauen und zur Zeit der Nilschwelle über eine schräge Ebene von feuchtem Sand an den Fluß geschleppt.
In eindrucksvollen Bildern und Inschriften ist der Transport dieser Obelisken in der unteren Terrasse von Der el Bahari geschildert. Daß es sich hierbei um unser Paar und nicht um ein später errichtetes handelt, zeigt die ausdrückliche Bezeichnung »zu diesem Fest der Millionen Jahre«, die genau dem Graffito Senenmuts entspricht[15]. Auf einem riesigen Lastkahn liegen die beiden gewaltigen Obelisken Fuß an Fuß, durch mächtige Holzbalken gestützt und festgezurrt. Das ungefüge Fahrzeug, das bei fast 30 m Breite eine Länge von annähernd 100 m gehabt haben muß, wird mit vier übergroßen Steuerrudern auf Kurs gehalten. 27 Nilschiffe, in Reihen zu je drei vertäut, schleppen

die enorme Last mit Hilfe von 864 Ruderern. Vor jeder Reihe von Schleppbooten fährt ein Lotsenboot, und vor dem ganzen Zug sehen wir drei Königsschiffe, auf denen während der ganzen Reise religiöse Zeremonien Wirksamkeit und ›Leben‹ der Obelisken bewirken und die ungefährdete Fahrt sicherstellen sollten[16].

Tatsächlich gelang der riskante Transport über die fast 250 km lange, durch Flußwindungen und zahlreiche Sandbänke und Untiefen auch zur Überflutungszeit keineswegs leicht befahrbare Nilstrecke zwischen Assuan und Theben: Unter dem Jubel einer großen Volksmenge hält zum Empfang »der König selbst, König Makarê, das Bugtau«. Die Götter von Karnak grüßen die »Königin, schön an Denkmälern, groß an Obelisken. Wie sie besteht, so sollen auch sie (die Obelisken) bestehen in Ewigkeit«. Die Beamten und Truppen des ganzen Landes singen: »Freue dich, Amun-Rê! Makarê hat dein Herz erkannt, dein Wunsch ist verwirklicht!«[17]. Und die Priester sagen als Opferspruch: »Ein Opfer für deinen Ka, oh du Herr der Götter, daß du Makarê gesund erhalten mögest an diesem Fest der Millionen Jahre – möge sie leben für immer!«[18]

In diesem außerordentlich lebendigen Bericht, der fast einer modernen Reportage über eine Großkundgebung gleicht, fällt neben der Schilderung der technischen und religiösen Vorgänge auf, daß Hatschepsut hier plötzlich als Pharao bezeichnet wird und ihren Namen als König von Ober- und Unterägypten trägt: Makarê, das heißt: ›das Wesen Rês ist die Weltordnung‹.

Und in der Tat: die Errichtung von Obelisken, diesen ›Sitzen der Sonne‹, war ausschließliches Vorrecht regierender Könige[19] als ›Söhne der Sonne‹, wie sie ja in einem ihrer Titel hießen. Wir hatten oben gesehen, daß Hatschepsut noch ihre Titulatur als Regentin trug, als sie ihren Baumeister Senenmut aussandte, die Obelisken in den Steinbrüchen bei Assuan zu brechen – jetzt, bei deren Ankunft in Theben, ist sie Königin. Wir wissen aus Hatschepsuts Bericht an ihrem späteren Obeliskenpaar, daß Brechen und Transport wenigstens sieben Monate in Anspruch nahmen. Und so können wir hier einen ziemlich einmaligen Einblick wenigstens in zeitliche Hintergründe ägyptischer Politik nehmen, von der wir doch sonst nur die jeweiligen Ereignisse kennenlernen: Die Krönung Hatschepsuts fand, wie wir im nächsten Kapitel hören werden, im 2. Regierungsjahr Thutmosis' III. statt. Hatschepsuts Absicht, die Rolle der Königinmutter und Regentin für ihren Stiefsohn abzulegen und sich zur Pharaonin mit allen Titeln, Würden und Rechten zu machen, muß demnach schon im ersten Regierungsjahr, also bald nach dem Tod ihres Gemahls und der

Thronbesteigung des kleinen Thutmosis' III., gefaßt worden sein[20]. Die Gründe hierfür können wir freilich nur vermuten. Es ist möglich, daß die Ernennung Thutmosis' III., dieses »Kindes aus einer dunklen Ecke des Harems«, zum Thronfolger durch Thutmosis II. einer Verabredung zwischen den Gatten widersprach und Hatschepsut nach dem frühen Tod Thutmosis' II. nun keine andere Möglichkeit sah, ihre Tochter Nofrurê an die Regierung zu bringen, als selbst den Thron zu besteigen[21]. Vielleicht sah sie auch Gefahren für Ägypten, eine Wiederholung der Ereignisse am Ende des Mittleren Reiches, wenn auf dem Thron viele Jahre ein noch nicht selbst handlungsfähiges Kind saß – der Schock der Hyksoszeit war noch immer sehr lebendig. Und gewiß war Hatschepsut aus demselben Holz geschnitzt, wie ihre großen weiblichen Vorfahren Tetischêre, Ahhotep oder Ahmes-Nefertari: willensstark und tatkräftig, ihres politischen Einflusses gewiß und ehrgeizig, und so mag sie auch ganz persönlich die volle Macht für sich erstrebt haben.

Eine Begründung allerdings erscheint ausgeschlossen, die vor allem bei früheren Ägyptologen eine Rolle spielte: daß Hatschepsut nur die Marionette, das Aushängeschild einer Partei am Hofe gewesen sei, die meist als ›konservativ‹ bezeichnet wird und als deren Hauptträger die Priester Amuns vermutet werden. Hatschepsuts Mitarbeiter kamen aus sehr verschiedenen Kreisen und hatten kaum eine gemeinsame politische Linie – außer ihrer persönlichen Loyalität gegenüber der Königin[22]. Ein sorgsames Studium aller Quellen macht ganz deutlich, daß Hatschepsut selbst es war, die diesen Entschluß faßte – ebenso wie alle anderen wesentlichen Entschlüsse ihrer Regierungszeit, die dadurch das unverkennbare Zeichen ihrer faszinierenden Persönlichkeit erhält. Sicher ist auch eines: Es gab in Ägypten keine Opposition gegen ihre Thronbesteigung. Und ein, wenn auch etwas äußerlicher, Beweis hierfür ist Herstellung, Transport und Aufstellung der gewaltigen Krönungsobelisken. Sie zeigen, wie einer der besten Kenner jener Zeit, William C. Hayes, es ausdrückt, »die absolute Kontrolle, welche die Königin über Ägyptens gewaltiges und wirkungsvoll organisiertes Potential an Arbeitskraft, Ausrüstung und Bodenschätzen besaß«[23].

zu Seite 84:
Hatschepsuts Obelisk (l) steht dicht bei dem ihres Vaters (r) im Amuntempel von Karnak

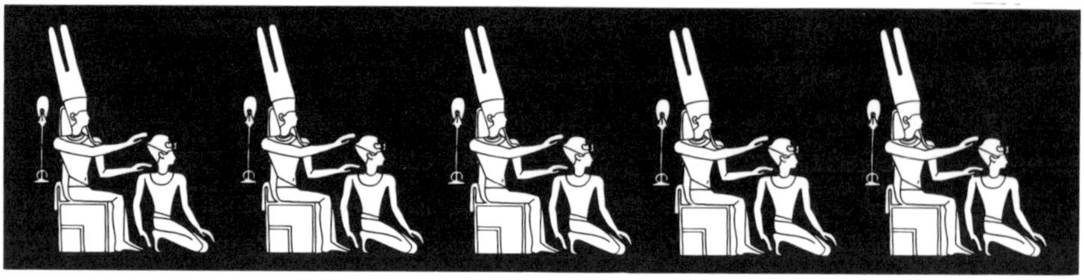

10. Eine Pharaonin wird gekrönt

Mit Amuns Erscheinen im Tempel beginnt Hatschepsuts Bericht von der Krönung: »Das ganze Land staunte schweigend. Man weiß nicht! sagten die Würdenträger des Königs, die Großen des Palastes: Laßt uns das Haupt senken! Sein Gefolge rief: Wie! Was! Ihre Herzen zitterten unter seinen Wundern. Die Herrin der beiden Länder kam aus der Herrlichkeit ihres Palastes und schickte sich an, den Götterherrn zu preisen. Danach warf sie sich vor seiner Majestät auf den Boden und sagte: ›Was willst du geschehen lassen? Ich mache es auf deinen Befehl!‹ Danach nahm er (Amun) sie vor sich und führte sie zum Heiligtum der Göttin Maat. Sie empfing dort den Schmuck Ihrer Majestät, ihren Ornat als Gottesgemahlin, welcher in diesem Tempel ist. Hathor, Oberhaupt von Theben und Himmelsherrin, welche ihre (Hatschepsuts) Schönheit geschaffen und sie leiblich genährt hatte, bat Amun, den Herrn der Götter, sie das Wunder des Ornatwechsels vollziehen zu lassen. Ablösen der Krone der Gottesfrau, Aufsetzen des Schmuckes der oberägyptischen und der unterägyptischen Krone, vereint auf ihrem Haupt.

Die Würdenträger des Königs, die ihm folgten, verfielen in Staunen. Danach nach außen ziehen, während Ihre Majestät vor ihrem Vater (Amun) war. Unbeschreibliches durchzog das Volk. Respekt vor ihr ergriff Himmel und Erde. Jeder einzelne wandte sich an sein Gewissen. Niemand dachte mehr an sich selbst. Seine Majestät (Amun) zog zur herrlichen Kapelle, dem ›Großen Tor des Herrn der beiden Länder‹, zum Platz nämlich, an den man einen König geleitet zum Tempel des Amun. Seine Majestät trat ein in den Palast mit Namen ›Nicht-entferne-ich-mich-von-ihm‹ des Amuntempels. Er legte seine Arme auf seinen Sproß. Er wollte, daß sie Ägypten beherrscht«[1].

Diesen lebendigen Bericht ließ die Königin Hatschepsut in die Wände der ›Roten Kapelle‹ einmeißeln, ihr für das Götterbild Amuns errichtetes Allerheiligstes aus kostbarem roten Quarzit. Hier treffen wir auf einen der großen Glücksfälle der Archäologie, denn nur die Verwendung der Steine dieser Kapelle nach ihrem Abbruch als Füllmaterial durch einen späteren Pharao in dessen Pylon hat uns diese Inschrift bewahrt, ja – geschützt durch die Pylonenwände – sogar besonders gut erhalten, und damit einen der wenigen Originalberichte über eine ägyptische Königskrönung – und gar von der Gekrönten selbst geschildert, die als Frau auf dem Thron ohnehin eine besondere Rolle in der ägyptischen wie in der Weltgeschichte gespielt hat.
Wenn Hatschepsut von sich selbst immer als ›der König‹ spricht, so liegt dies daran, daß es im Ägyptischen für einen weiblichen König keine Femininform gab; das unserem »Königin« entsprechende altägyptische Wort bezeichnet ausschließlich die Königsgemahlin.
Zu dem dramatischen Geschehen gibt die Königin uns schließlich noch das genaue Datum, an dem »alle diese großen Wunder« geschehen sind: »Jahr 2, Monat 6, Tag 29, am dritten Fest des Amun, bei den Litaneien an Sachmet (›die Mächtige‹, Kriegs- und Königsgöttin in Löwengestalt), am zweiten Tag, als mir die beiden Länder verkündet wurden, im Hof von Luxor«[2].
Amun selbst also war es, der durch ein ›Wunder‹ – wohl ein Anhalten und Verneigen seines Kultbildes während einer Prozession – Hatschepsuts Verwandlung von einer Gottesgemahlin in eine gekrönte Königin vollzog. Derartige ›Wunder Amuns‹ – die Griechen nannten sie später ›Orakel‹ – sind in der 18. Dynastie gerade in Verbindung mit Thronerhebung und Krönung von Königen nicht selten.
Für die Könige und ihre Untertanen geschah mit dieser als Gotteswunder empfundenen Handlung etwas sehr Bedeutsames. Diese Menschen dachten und glaubten in Bildern. Und so wie die Darstellungen auf Tempel- und Grabwänden für sie wirkende, etwas bewirkende Kräfte waren, so war auch die kultische Handlung der Priester und des Gottesbildes ein Bild des Geschehens bei und durch Gott und damit geglaubte Wirklichkeit. Für sie drückte sich Religion nicht in geoffenbarten Büchern aus, sondern in Mythen und ihren zutiefst erlebten Bildern. Das Königtum hatte zudem einen stark kultisch-zeremoniellen Charakter, den der jeweilige König nach einem seit Urzeiten überlieferten Ritual darstellte[3]. Wir spüren im Bericht der Hatschepsut sehr deutlich diese tiefe religiöse Erschütterung. Auch alle Phasen der Krönung sind jeweils wirkendes Bild eines göttlichen Geschehens, durch das die Königin die göttlichen Mächtigkeiten erhält, die sie be-

fähigen, die Weltordnung zu wahren und zu festigen, die Fruchtbarkeit Ägyptens und allen Lebens in ihm zu sichern, das Chaos von der geordneten Schöpfung abzuwehren und den Bereich der Wahrheit (die in Ägypten ebenfalls Maat heißt) und des Maßes zu erweitern, wie es die Rolle des Pharaos erforderte[4].
Nach einer kultischen Reinigung durch zwei Priester in den Masken der Götter Horus und Seth, der ›beiden Herren‹ und ursprünglichen Königsgötter von Ober- und Unterägypten, betritt Hatschepsut den Reichstempel von Karnak, vor dem sie der Gott angesichts des Volkes und ihres Gefolges zur Königin erkoren hatte. Diese Reinigungszeremonie ist in der ›Roten Kapelle‹ und im Tempel von Der el Bahari[5] als der unerläßliche erste Akt jeder kultischen Handlung des Königs, erst recht einer Krönung, abgebildet.
Von Horus und Seth geleitet, betritt nun die Königin den Tempel von Karnak, der zu ihrer Zeit noch erheblich kleiner war als heute. In einer Kapelle, abgeschlossen von der Öffentlichkeit und ihrem Gefolge, nur in Gegenwart der die Götter darstellenden und damit deren Erscheinen verwirklichenden Priester, geschieht, was die Königin in die knappen Worte der Annalen faßt: »Ablösen der Kronen der Gottesgemahlin. Aufsetzen des Schmuckes der oberägyptischen und unterägyptischen Krone, vereint auf ihrem Haupt«.
Die beiden Kronen, die kegelförmige weiße von Oberägypten und die rote mit der rückwärtigen Spitze von Unterägypten, sind für den Ägypter nicht einfach Herrschaftszeichen, geschweige denn Dekoration, sondern machtgeladene göttliche Wesen[6]. Sie wurden im Tempel aufbewahrt, eben in der Kapelle, in der sie dem neuen König aufgesetzt wurden und die daher auch den Namen trug ›Reichsheiligtümer der Kronen‹[2]. Jede der beiden Kronen gehörte einer Göttin und ›war‹ damit diese Göttin. Herrin Unterägyptens und seiner Krone war Uto, die Schlangengestaltige; die Geiergöttin Nechbet die Oberägyptens. Sie sind die ›beiden Herrinnen‹, die uns in der Titulatur der Könige als einer der ›Großen Namen‹ begegnen. Bei der Krönung treten sie auch unmittelbar der Königin entgegen. Die Schlangengöttin in Gestalt einer gezähmten Kobra ringelt sich um die Stirn Hatschepsuts, die während ihrer Ausbildung als Prinzessin durch den Hohenpriester auch die ›Schlangensprache‹, den Umgang mit Schlangen gelernt hatte, und bäumt sich vor ihrer Stirn auf wie die gefürchtete Uräusschlange, die Feuer speit und den König schützt[8]. In welcher Form oder unter welchem Bild die Geiergöttin erschien,wissen wir nicht – aber auch sie muß ihre Rolle gespielt haben, denn sie erscheint ja neben der Uräusschlange als Diadem am Haupt des Pharaos.

Wenn die Kronengöttinnen bei den Zeremonien am Kopf der Königin erschienen, dann wurde sie damit zugleich zu Rê, dem die Kronen »aus seinem Haupt gewachsen« waren. Noch tiefer in den Mythos führt die Vorstellung, daß die ›beiden Herrinnen‹ Mütter des Königs sind. In den hieroglyphischen Beischriften der Krönungszeremonien wird Horus, den ja der König verkörpert, als ›Sohn der beiden Kronen‹ bezeichnet, den also die beiden Kronenmütter mit ihrer Macht und ihrer Stärke begaben[9].

Neben den Kronen und den Bildern der Kronengöttinnen werden der Königin in diesem zweiten Akt der Krönung auch die anderen Stücke des Königsornates angelegt: das lange, mantelartige, weiße Gewand, das wir aus den Darstellungen des Krönungsjubiläums, des Sedfestes, kennen. Darunter ist der Königsschurz mit dem hinten herabhängenden Wildstierschwanz befestigt, uraltes Zeichen der Fruchtbarkeitsmacht vorgeschichtlicher Hirtenkönige. Die Füße werden mit den zeremoniellen Sandalen bekleidet, auf deren Sohlen die Feinde Ägyptens abgebildet waren, die der König immer wieder in den Staub tritt. Schon auf einer der frühesten ägyptischen Königsdarstellungen, der Schminkpalette des Königs Narmer aus der Zeit der Reichseinigung, sehen wir als hohen Hofrang den königlichen Sandalenträger hinter dem siegreichen Pharao schreiten und damit die kultische Bedeutung auch dieses Teils des Ornates betonen. Immer wieder müssen wir uns klarmachen, daß für den Ägypter der König ebenso ein Wesen voll göttlicher Mächtigkeit war wie jedes einzelne Teil seines Ornates, die denn auch eigene Priester zum Kultdienst, zur Erhaltung und Stärkung dieser mächtigen Wirksamkeit besaßen[10].

Schließlich sind die uralt geheiligten Riten der Bekleidung Hatschepssuts mit Insignien und Ornat eines Pharaos im Halbdunkel der Maat-Kapelle beendet. Nun folgt die dritte Phase des Krönungszeremoniells, das ›danach-nach-außen-Ziehen‹, wie Hatschepsut selbst sie bezeichnet. Zum erstenmal tritt die junge, schöne Königin im vollen Ornat vor ihr Gefolge und ihr Volk, das im Festhof des Tempels gebannt auf diesen Augenblick gewartet hat. Der als Amun maskierte Priester geleitet sie über den Hof und durch die Säulenhalle zum Allerheiligsten. Mit erstaunlicher psychologischer Einfühlungsgabe beschreibt Hatschepsut die Wirkung dieser überwältigenden Erscheinung der nun zur Göttin gewordenen Königin auf die Zuschauer: »Unbeschreibliches durchzog das Volk ...« Erinnern wir uns, mit welchen Gefühlen wir am Fernsehen die Krönung der Königin von England in der Westminster-Abtei verfolgt haben – auch hier Zeremonien als Bilder tiefer und urtümlicher Mythen, die, kaum bewußt,

doch in jedem Menschen schlummern, Erscheinungen, die der Psychologie als ›kollektives Unterbewußtes‹ und ›Archetypus‹ wohlvertraut sind.
Bei der ›Einführung in das Gotteshaus‹, wie diese dritte Krönungsphase auch heißt, gelangt Hatschepsut bis in das Allerheiligste. In einem anderen Text sagt Hatschepsut von dieser Zeremonie: »Da nun nahm sie (die Göttin Hathor) Meine Majestät bei der Hand, man ließ mich sitzen auf dem Thron des Horus vor den gesamten Königen«[11]. Neben der Begegnung mit dem Kultbild Amuns im Allerheiligsten gehört also zu diesem Teil der Krönung die eigentliche Inthronisation. »Vor den gesamten Königen« besagt, daß der ›Horusthron‹ für diese Zeremonie in jenem Teil des Tempels stand, in dem die Liste mit den Namen der unzähligen Vorgänger auf dem Pharaonenthron eingemeißelt war[12]. Jene verstorbenen Vorväter waren zu Osiris geworden, zum Herrn des Totenreiches, und sie mußten nun dabeisein, wenn ihr Sohn – im Mythos Horus, der Sohn Osiris' – seinen Thron bestieg. Kultischer Notwendigkeit und nicht etwa historischem Interesse also verdanken wir die Königslisten, von denen eine der wichtigsten, die von Thutmosis III., im Tempel von Karnak eingemeißelt ist.
Wie alle Teile der Krönungszeremonie hatte auch das ›Erscheinen auf dem Thron‹ verschiedene, oft auf alte religiöse Anschauungen zurückgehende Aspekte. Der Thron des Königs war nicht nur ein Sitz, der den Herrscher vor allem Volk erhöht sein ließ, nicht nur ein Bild vom Thron des Horus, auf dem der König das Wesen und die Herrschaft des Welt- und Königsgottes übernahm. Der Thron war ebenfalls, wie Kronen und Ornate, selbst eine Gottheit. Eine Gottheit, die wir gut kennen, wenn auch in veränderter Bedeutung: Isis nämlich, die später Gattin des Osiris und Mutter des Horus wurde, ist zunächst und ursprünglich Throngottheit. Bis in spätägyptische Zeit wird sie daher mit einem kleinen Thronsitz auf dem Kopf dargestellt, so wie Rê die Sonnenscheibe, Amun die Federn seiner Windnatur oder Neith die Pfeile ihres kriegerischen Wesens auf dem Haupte tragen.
Auch dieses Bild der Throngöttin Isis war für den Ägypter lebendig, wenn er den König auf dem Thron sah. Damit war der ägyptische König bei seiner Krönung von Müttern umgeben, von ihnen erwählt, ausgezeichnet, geschützt und mit göttlicher Macht begabt: den Kronen-Herrinnen Nechbet und Uto und der Throngöttin Isis. Ein Bild von tiefer religiöser und psychologischer Bedeutung, aber auch von ergreifender Menschlichkeit, das mehr über ägyptische Religion und ägyptisches Denken aussagt, als die oft am Äußerlichen hängenden Analysen flüchtiger oder voreingenommener Betrachter.

Hatschepsut kniet bei ihrer Krönung vor Amun. Ihre Figur und Namen sind unversehrt; die Amuns wurden von Echnaton ausgelöscht und später neu ergänzt

Die Königin Hatschepsut kehrt nun aus dem Tempelinneren wieder in den Festhof zurück. Die ›zauberreichen‹ Kronen, deren Macht das Volk hätten erschrecken können, wurden gegen den ›Kheperesch‹ gewechselt, auch ›Blaue Krone‹ oder ›Kriegshelm‹ genannt, den wir bei Darstellungen von Pharaonen der 18. und 19. Dynastie sehr häufig antreffen (ursprünglich ein Import durch die Hyksos), und so kniet sie vor ihrem Vater Amun nieder. »Er legte seine Arme auf seinen Sproß«, so sagt Hatschepsut selbst, und wir können diese Szene noch heute auf der Spitze eines ihrer Obelisken sehen, die jetzt an dem ›Heiligen Teich‹ zwischen Amun- und Mut-Tempel in Karnak liegt. Diese Geste des Götterherrn wirkt wie eine Wiederholung der Krönung und hat zugleich etwas Intim-Segnendes von Vater zu Tochter. Abermals aber liegt noch Tieferes in diesem Bild: Hatschepsut kniet ja nicht Amun *gegenüber* mit ihm zugewandten Gesicht, wie man es doch bei einer Krönung annehmen sollte, sondern *vor* ihm. Der Gott umfaßt sie von hinten mit beiden Händen – eine Geste, die auch in einem Hieroglyphenzeichen festgehalten ist und dort ›Ka‹ bedeutet. Der Ka, das ist die Lebenskraft, die göttliche Schöpfernatur, zwar selbständig lebend, aber mit dem Menschen geschaffen und sein eigentliches Wesen, seine Persönlichkeit und das Göttliche in ihm ausmachend. Mit der Geste der Umschließung durch die ausgestreckten Arme überträgt der Gott seinen Ka, seine göttliche Kraft, seine Mächtigkeit und sein göttliches Wesen auf die Königin.

Hatschepsut erhebt sich nach der Handauflegung des Gottes Amun, und nun erfolgt zum Abschluß der Zeremonien die feierliche Proklamation vor den Göttern, den Vorfahren und allem Volke – wie es an anderer Stelle bei Hatschepsut heißt, »vor der ganzen Erde«[13]. In alle vier Weltgegenden ruft ein Priester in Gestalt des ibisköpfigen Gottes Thot die ›Großen Namen‹ der Königin aus:

1. *Weiblicher Horus* = Wosret-kaû (die mächtig ist an Ka's)
2. *Beide Herrinnen* = Wadjet-renpowet (die blühend ist an Jahren)
3. *von Biene und Binse* (von uns meist als ›König von Ober- und Unterägypten‹ übersetzt) = Makarê (Die Weltordnung ist das Wesen des Sonnengottes)
4. *Tochter des Rê* = Khnemetamun Hatschepsut (herrlichste der Edelfrauen die Amun umfängt)
5. *Goldhorus* = Sanch-ibu (welche die Herzen belebt)[14].

Und damit ist Hatschepsut mit Kronen und Ornat, mit Thron und Titulatur König von Ober- und Unterägypten, Herrin der beiden Länder, vollkommene Göttin, Herrin der Diademe und Herrin des Opfers (also des Kultes)[15], das vollkommene Abbild des Amun, seine lebende Statue auf Erden[16], und wie ihre Titel und Bezeichnungen noch lauten mögen.

Die Erscheinung eines ›weiblichen Horus‹ auf dem Thron hat ganze Generationen von Ägyptologen schockiert, die entrüstet die »Unvereinbarkeit der Königstitel mit dem Frauennamen«[17] und die angebliche Tatsache hervorhoben, daß sie »immer, schon als Kind, in voller

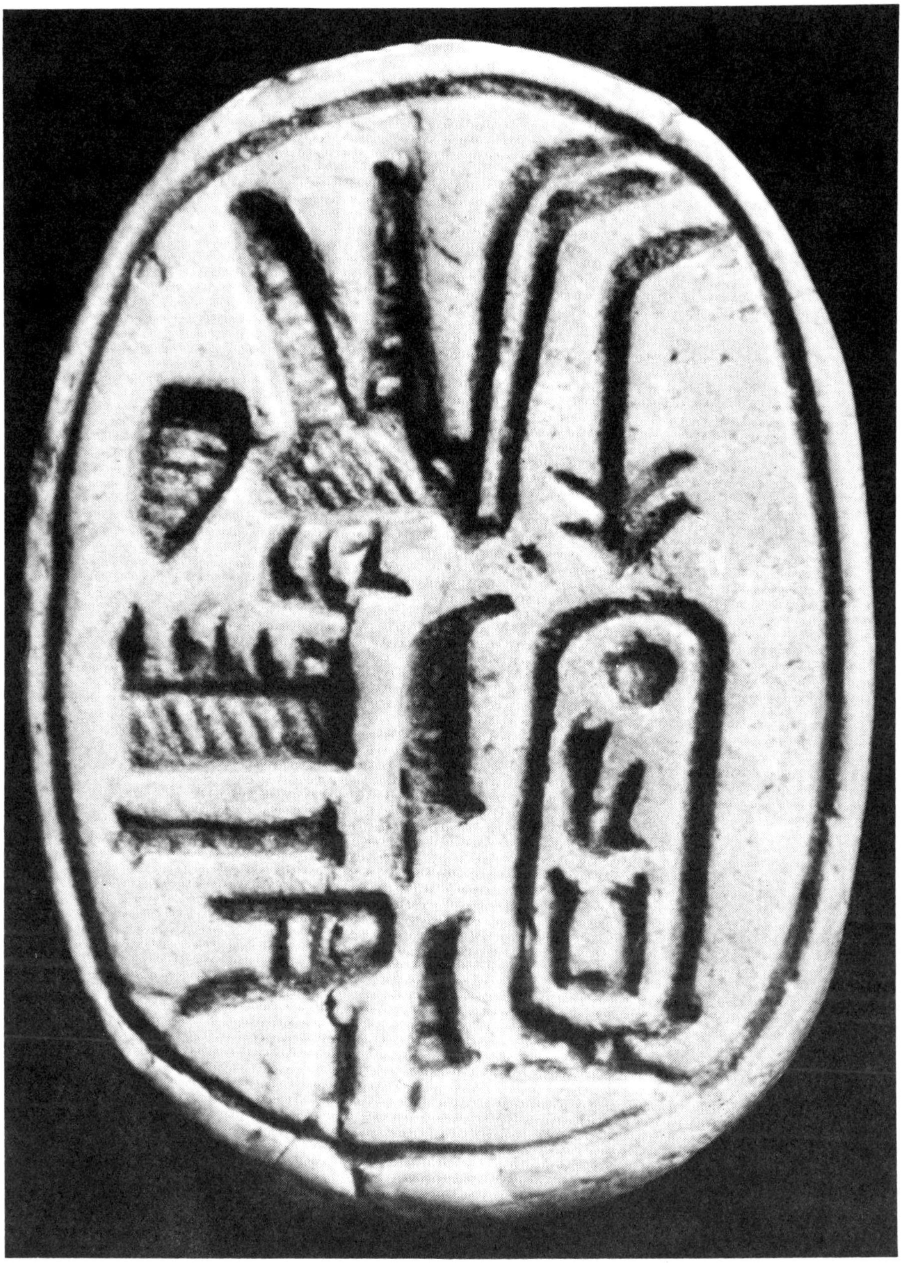

Hatschepsuts Thronname auf einem Skarabäus: (o) Biene und Binse »König von Ober- und Unterägypten«, (r) im Kartuschenring »Ma« (knieende Göttin), »Ka« (erhobene Arme), »Rê« (Sonnenscheibe), (l) »geliebt von Amun«

männlicher Kleidung dargestellt«[18] worden sei und die offensichtlich das zutiefst ›Unweibliche‹ in Hatschepsuts Königtum verabscheuen.

Nun, die moderne Ägyptologie ist auch hier verständnisvoller und zugleich genauer. Schon Sethe hat Ende des vergangen Jahrhunderts völlig zutreffend festgestellt, daß die grammatischen Formen meist weiblich sind, wenn von ihr die Rede ist (daß bisweilen schlafmützige Steinmetzen einfach nach alten Vorbildern für Standardformeln die Maskulin-Endungen beibehielten, ohne die nötige Änderung vorzunehmen, steht auf einem anderen Blatt und ist nicht ihr anzulasten), und daß ihre Darstellungen deutlich ein weibliches Aussehen und weibliche Formen zeigen, soweit nicht ein männlicher Ornat aus kultischen Gründen zwingend war[19]. Wir haben schon bei ihrer Königstitulatur gesehen, daß sie wo immer möglich die weiblichen Endungen benutzt, und auch ihre Bilder und Statuen zeigen sie zwar im konventionellen königlichen Ornat, doch sehr selten trägt sie wirklich rein männliche Kleidung und Attribute[20]. Oft erkennt man sie auf Reliefs und Bildern gerade an dem leichten Gewand, das ihren Oberkörper bekleidet und auf einer Schulter durch einen Träger befestigt war.

Im Laufe der ägyptischen Geschichte hatten fast ausschließlich Männer auf dem Horusthron gesessen. Das ›fast‹ aber besagt, daß es doch recht interessante Ausnahmen gegeben hat, von denen wir freilich nicht in jedem Fall nachweisen können, ob es sich ›nur‹ um Regentinnen oder um regulär gekrönte Herrscherinnen gehandelt hat.

Die Reihe beginnt mit Hotep-Neith, der Gattin des Pharaos Aha und Tochter jenes berühmten Königs Narmer, der einer der ersten geschichtlich nachweisbaren Könige Ägyptens überhaupt war. Offenbar hatte sie ihrem Gatten die Legitimation seiner Herrschaft eingebracht[21]. Dann folgt Merit-Neith, von der wir das gewaltige, zeitgenössische Königsgräber an Größe erheblich übertreffende Grabmal in Saqqara kennen. Man vermutet darum, daß sie zumindest Regentin, wenn nicht sogar gekrönte Herrscherin war[22].

Wenn auch die Ägyptologen sich über die Rolle dieser königlichen Frauen im einzelnen nicht einig sind – kein Wunder bei den äußerst geringen Schriftquellen und der sehr zufälligen Entdeckung und mangelhaften Erhaltung archäologischer Befunde aus jenen ersten Jahrhunderten ägyptischer Geschichte – so wird doch von allen akzeptiert, daß im Alten Reich, der ersten Hochblüte Ägyptens von ungefähr 2628 bis etwa 2134 v. Chr., bedeutende Frauengestalten in den Vordergrund treten[23]. Die bekannteste unter ihnen ist Hetep-heres, Tochter des letzten Königs der dritten Dynastie, Huni. Sie brachte die Legitimität des Thrones an ihren Gemahl Snofru, den ersten der gewaltigen Pyramidenbauer der 4. Dynastie. Ihr großer Sohn war Cheops, der seiner Mutter eine wertvolle Ausstattung mit ins Grab legen ließ: elegante, goldeingelegte Möbel und kostbare Schmuckstücke, kupfernes Waschgerät und ein goldenes Manikürnecessaire, die wir im Ägyptischen Museum bewundern können[24].

Schon Herodot hat eine spannende Geschichte von einer Königin Nitokris erzählt: Ihr Bruder Merenrê, letzter Herrscher der 6. Dynastie, sei ermordet worden, worauf sie den Thron bestieg, seine Mörder bei einem Festmahl ertränkte und darauf sich selbst den Tod gab[25]. Die Quellenlage ist auch bei ihr nicht ganz eindeutig[26] – immerhin hat auch Manetho sie in seine Königsliste als regierende Herrscherin aufgenommen und betont, sie sei »die edelste und lieblichste Frau ihrer Zeit« gewesen[27]. Derselbe Manetho berichtet übrigens auch, der Pharao Neteren, dritter König der zweiten Dynastie, habe ein Gesetz erlassen, das Frauen die Thronfolge erlaubte[28].

Das Königtum des Mittleren Reiches scheint dagegen eine reine Männerherrschaft gewesen zu sein. Wir hören nur wenig über Königinnen, wenn auch einige sehr prunkvolle Gräber dieser Zeit für Prinzessinnen[29] keinen Zweifel an der Wertung der Frauen in der königlichen Familie aufkommen lassen. Offenbar spielten die Frauen aber zumindest bei der Erbfolge nicht dieselbe Rolle wie früher oder später. Im Mittleren Reich erhielt vielmehr der Thronfolger meist seine Legitimität durch eine Mitregentschaft mit seinem Vorgänger.

Eine Ausnahme ist freilich auch hier zu finden: auf den letzten König der glanzvollen 12. Dynastie, Amenemhet IV., folgt für 4 Regierungsjahre eine Königin, vielleicht seine Schwester, Nefrusobek[30], deren ›Große Namen‹ wie bei Hatschepsut in weiblicher Form überliefert sind[31].

Hatschepsut war zwar die bedeutendste Pharaonin, aber keineswegs die letzte. So hat Mutnedjmet, eine Schwester der berühmten Nofretete, am Ende der 18. Dynastie zwischen Tutenchamuns Nachfolger Eje und ihrem späteren Gatten Haremhab für einige Zeit mit voller Titulatur als Pharao auf Ägyptens Thron gesessen[32].

Und noch einmal finden wir eine Pharaonin, diesmal am Ende der 19. Dynastie. Schon während der Regierung Sethos II. (etwa 1204–1198 v. Chr.) war seine Gemahlin Tewosre oder Tausret die eigentliche Macht hinter dem Thron. Sie führte für seinen Sohn Siptah die Regentschaft, nahm die Königstitulatur an und regierte nach Siptahs frühem Tod noch mindestens zwei Jahre allein[33]. Auf Kleopatra wollen wir als Beweis verzichten, denn ihre Familie und die darin geltenden Thronregeln waren nicht mehr ägyptisch, sondern griechisch-mazedonisch.

Völlig unmöglich und unerhört kann also den Ägyptern die Herrschaft einer Frau nicht erschienen sein. Aber wichtiger als diese – mehr psychologisch als historisch bedeutsame – Frage ist die nach Art und Wert ihrer Herrschaft.

11.
Die Politik einer Königin

In der Inschrift an einem von Hatschepsut erneuerten und erweiterten Felsentempel bei dem heutigen Ort Beni-Hassan in Oberägypten, einer Löwengöttin geweiht und von den Griechen später ›Speos Artemidos‹, die Höhle der Artemis genannt, spricht die Königin von ihren Werken: ». . . Ich machte die verborgenen Kammern, das Innerste des Hauses (das Allerheiligste), so daß es wetteifern konnte mit dem Äußeren: das Bild jedes Gottes wurde in purem Gold gegossen, ihre Feste dauerten in jedem Mund (wurden den Gläubigen wieder bewußt gemacht), der volle Festkalender zu seiner richtigen Zeit ausgeführt, wie ich es befohlen habe. Die Riten nach seinen (des Sonnengottes) Befehlen, wie er sie in den vergangenen Urtagen gemacht hatte, wurden wieder zum Blühen gebracht, und mein göttliches Herz ließ für die Zukunft vorsorgen. Das Herz des Königs von Unterägypten war bedacht für die Ewigkeit in Gehorsam gegen die Weisungen von Ihm, der den Isched-Baum (Lebensbaum, auf dessen Blätter die Namen der Pharaonen von Thot eingeschrieben werden und damit ewige Dauer erhalten) gegründet hat, nämlich Amun, Herrn der Millionen Jahre. Ich vergrößere die wahre Weltordnung (Maat), die Er liebt, denn ich weiß, daß Er von ihr lebt. Sie ist auch mein Brot, und ich genieße ihren Geschmack. Ich bin ein Fleisch mit Ihm; Er zog mich auf, damit Sein Ruhm mächtig werde in diesem Land«[1].

Dreifach sah also Hatschepsut ihre Hauptaufgabe, den Dienst an den Göttern: Einmal Aufbau und Erweiterung der Tempel. Dann die Herstellung neuer Götterbilder aus Gold, dem unvergänglichen Metall, das in Ägypten den Göttern – und damit auch den Königen – vorbehalten war, denn es war »Haut und Fleisch der Götter«, wie das Silber deren Gebein[2]. Und als ebenso wichtig steht daneben die Wiederher-

stellung des Kultes, der täglichen Riten vor den Götterbildern ebenso wie der Feste, an denen die Götterbilder in feierlicher Prozession aus dem Tempel auszogen, auf ihren Barken von kräftigen Priestern getragen, und damit alles Land und die Menschen, Tiere und Pflanzen darin unter ihren Schutz nahmen, heiligten und fruchtbar machten.
Hatschepsut sagte aber auch ganz deutlich, daß sie die Erfüllung ihres Auftrages nicht als eine Art Wiederaufbau- oder Arbeitsbeschaffungsprogramm ansah. Dies alles war ihr vielmehr ein zutiefst empfundener religiöser, göttlicher Auftrag, mit dem sie teilhatte an der Schöpfung, sie weiterführte und erneuerte. Denn der ägyptische Tempel war ja nicht nur das Haus, in dem Gott sich niederlassen und erscheinen konnte. Er war zugleich auch Abbild der Schöpfung[3].
Für die Ägypter, denen das Bild wesenhafte Wirklichkeit war, bedeutete der Bestand des Tempels als Abbild der Schöpfung zugleich deren Weiterbestehen. Jede Erweiterung und Erneuerung der Tempel war auch Erweiterung und Erneuerung der Schöpfung. Der tägliche Kult und seine gesteigerte festliche Form sorgten dafür, daß die Verbindung zwischen dem Abbild und seiner inneren Wesenheit Wirklichkeit wurde und blieb. Hieran mitzuwirken war nicht nur eine der Pflichten des Pharaos. Es machte vielmehr einen Teil, und zwar den entscheidenden, seines Wesens und Auftrags aus.
Für Hatschepsut war diese Aufgabe das zentrale Wesen ihres Königtums, und sie spricht dies selbst aus: So wie Amun die Maat liebt und von ihr lebt, »ist sie auch mein Brot«. Daß dies nicht eine leere Formel für sie ist, zeigt sie auch mit ihrem Königsnamen Makarê, in dessen hieroglyphischer Form die Maat als Göttin mit der Feder auf dem Haupt in der Mitte steht zwischen den erhobenen Armen des Ka-Zeichens und der Sonnenscheibe des Rê.
Wenn uns also die Inschrift der Speos Artemidos den Grundakkord des Regierungsprogramms von Hatschepsut darlegt, so werden darin nicht nur ihre tiefsten Beweggründe erhellt, sondern – mit dem erfrischenden ägyptischen Sinn für Gleichgewicht und Maß, der das Konkrete neben die gedankliche Spekulation stellt – auch gleich ein politischer Grund zusätzlich zum religiösen gegeben, in einer Formulierung, die wir bereits in anderem Zusammenhang kennengelernt haben (s. S. 14):
»Ich habe wieder aufgebaut, was zerstört war seit der Zeit, als die Asiaten in Auaris herrschten, räuberische Horden unter ihnen. Sie stürzten um, was gebaut war; sie herrschten ohne Rê«[4].
Wie tief muß der Schock der Fremdherrschaft unter den Hyksos in den Ägyptern gesessen haben, daß noch fast 70 Jahre nach ihrer Vertrei-

bung der Wiederaufbau dessen, was sie zerstört hatten, zu den hervorragenden Aufgaben eines Pharaos gehörte!

Über die zentrale Bedeutung dieses Teils der Inschrift für die Politik Hatschepsuts sind sich seit ihrer Entdeckung alle Ägyptologen einig. Es gibt kaum ein Buch oder einen Aufsatz über die Königin, in dem nicht gerade dieser Absatz zitiert wird. Meistens allerdings und, wie ich meine, zu Unrecht in einer sehr verengten Auslegung: Das »Ich habe wieder aufgebaut« wird nur ganz wörtlich auf die Bautätigkeit Hatschepsuts bezogen, dieser Absatz allein wird zum Regierungsprogramm erklärt und danach ihre Politik als »Zeit des Friedens«[5], »pazifistisch«[6] und sie selbst als »Friedensfürstin«[7] bezeichnet. Versuchen wir, diese Behauptung näher zu prüfen.

Unzulässig scheint mir schon die Eingrenzung jener Äußerung rein auf die Bautätigkeit zu sein. Bereits der Hinweis Hatschepsuts selbst auf die Hyksos, die »Rê nicht kannten«, zeigt, daß es eben nicht nur um den materiellen Wiederaufbau geht, sondern auch um die Neugründung der geistigen Grundlagen. Schon früh haben Ägyptologen festgestellt, daß die Bemerkung Hatschepsuts doch, wörtlich genommen, gar nicht zutreffe, denn die Hyksos hätten wohl Rê gekannt, ihre Könige hätten zum Teil sogar den Namen des Gottes in ihren Thronnamen getragen (so z. B. einer der letzten von ihnen, der uns bei den Befreiungskämpfen begegnet ist, Apophis mit dem Thronnamen ›Ausserrê‹), und die moderne Ägyptologie ist ihnen dabei gefolgt[8]. Was Hatschepsut damit meinte, war vielmehr die Störung der Herrschaft des Rê durch die Fremden, war eine Beschädigung der Weltordnung, und jeder ägyptische Herrscher war aufgerufen, diese wiederherzustellen.

Der Bau von Tempeln und ihre Wiederherstellung war *ein* Weg, der Maat zu dienen, und gewiß gehört Hatschepsut zu den großen Baumeistern unter den ägyptischen Königen. Auch in anderen Teilen der Inschrift von Speos Artemidos betont die Königin, wie wichtig sie diesen Aspekt des Königtums nahm und wie sie ihn bewußt als göttlichen Auftrag erlebte. Aber untrennbar von den Bauten gehörten für sie auch der richtige und vollkommene Vollzug des Kultes und der Feste zu diesem Auftrag. Das hieß, Wiederaufbau auch der geistigen Grundlagen und selbstverständlich auch der verwaltungsmäßigen und wirtschaftlichen.

In der Praxis bedeutete das, daß die Königin die theologischen Arbeiten in den großen Tempeln ebenso fördern mußte, wie den Neuaufbau der Priesterschaften und die Versorgung der Tempel mit den materiellen Bedürfnissen für Kult und Priesterschaft durch Stiftungen und Zu-

weisungen von Besitz, Nahrungs- und Opfermitteln sowie Beamten, Arbeitern und Sklaven.
Eine rege Bautätigkeit, Aufbau von Verwaltung und Wirtschaft reichen aber noch keineswegs aus, den Begriff der Maat abzudecken. Die Rolle, die dem ägyptischen König als dem Bewahrer und Erweiterer der Maat zugewiesen war, umfaßte auch den ganzen Bereich der ägyptischen Außenpolitik.
Von Anbeginn gehörte zum Bild des ägyptischen Königs die Rolle des Weltherrschers. Diese ›Welt‹ freilich sah für den Ägypter ganz anders aus als für andere Völker des Altertums. Weltherrschaft etwa im Sinn eines Alexander des Großen mit seinem Vordringen in das Lockend-Ungewisse der unendlichen Weiten wäre für Ägypter etwas Unfaßbares, ja Frevelhaftes, weil gegen die Maat Gerichtetes gewesen. Denn ›Welt‹ war nur dort und nur so weit, wie Maat herrschte. Im Alten Reich galt dies nur für Ägypten mit seinen unmittelbaren Randgebieten. Später dehnte der Bereich sich auf die afrikanischen, asiatischen und mittelmeerischen Zonen im Umkreis Ägyptens aus. »Der Herrschaftsanspruch des ägyptischen Königs bleibt immer im Bereich des geordneten Seins«, sagt der deutsche Ägyptologe Erik Hornung, »versteigt sich niemals ins Maß- und Grenzenlose«[9].
Hatschepsut spricht in der Inschrift von Speos Artemidos auch von den außenpolitischen Aspekten ihrer Regierungszeit:
». . . das schwarze und das rote Land (Niltal und Wüste) sind unter meiner Furcht, und meine Macht läßt die Fremdländer sich beugen, denn der Uräus über meinen Brauen beruhigt für mich alle Länder. Sinai und die Beduinenländer bleiben Meiner Majestät nicht verborgen, und Punt fließt für mich über, seine Bäume tragen frischen Myrrhen. Die Wege, die nach beiden Seiten versperrt waren, sind nun begangen«[10].
Soweit spricht tatsächlich alles für eine friedliche Regierungszeit. Aber dann folgt unmittelbar eine ganz andere Aussage:
»Meine Armee, die schlecht ausgerüstet war, wurde reich an Waffen, seit ich als König erschien«[11].
Das scheint nicht ganz in das Konzept einer Pazifistin zu passen. Liegt in diesem Satz aber nicht vielleicht nur ein solches ›Rollenbild‹ ohne Bezug auf die historische Realität, wie es Darstellungen auf ägyptischen Tempelwänden nicht selten bieten? Der ganze Zusammenhang, in dem dieser Satz steht, ist aber ein durchaus sachlicher, realer Bericht. Der Satz von der Aufrüstung unter Hatschepsut ist daher zunächst einmal ganz wörtlich als das zu nehmen, was er aussagt. Wir haben dafür einen Beweis: Fast unmittelbar nach Hatschepsuts Ver-

schwinden vom Thron begann Thutmosis III. seinen ersten Krieg gegen Syrien; einen höchst erfolgreichen Feldzug gegen einen sehr gefährlichen Gegner, den er nur mit einer erstklassig bewaffneten und geübten Armee durchführen konnte. So spricht alles dafür, daß Hatschepsut sich durchaus auch um den Auf- und Ausbau der Armee gekümmert hat.

Hatschepsut hat aber offenbar auch kriegerische Unternehmungen nicht gescheut, ja sogar daran teilgenommen! Der ägyptische Gelehrte Labib Habachi hat im Jahre 1957 eine Felsinschrift auf der Insel Sehel, nahe Assuan, beschrieben, die bis dahin unbeachtet geblieben war. Das Graffito zeigt einen Mann, der einen Kommandostab in der Hand hält, und vor ihm folgende Inschrift:

»Der Erbfürst und Gouverneur, Schatzmeister des Königs von Unterägypten, einziger Freund, Oberschatzmeister, der mit der Kriegsbeute befaßt ist, Ty. Er sagt: Ich folgte dem vollkommenen Gott, dem König von Ober- und Unterägypten, Makarê, sie soll leben! Ich sah ihn die nubischen Nomaden niederschlagen, deren Häuptlinge zu ihm als Gefangene gebracht wurden. Ich sah ihn das Land von Nubien zerstören, als ich im Gefolge Seiner Majestät war. Siehe, ich bin ein Königsbote, der tut, was ihm gesagt wird. Gemacht vom Handwerker des Amun, Amenmose«[12].

Wir haben hier den Augenzeugenbericht eines Kriegsteilnehmers, der, wie man aus seinen Titeln schließen kann, nicht Offizier, sondern Verwaltungsbeamter war – eine Art Militärverwaltungsrat etwa. Wenn das Graffito auch nicht datiert ist, dürfte feststehen, daß es sich bei dem König, der den Feldzug anführt, um Hatschepsut handelt. Zwar ist die Kartusche, die den Königsnamen trägt, ausgemeißelt, aber die Zerstörung wurde nicht sehr sorgfältig durchgeführt, so daß die Scheibe des Rê und die Ansätze von Maat und Ka noch erkennbar sind. Außerdem gibt es in der infrage kommenden Zeit keinen anderen Pharao, dessen Name ausgelöscht wurde, als eben Hatschepsut[13]. Auch die Verwendung des ›er‹ in der Inschrift widerspricht dieser Annahme nicht, zumal gerade an der wichtigsten Stelle, nach dem Königsnamen nämlich, die weibliche Verbform erscheint.

Neben diesem Bericht gewinnen andere Hinweise neue Bedeutung, die man bisher übersehen oder für Erwähnung kleiner Scharmützel gehalten hat, z. B. auf der Stele des späteren Generals Djehuti, wo es heißt, daß er selbst die Königin sah, wie sie über das Schlachtfeld schritt und Beute einsammelte[14]. Darüberhinaus gibt es einige Textstellen – und es sind mehr, als man glauben möchte – aus denen recht deutlich wird, daß während der Regierungszeit Hatschepsuts noch mehrere Feldzüge unternommen wurden, wenn auch das Graffito des Ty und die Stele des Djehuti die einzigen Zeugnisse dafür sind, daß die Königin persönlich an militärischen Unternehmungen teilnahm. So ist aus einer – weitgehend zerstörten – Inschrift im Totentempel Hatschepsuts von Der el Bahari ein weiterer Zug gegen Nubien herauszulesen, denn einige erhaltene und in engem Zusammenhang stehende Textstellen lauten: ». . . wie schon ihr siegreicher Vater, der König von Ober- und Unterägypten, Aakheperrê (Thutmosis I.) getan hatte, der alle Länder ergriff, . . . wurden hingeschlachtet und die Zahl der Toten blieb unbekannt . . . sie warf ebenso nieder . . . sie hat zerstört die südlichen Länder . . .«[15].

Interessant erscheint besonders die Einleitung mit dem ausdrücklichen Bezug auf ihren Vater, auch und gerade bei der Schilderung eines Kriegszuges. Wir müssen dabei an die schon in einem früheren Kapitel zitierte Inschrift aus Der el Bahari denken, in der es über die Jugendzeit der Königin geheißen hatte, daß sie auf einer gemeinsamen Inspektionsreise mit ihrem Vater durch Unterägypten von den dortigen Göttern mit den Worten begrüßt worden sei: »Wunden aus deiner Hand sind in Libyen, dein Arm ist kräftig beim Erschlagen der Beduinen, du schlägst ab die Köpfe der Heere, du faßt die Fürsten von Syrien unter dem Schrecken der Hinterlassenschaft deines Vaters«[16].

Diese göttliche Prophezeiung ist nach ägyptischer Auffassung schon dadurch, daß sie ausgesprochen oder, wie hier, an der Tempelwand niedergeschrieben wurde, Wirklichkeit bewirkend. Freilich klingt sie zunächst – und so ist sie auch bisher fast ausschließlich verstanden worden – als eine der häufig und unter allen Herrschern wiederholten Formeln aus dem Rollenspiel des ägyptischen Königtums, ohne Rücksicht darauf, ob solche Kriege vom jeweiligen König auch tatsächlich vollzogen wurden. Bei dieser Unterägyptenfahrt handelt es sich aber ganz offensichtlich um ein auch in unserem Sinne historisches Ereignis. Außerdem ist es eben nicht zufällig, daß hier wiederum die kriegerischen Äußerungen in unmittelbarem Zusammenhang mit Thutmosis I. stehen.

Denn eine weitere von Hatschepsut als wesentlich empfundene Grundlage ihrer Regierungspolitik war die bewußte Nachfolge ihres großen Vaters, auch auf dem Gebiet der Sicherheitspolitik.

Wir haben im Kapitel über die Jugend Hatschepsuts aus dem Thronbesteigungsbericht nur das zitiert, woraus die Ernennung zur Erbtochter durch Thutmosis I. hervorging. Jetzt kommen wir zu den Teilen, die von der angeblichen Thronerhebung Hatschepsuts bereits als junges Mädchen und ihrer Ernennung zur Mitregentin berichten.

Zunächst bereitet der König in seinem Palast die Tochter auf ihre Thronerhebung vor: »Komm nun, deine Herrlichkeit ... du empfängst deine königliche Würde, du wirst vortrefflich durch deinen Zauber, du wirst reich durch deine Stärke, du bemächtigst dich der beiden Länder, du überwältigst die Rebellen, du erscheinst im Palaste, deine Stirn wird geschmückt mit der Doppelkrone ...«[17].
Darauf ruft der König seinen Kronrat im Palast zusammen und erklärt Hatschepsut zu seinem Stellvertreter. Dann aber läßt Hatschepsut ihn in der Inschrift weitersprechen: »Denn sie ist ja meine Thronfolgerin. Sie ist es, die sitzen wird auf diesem meinem wundervollen Throne und den Untertanen an allen Stellen des Palastes befehlen wird; sie ist es, die euch leiten wird. Ihr hört ihre Worte, ihr haltet euch an ihren Befehl. Wer sie preisen wird, der wird leben, wer etwas Schlechtes sagen wird, indem er Ihre Majestät lästert, der wird sterben ...«[18].
Es wird beschrieben, wie die Hofleute nach dieser Proklamation jubeln, und als sich die Nachricht unter der Bevölkerung herumgesprochen hatte, da »tanzten sie und hüpften, ihre Herzen waren froh. Sie verkündeten den Namen Ihrer Majestät als König; Ihre Majestät war aber noch ein junges Mädchen ...«[19]. Der König ließ ihre fünf Großen Namen als Königin durch die Vorlesepriester verkünden und in alle Siegel einschneiden, »die zur Feier der Vereinigung der beiden Länder und des Umzugs um die Mauern und das Schmücken aller Götter der Vereinigung der beiden Länder gehörten (alles uralte Riten bei der Thronbesteigung, durch welche die Herrschaft des neuen Königs über Ober- und Unterägypten und – durch den kultischen Lauf – seine Rolle als Fruchtbarkeitsbringer magisch bestätigt und verstärkt wurden), da er wußte, daß eine Krönung am Neujahrsfest gut sei als Anfang friedlicher Jahre ...«[20].
Wir lernen hier nach der Geburtslegende und dem Krönungsbericht die dritte Schilderung Hatschepsuts über ihre Thronerhebung kennen. Uns scheinen sie sich zu widersprechen, denn entweder wurde sie von ihrem Vater bereits als junges Mädchen zum Mitregenten ernannt, oder sie wurde erst im 2. Regierungsjahr Thutmosis' III. Königin. Für die Ägypter lag hier wohl kein Widerspruch vor: Nach dem vorausgehenden, prophetischen und damit Wirklichkeit setzenden Geschehen durch Gott Amun in der Geburtslegende erfolgte die Thronerhebung durch den Vater und später deren Bestätigung und Vollzug in der Krönung[21].
Nun wissen wir, daß diese Thronerhebung Hatschepsuts durch Thutmosis I. mit größter Wahrscheinlichkeit nicht stattgefunden hat,

sondern daß die ›historische‹ Grundlage des Berichtes die feierliche Erklärung Hatschepsuts zur Erbtochter gewesen sein dürfte. Hatschepsut hat in der Regierungspraxis ja auch keinen Gebrauch von der Thronerhebung gemacht. Sie benutzte nicht nur bis zur Krönung ausschließlich ihre Prinzessinnen- bzw. Königsgemahlinnentitel, sondern sie zählte auch ihre Regierungsjahre nicht von jener angeblichen Thronerhebung an. Wie aber die Legende von der göttlichen Geburt schon durch das Eingraben der Reliefs und Texte in Der el Bahari eine höhere Wirklichkeit schuf und Hatschepsut zur »vollkommenen Göttin«, zum »Abbild des Gottes aus seinen Lenden«, ja zu seiner »lebenden Statue auf Erden«[22] machte, so bewirkte die Inschrift über Thronerhebung und Mitregentschaft, daß Hatschepsuts Regierung eine nahtlose Fortsetzung der Regierung ihres Vaters war und in ihrem Vollzug den Wünschen des Vaters entsprach; wir würden heute sagen, seinem politischen Testament.

Wenn nun Hatschepsut die Nachfolge ihres Vaters bewußt antrat, dann gehörte dazu natürlich auch der kriegerische Aspekt, und wir sehen immer wieder, wie dieser in den Inschriften, die von ihrem Vater handeln, eine Rolle spielt und wie Hatschepsut sich bei militärischen Unternehmungen auf Thutmosis I.[23] bezieht. Auch von hier aus ergibt sich also keine Stütze für eine bewußt pazifistische Regierungspolitik der Königin.

Sehr wahrscheinlich ist das Bestreben so vieler Historiker und Ägyptologen, Hatschepsuts Regierungsprogramm als besonders friedfertig, unmilitärisch und kriegslos darzustellen – was von den einen als Lob, von anderen als Tadel gemeint ist – psychologisch aus dem zu erklären, was die Geschlechterpsychologie ›Sexualkomponente‹ nennt[24], daß nämlich Männer Frauen anders beurteilen, als ihre Geschlechtsgenossen – und umgekehrt, und daß hierzu auch ein festgefahrenes Rollenspiel von »typisch männlich« und »typisch weiblich« gehört. Als »typisch weiblich« gilt eben bis in unsere Tage unter anderem das Friedliebende, Unkriegerische, Sanfte – und das wurde und wird noch allgemein akzeptiert, obwohl doch sowohl die Völkerkunde bei vielen echt mutterrechtlichen Gesellschaften, die oft extrem kriegerisch sind, wie die Geschichte bei vielen Herrscherinnen gezeigt haben, daß derartige Verallgemeinerungen schlechthin falsch sind.

Das Bild kann auch noch nach einer anderen Seite hin ergänzt werden: Bei Amenophis I. hatten wir bereits erfahren, daß er kaum Kriege geführt hat, und auch von den späteren Pharaonen Haremhab und Scheschonk zum Beispiel wissen wir überhaupt nichts von etwaigen Kriegszügen, obwohl beide ehemalige Generäle[25] waren. Kein Histo-

riker spricht aber bei ihnen von einer »bewußt friedlichen Regierungspolitik«.
Nun wäre es ganz gewiß falsch, wollten wir aus diesen Überlegungen den Schluß ziehen, Hatschepsuts Regierung sei sehr kriegerisch gewesen oder auf ihrem Regierungsprogramm hätten Kriege und Eroberungen gestanden. Von einem Feldzug großen Ausmaßes, der sich etwa mit den Vorstößen Thutmosis' I. oder III. bis über den Euphrat vergleichen ließe, hören wir aus der Regierungszeit Hatschepsuts nichts, und es ist unwahrscheinlich, daß derartige Unternehmungen gar keine Spuren hinterlassen haben sollten.
Aber ist es nicht durchaus denkbar, daß die Weltlage, von Ägypten her gesehen, zu dieser Zeit eben keine großen militärischen Unternehmungen erforderte, wie dies der kanadische Ägyptologe Redford[26] annimmt? Sollten hierfür vielleicht dieselben Gründe vorliegen, die wir bereits für Hatschepsuts Großvater Amenophis I. im Zusammenhang mit seiner sehr geringen militärischen Aktivität in Syrien und Palästina angeführt haben: daß nämlich die einst in einer hurrischen Föderation lose unter Hyksosherrschaft vereinten palästinensischen und syrischen Städte die Pharaonen nach dem Sieg über die Hyksos als deren legitime Nachfolger betrachtet hätten. Damit aber hätte für Hatschepsut ebensowenig ein Grund für einen Kriegszug gegen dieses Gebiet vorgelegen wie für Amenophis I. Auch beim Feldzug Thutmosis' I. gegen Mitanni war uns ja das Fehlen von Schlachtberichten aus dem syrisch-palästinensischen Raum aufgefallen. Das Mitannireich selbst aber scheint nach dem harten Schlag, den ihm Thutmosis I. versetzt hatte, zunächst auf Attacken gegen den ägyptischen »Einflußbereich« in Vorderasien verzichtet zu haben. Zudem ist in den ersten Jahren von Hatschepsuts Herrschaft der Tatendrang Mitannis auf das Hethiterreich abgelenkt, das damals durch eine Periode von Thronkämpfen und innerer Zerrissenheit ging und wiederholt mitannische Eroberungs- und Plünderungszüge auf sein Gebiet erdulden mußte[27].
Alle diese Hinweise machen unsere Vermutung über die Gründe für Hatschepsuts geringe militärische Aktivität im Norden recht wahrscheinlich. Wir dürfen voraussetzen, daß sie von ihrem Vater ein intaktes System von Beziehungen und Verbindungen zu den Staaten und Städten des Nahen Ostens übernommen hatte und es klug zu nutzen verstand. So ist sie gewiß über die inneren Schwierigkeiten des hethitischen Reiches ebenso informiert gewesen wie über die mitannischen Kriegszüge, und die militärische Zurückhaltung bot sich unter diesen Umständen an, solange durch diese Auseinandersetzungen

in Kleinasien Ägyptens Einflußgebiet, das die Königin als Gebiet der Maat betrachtete, ungefährdet erschien.
Auf jeden Fall läßt sich die Behauptung nicht halten, Hatschepsut habe bewußt auf den Anspruch verzichtet, die Rechtsnachfolgerin der Hyksos auch in Syrien zu sein[28]. Wenn man, wie auch ich es tue, eine bewußte Rechtsnachfolge der Pharaonen als Oberherren der ehemaligen Hurriföderation für möglich, ja wahrscheinlich hält, dann ist Hatschepsuts Politik in der von ihr stets betonten Nachfolge derjenigen ihres Vaters sowie bei ihrem Bemühen, das Gebiet der Maat zu erhalten, nicht anders zu beurteilen als die Amenophis' I.: Bei voller Erhaltung des Anspruchs auf Oberherrschaft wurden Kriegszüge nur dann unternommen, wenn sie durch ›Rebellen‹ provoziert und damit politisch – das hieß für sie zugleich: religiös – geboten waren.
Einiges spricht dafür, daß Mitanni – durch die erfolgreichen Plünderungszüge gegen die Hethiter erstarkt – sich in der zweiten Hälfte von Hatschepsuts Regierungszeit wieder stärker für die syrischen Städte zu interessieren beginnt[29] und das heißt, die eigenen Ansprüche auf die Nachfolge der Hyksosherrschaft über die Hurriföderation aufleben läßt. Entgegen vielen Behauptungen hat Hatschepsut keineswegs tatenlos zugesehen, sondern ›Warnexpeditionen‹ nach dem Nordosten unternommen, wie aus Biographien von Zeitgenossen hervorgeht[30]. Auf einem größeren Zug gegen Palästina wurde die Stadt Gaza erobert[31], die später der Ausgangspunkt für Thutmosis' III. ersten Syrienfeldzug als Alleinherrscher wurde. Wahrscheinlich hat er auch als Oberkommandierender unter der Regierung seiner Tante den Zug gegen Gaza geleitet sowie einen weiteren gegen Nubien[32].
Wenn wir versuchen, aus dem Regierungsprogramm Hatschepsuts und ihrem Verhalten einen Schluß auf ihren Charakter zu ziehen, so finden wir eine reiche, komplizierte und auch wiederspruchsvolle Psyche. Ehrgeiz, Willensstärke und ein hohes Maß an Selbstvertrauen spricht aus ihrem Entschluß, die Königsrolle zu übernehmen; Klugheit, aber auch List bis zur Verschlagenheit aus der Art, wie sie Hindernisse auf ihrem Weg ausschaltet; wache Intelligenz und die Fähigkeit, mit kühlem Verstand gegebene Situationen zu analysieren und die richtigen Schlüsse daraus zu ziehen, aus ihrer Außenpolitik; Geschick im Umgang mit Menschen und eine starke Wirkung auf ihre Umwelt aus der Wahl tüchtiger Mitarbeiter, die sie für sich und ihre Sache zu begeistern verstand; tiefe Frömmigkeit aus ihren Bauten und Stiftungen für Tempel und Kult; nicht zuletzt ein großer persönlicher Mut, der sich ebenso bei den Auseinandersetzungen um ihre Thronbesteigung wie auch auf dem Schlachtfeld zeigt.

12.
Ich baute auf, was zerstört war

»Ich saß in meinem Palaste und gedachte dessen, der mich erschaffen hat. Mein Herz gab mir ein, für ihn zwei Obelisken aus Elektron zu machen, deren Spitzen sich mit dem Himmel mischen, im herrlichen Pfeilersaal zwischen den Pylonen König Thutmosis' I. Mein Geist erregte sich bei der Vorstellung, was die Menschen wohl sagen werden, wenn sie nach vielen Jahren mein Denkmal sehen und beraten werden, was ich getan habe. Hütet euch davor, insgeheim zu sagen: ›Warum ist dies gemacht worden, die Herstellung eines vollkommenen goldenen Berges, wie etwas, das in der Vorzeit entstanden ist‹.
So wahr ich lebe, so wahr mich Rê liebt und mein Vater Amun lobt, so wahr ich die Weiße (oberägyptische Krone) trage und mit der Roten (unterägyptischen) gekrönt bin, so wahr mir die beiden Herren (Seth und Horus) ihre Anteile (am Erbe des Urgottes Geb, nämlich Ober- und Unterägypten) vereint haben und ich dies Land beherrsche wie Horus, der Sohn der Isis; so wahr Rê in der Abendbarke untergeht und in der Morgenbarke weiterlebt; so wahr der Himmel fest ist und das, was Rê geschaffen hat, dauert; so wahr ich ewig existiere wie der Polarstern: Diese großen Obelisken, die Meine Majestät mit Elektron bedeckt hat, damit mein Name in diesem Tempel in alle Ewigkeit ständig erhalten bleibe, aus einem einzigen Stein, aus hartem Granit ohne Einsprengsel . . . Ich habe Amun ein Zeugnis der Zuneigung gegeben, wie es einem König gegenüber Gott geziemt . . . Wer dies hören wird, soll nicht sagen, Prahlerei sei, was ich gesagt habe, sondern: ›Wie gleicht es ihr, wahrlich, bei ihrem Vater!‹«[1]
Mit vollen Akkorden schlägt Hatschepsut in dieser Inschrift, die uns an der Basis ihres noch stehenden großen Obelisken in Karnak erhalten ist, die Melodie an, deren beide Themen ihre gesamte Bautätigkeit

durchziehen, ihr das Gepräge geben und sie unverwechselbar machen: ein jubelndes Loblied auf Amun, den Götterkönig, mit dem sie den großen Gott als ihren Vater anspricht, den sie herzlich liebt. Und dieser Lobpreis klingt so persönlich, so fern der üblichen kultischen Formeln, daß wir die tiefe Gläubigkeit der Königin deutlich darin spüren. Ebenso spricht Hatschepsut aber auch von ihrem persönlichen Ziel, dem ihre Bauten dienen sollen und das sich eigentümlich mit dem religiösen verbindet, ja untrennbar vermischt: Sie will den Menschen ihrer und der kommenden Zeiten zeigen, was gerade sie für ihren göttlichen Vater leistete. Die Menschen sollen staunen und sie bewundern, und das tief gegründete Selbstbewußtsein dieser Frau gipfelt in den Worten: »Wie gleicht es ihr!«

Ist es Prahlsucht einer Machtgierigen, die sich hier ausdrückt? Ist es der überkompensierte Minderwertigkeitskomplex einer zutiefst ihrer königlichen Rolle unsicheren Frau, dem wir hier auf der Spur sind? Manche Historiker sind mit solchen und ähnlichen Stempeln bei Hatschepsut schnell bei der Hand.

Hatschepsuts Inschrift steht jedoch nicht in einer profanen Umgebung, sondern ist Teil eines kultischen Gegenstandes, des gewaltigen Obelisken, der heute noch an der Stelle im Tempel von Karnak steht, wie die Königin sie beschrieben hat, zwischen den Tortürmen ihres Vaters Thutmosis' I., die heute als 4. und 5. Pylon gezählt werden. Mindestens die Spitze, bisweilen auch der Schaft der ›steinernen Nadeln‹ waren mit Elektron bedeckt, einer Legierung von etwa 75% Gold, 22% Silber und 3% Kupfer, die im Licht hell funkelte. Hatschepsut hatte ursprünglich beabsichtigt, Obelisken ganz aus diesem kostbaren Metall gießen zu lassen. Zu ihrer Zeit aber war Ägypten noch nicht reich genug an Gold und Silber. Sie sagt an anderer Stelle selbst darüber: »Ich hatte wohl den Wunsch, sie aus Elektron gießen zu lassen, (aber da dies unmöglich war) habe ich wenigstens die Oberfläche des Schaftes damit bedeckt«[2]. Und in der Tat erkennt man an ihrem Obelisken noch die Steinnut, in welche ursprünglich die – inzwischen längst von Plünderern, wahrscheinlich den Assyrern bei ihrer Eroberung Thebens im Jahre 644 v. Chr., geraubten – Elektronbleche eingelassen waren.

Welch einen hinreißenden Anblick muß dieser »Berg aus Gold« im Glanz der ägyptischen Sonne vor dem tiefblauen Himmel Oberägyptens geboten haben! Mit 29,5 Metern Höhe ist Hatschepsuts Obelisk der größte aller heute noch in Ägypten stehenden. Nur Thutmosis III. hat seine Stiefmutter noch übertroffen – sein Obelisk, der heute vor dem Lateran in Rom steht, mißt über 30 Meter an Höhe.

Für die Ägypter waren die Obelisken nicht nur Symbol oder Abbild, sondern jeder einzelne ganz der Urhügel selbst, auf dem sich an jedem Morgen die Schöpfung wiederholte und Rê als Sonnengott und Weltschöpfer sich erneuerte. Sie selbst bewirken also etwas und sind nicht toter Stein, sondern lebendiger, von göttlichen Kräften erfüllter Gegenstand der Verehrung und des Kultes. Die starke Einbeziehung des Sonnenkultes in die Amun-Verehrung wird unter Hatschepsut besonders deutlich, so daß Amun immer mehr Aspekte von Rê in sich aufnimmt.

Amun zu ehren, fühlte sich Hatschepsut, die sich als seine Tochter betrachtete, besonders verpflichtet, »wie es einem König zukam«. Aber ihre Bauten waren mehr als ein Lob des göttlichen Vaters: sie sollten ihm, dem in ihm erscheinenden Göttlichen schlechthin, zugleich Bühne und Instrument des Wirkens sein. Sie sollten die Erhaltung und Erneuerung der Schöpfung und der Weltordnung bewirken und sichern. Diese zu sichern war eine königliche Verpflichtung nicht nur gegenüber dem Gott, sondern zugleich gegenüber dem ganzen Land Ägypten, seinen Menschen, Tieren und Pflanzen. Die Königin hat das für jeden Ägypter ihrer Zeit ganz deutlich ausgesprochen, wenn sie in ihrer Weiheinschrift auf den Sonnengott hinweist und auf sein Weiterleben in der Morgenbarke, auf die ewige Dauer der Schöpfung Rês und auf den göttlichen Ursprung des Königtums von Geb, dem Sohn Rês und Gemahl der Himmelsgöttin Nut, und von den »beiden Herren« Seth und Horus, seinen Söhnen.

Waren Hatschepsuts Bauten somit Ausdruck ihrer Religiosität und zugleich ihrer königlichen Verantwortung, so erklingt daneben unüberhörbar auch der Ton des Stolzes auf das Vollbrachte. Damit aber steht die Königin nicht allein. In allen Jahrtausenden ägyptischer Geschichte haben die Könige sich und ihre Taten gepriesen vor Göttern und Menschen. Dies war Bestandteil des von Religion und Tradition vorgeschriebenen königlichen Rollenspiels.

Nicht nur mit den Pharaonen vor und nach ihr stimmt Hatschepsut im Preis ihrer Taten überein, sondern auch mit ihren Zeitgenossen, und dies vor allem in dem, was an diesem Selbstlob neu ist, was dem Geist dieser Zeit nach den Befreiungskriegen entspricht und was wir in der Grabschrift des Soldaten wie dem Graffito des Baumeisters, in der Stele des einfachen Schreibers wie hier in der Weiheinschrift der Königin finden: die weit über die traditionsgebundenen Formeln hinausgehende Freude am Einmaligen, am Erstmaligen einer Tat, einer Erfindung, eines Baues bis hin zu ganz konkreten technischen Überlegungen, wie wir sie hier in den Angaben zu der Elektronbedeckung des

Obelisken lesen können. Ja, die Königin scheut sich nicht einmal, ein Versagen einzugestehen, daß es ihr nämlich nicht möglich gewesen sei, die Monumente aus purem Edelmetall gießen zu lassen – etwas bei früheren Pharaonen völlig Undenkbares. So, durch Hervorhebung des Erstmaligen und der Technik, gewinnt die kultische Inschrift die neue Dimension des ganz Persönlichen, wie die ganze Zeit der 18. Dynastie sich auszeichnet durch eine neue Sicht und Betonung des Einzelnen und des Rangs und der Würde des Individuums. Auch die Königin, wie schon ihre Vorväter seit den Befreiungskriegen, tritt heraus aus der endlosen Reihe der Könige »seit der Zeit der Götter«. Bei voller Ausfüllung der vorgegebenen Rolle des Königtums erscheint sie doch unverwechselbar als Charakter und eigenständige Persönlichkeit. Und so könnten wir uns ihre Worte über ihre Bauten, ja ihre Taten insgesamt zueigen machen: »Wie gleicht es ihr!«
Sie prägt allen ihren Bauten ganz bewußt den unverwechselbaren Stempel ihrer Persönlichkeit auf. Deutlich ist zwar noch die Anlehnung an die zu ihrer Zeit als ›klassisch‹ empfundene königliche Kunst des Mittleren Reiches zu spüren, in ihrer Herbheit und Zurückhaltung, in der Monumentalität ohne jede Übersteigerung ins Gigantische, und nicht zuletzt in dem Ausdruck der Menschlichkeit in Gesicht und Haltung von Bürgern wie Königen auf Statuen und Reliefs. Neu aber ist jetzt die Eleganz der Linien, eine Schlankheit in den Formen von Bauten, Säulen und Statuen, eine feine Abstimmung der Farben auf Reliefs und Wandgemälden. Hier drückt sich ein neuer Stil aus, der Geschmack des »göttlichen Wesens auf dem Horusthron«, der Königin Hatschepsut selbst[3].
Dieser persönliche, sichere Geschmack der Herrscherin traf aufs glücklichste zusammen mit den organisatorischen, planerischen und bautechnischen Fähigkeiten einer Reihe begabter Baumeister, die Hatschepsut mit dem richtigen Gespür für Talente aus der Menge heraushob und für ihre Bauideen zu begeistern wußte, sowie mit den unvergleichlichen technischen Fertigkeiten und dem schöpferischen Gestaltungswillen der Künstler und Handwerker ihrer Zeit[4].
Dieser durch den persönlichen Geschmack Hatschepsuts geprägte Stil hat weit über ihren Tod hinaus weitergewirkt, so daß es ohne schriftliche Namens- oder Zeitangabe fast unmöglich ist, einem Bau- oder Kunstwerk sofort anzusehen, ob es unter Hatschepsut oder unter einem ihrer unmittelbaren Nachfolger entstanden ist. Noch der Tempel ihres (Stief-)Ururenkels Amenophis' III. in Luxor zeigt wesentliche Merkmale des ›Hatschepsut-Stiles‹.
Die Errichtung des gewaltigen Obeliskenpaares war nicht der einzige

Am »Heiligen See« von Karnak öffnet Hatschepsuts gewaltiger Pylon (l) den Prozessionsweg zum Luxortempel

Beitrag Hatschepsuts zu dem Bau des Reichstempels von Karnak. Wir haben in den Kapiteln 8 und 9 die beiden ersten Obelisken geschildert, die sie anläßlich ihrer Krönung errichten ließ, und das Allerheiligste aus rotem Quarzit, das sie für das Kultbild Amuns baute und dessen Inschriften uns wertvolle Anhaltspunkte für die Datierung ihrer Krönung gegeben haben. Rund um das Allerheiligste finden wir eine Anzahl Kulträume, die Hatschepsut erbaute. Sie sind zwar heute stark zerstört, aber im Norden und Süden des heutigen Sanktuars noch deutlich zu erkennen und zeigen die saubere Arbeit und die schönen Proportionen des Hatschepsut-Stils. Ihr Bild ist hier meist ausgelöscht und ihre Namenskartusche durch die Thutmosis' III. ersetzt. Aber dem aufmerksamen Betrachter zeigt sich doch an manchen Stellen das unverwechselbare Profil Hatschepsuts oder die trotz der Überarbeitung hervorlugende Feder des ›Maat‹-Teiles ihres Namens in der Kartusche.

Recht gut erhalten ist dagegen einer der mächtigen Pylonen der Königin, der heute als 8. gezählt wird und der die von Thutmosis I. geöffnete neue südliche Prozessionsachse zum Tempel der Mut hin und weiter nach Luxor schmückt. An dieser Straße selbst hat sie eine Sphinxallee angelegt, einen Tempel für Gott Amun in seiner Gestalt als Erntegott Min – mit aufgerichtetem Phallus, wie er auch im Tempel von Luxor verehrt wurde – und einen Stationstempel zum Absetzen des Götterbildes und seiner Tragbarke während der Prozession erbaut. Von beiden Tempeln sind allerdings nur wenige Spuren in dem Trümmerfeld vor dem Muttempel sichtbar. Umso bewundernswerter ist die Arbeit des schweizerischen Baufachmannes und Ägyptologen Hubert Ricke, der diese beiden Gebäude, ihre Baugeschichte und ihre kultische Bedeutung aus den verbliebenen geringen Resten rekonstruieren konnte[5].

Eine besonders interessante Entdeckung gelang ihm dabei, als er auf der Rampe zu dem Stationstempel einen Block fand, in den 9 Bögen geritzt waren. ›Die neun Bögen‹ sind im Ägyptischen Synonym für die Feindländer Ägyptens. Zum Zeichen ihrer dauernden Unterwerfung und ihres Unschädlichhaltens sind diese ›Neun Bögen‹ stets unter den Füßen der Pharaonen dargestellt, auf der Basis ihrer Thronsitze, unter den Sohlen der Zeremonialsandalen, oder schließlich in Tempeln, um die Stelle anzugeben, an der der König bei Kulthandlungen zu stehen hatte[6]. Wir können also noch heute genau auf die Stelle treten, an der Hatschepsut einst stand, als sie die Zeremonien des großen Min- und Erntefestes vollzog.

Vor unserem Auge sehen wir das farbige Schauspiel, wie das Götterbild des Amun-Kamutef (›Stier seiner Mutter‹, so nannten ihn die Ägypter in seiner Erscheinung als Min) in seiner Barke, von kräftigen Priestern getragen, vom Allerheiligsten in Karnak her durch Pylonen und Sphinxallee herankommt. An der Spitze der Prozession wird ein die Fruchtbarkeit symbolisierender weißer Stier geführt. Ihm folgt die Königin im vollen Ornat der Kronen und Gewänder eines Pharaos; sie trägt den künstlichen Königsbart – ebenso wie die in geschichtlicher Zeit glattrasierten männlichen Pharaonen es taten –, der mit über die Wangen verlaufenden Bändern an der Krone befestigt ist, und von ihrem Rücken hängt der Schwanz eines Wildstieres über den Königsschurz herab. So sehen wir sie auf einigen Reliefs und Statuen dargestellt, die sie uns in ihrer kultischen Rolle zeigen. Sie räuchert auf einem offenen Gefäß, das wie eine Hand mit verlängertem Arm geformt ist, um den Gott günstig zu stimmen für das Land. Und hinter der Götterbarke zieht eine bunte Menge von Priestern, Beamten, Bürgern und Bauern aus Theben und Umgebung.

Im Stationstempel wird die Barke abgestellt; »dieser Gott (Amun-Kamutef) konnte sich auf seiner Treppe niederlassen«, wie es ein Festprogramm aus späterer Zeit angibt. Dort bringt ihm die Königin für das ganze Land ein Opfer an Brot, Milch, Fleisch und Bier. Feierlich umschreitet sie das für die übrigen Prozessionsteilnehmer unsichtbar bleibende Götterbild in dem äußeren Pfeilerumgang des Tempels, »ihr Gesicht nach Norden gewandt«, wie es in der Ritualanweisung heißt. In dieser Szene erkennen wir die kultischen Notwendigkeiten für den Bau solcher Stationstempel mit Pfeilerumgang: die Rampe zum bequemen Hinauftragen der Götterbarke, der geschlossene Innenraum zum Absetzen des Götterbildes und für seine Verehrung, der Pfeilerumgang für den rituellen ›Umlauf‹ des Priesters oder, an hohen Festtagen, des Pharaos selbst. Diese uralte Sitte des Umschreitens oder Umtanzens eines geheiligten Platzes brachte die Kraft und Mächtigkeit, die in ihm verehrt wurde, dem König zu, der sie zugleich mit dieser Handlung an das ganze Land weitergab. Eine Erinnerung an diese Vorstellung findet sich noch im ›Tanz um das goldene Kalb‹ der Israeliten.

Und schließlich steht Königin Hatschepsut an der durch die neun Bögen gekennzeichneten Stelle vor dem weißen Stier und dem dahinter im Inneren des Heiligtums aufgestellten Gottesbild. Die Tore des Tempels werden geschlossen, um die Königin bei dem nun folgenden geheimnisvollen Ritus, von dem auf uns nur Andeutungen in einem ›Tanz-Hymnus an Min‹ gekommen sind, den Augen der Prozessionsteilnehmer zu entziehen. Sie werden in Zusammenhang mit der Bedeutung des Min als Ernte- und Fruchtbarkeitsgott gestanden haben und sollten dem Land, seinen Tieren und Menschen Fruchtbarkeit sichern[7].

Allein diese beiden Bauten Hatschepsuts – Kamuteftempel und Stationsheiligtum – bedecken eine Grundfläche von etwa 1900 qm; wenn man dazu ihr Allerheiligstes und die umliegenden Räume nimmt, so umfaßt ihre Bauleistung in Karnak über 2800 qm[8]. Dazu kommen der Pylon und die vier Obelisken – eine gewaltige Leistung, mit der sie deutliche Akzente im Komplex des Reichstempels setzte. Akzente, die sowohl ihren Geschmack und Stil verraten, als auch neuen kultischen Erfordernissen Rechnung tragen, vor allem den Prozessionen des Amun.

zur Farbtafel rechts: Hatschepsut mit der »Blauen Krone«, eigentlich einem Kriegshelm, wird von Amun umarmt. Relief aus ihrem Satet-Tempel in Elephantine. Amun wurde nach Ausmeißelung unter Echnaton später wiederhergestellt; Hatschepsut blieb unberührt.

zur Farbtafel auf der folgenden Doppelseite: Der schönste und eigenartigste Tempel Ägyptens: Hatschepsuts Totentempel in Der el Bahari

Wir können eine dieser Prozessionen weiterverfolgen von den Stationsheiligtümern an der Sphinxallee bis zum Tempel von Luxor, wo Amun in seiner Kamutef-Form als Fruchtbarkeitsgott jedes Jahr zum Opetfest Besuch machte »in seinem Harem«, wie der Luxortempel bezeichnet wurde. Auch Hatschepsut hat an diesem Tempel gebaut; wie alle früheren Bauten wurden aber auch die ihrigen abgerissen, als Amenophis III. den Tempel in der Gestalt neu errichtete, deren elegante und beschwingte Formen uns noch heute begeistern. Mauerre-

ste eines von Hatschepsut stammenden Tempelgebäudes wurden bei der Freilegung der Sphinxallee vor dem heutigen Eingangspylon entdeckt. Auch das dreifache Heiligtum im heutigen Eingangshof des Luxortempels, das den Namen Ramses II. trägt, wurde inzwischen als ein Teil von Hatschepsuts Tempelbau nachgewiesen, so daß uns wenigstens Reste davon erhalten geblieben sind[9].

Aber Amun blieb in seinen verschiedenen Formen bei den Prozessionen nicht nur in der Stadt Theben selbst, also in dem heutigen Karnak und Luxor. An der Spitze einer Schiffsprozession zog der Götterkönig über den Fluß nach Westen, um an bestimmten Festtagen auch bei den Toten zu erscheinen. Ein besonders merkwürdiger Kult hat sich dabei an das heutige Medinet Habu geknüpft, das im Süden die Reihe der königlichen Totentempel mit dem gewaltigen, festungsartigen Komplex aus Tempel, Palast und riesigen Speichern Ramses III. abschließt. In diesem Bezirk liegt – heute ziemlich versteckt neben dem riesigen Festungstorbau Ramses' III., aber im ganzen gut erhalten, – der sogenannte ›kleine Tempel‹, auch er eine Schöpfung Hatschepsuts. Hierher kam Amun, um sich selbst als ›Vater der Väter der 8 Urgötter‹ zu verehren, die dort begraben sein sollten[10].

Für uns eine kaum faßbare Vorstellung, daß Götter sterben, daß sie begraben werden, daß sie ihre eigenen Väter sein und an ihrem eigenen Grab stehen können. Erschwert wird uns das Verständnis noch dadurch, daß wir nur wenige Hinweise auf diesen Kult haben und diese noch dazu aus spätägyptischer Zeit stammen, in der die alten Kulte – bereits halb oder ganz mißverstanden – mit zusätzlichen Geheimnissen umgeben und fast museal wiederbelebt wurden. Wir können aber versuchen, wenigstens in Umrissen zu erkennen, was hier vor sich ging.

Seit dem frühen Mittleren Reich hatten die Pharaonen der 11. Dynastie ihre Gräber zu Füßen der gewaltigen Felsklippen an Thebens Westufer angelegt, wo bereits im Alten Reich Friedhöfe lagen[11] und vor denen wir selbst heute noch empfinden, daß eine großartigere und ehrfurchtgebietendere Kulisse für einen Königsfriedhof kaum gefunden werden kann. Auch im Tode wollten die Könige nicht ohne ›ihren‹ Familiengott Amun sein, der erst später zum Königs- und Reichsgott werden sollte. So wurde Amun in eine offenbar sehr alte Verehrung von Urgöttern einbezogen, deren Kult hier an einen Platz gebunden war, der mit einem noch aus der Sprache des Alten Reiches stammenden Wort ›Heiliger Ort von Jeme‹ genannt wurde.

Wie im Falle des Rê oder des Min war es auch hier dem ägyptischen Denken leicht, Amun mit dem Vater dieser Urgötter zu identifizieren,

zur Farbtafel links: Thutmosis III. opfert in seiner Totenkapelle Wasser und Räucherwerk vor Amun mit der Federkrone. In den Kartuschen seine Namen Thutmosis (l) und Menkheperrê (r)

oder, ägyptischer gesagt, das Wesen dieses göttlichen Urvaters in Amun eingehen zu lassen. Dazu kommt noch die Auffassung des Ägypters vom Tode: Er war nicht Ende des Lebens, sondern eine Krise des fortlaufenden Lebens, der Tote war, unter einem anderen Aspekt, lebendig im Reich des Osiris. Und wie der neue König in der Gestalt des Horus seinen toten Vater in Osirisgestalt zu Grabe bringt und in regelmäßigem Kult für die Bedürfnisse des Osiris sorgt, die religiösen, magischen und auch rein körperlichen wie Essen und Trinken, so sorgt Amun in Gestalt des ›lebenden Gottes‹ für seine Gestalt als Vorvater der 8 Urgötter. So wie Horus und Osiris nur zwei Aspekte, zwei mögliche Erscheinungsformen des Königstums sind, so ist Amun als Lebender und als Verstorbener je eine Erscheinungsform des Göttlichen. Und wie der verstorbene König als Osiris auch weiterhin auf den Bereich der Lebenden wirkt, das Land fruchtbar hält und daher der kultischen Betreuung bedarf, so wirken auch Amun der Urvater und die Urgötter auf das Land der Lebenden, indem sie nach sehr altem ägyptischem Glauben den Nil und die Sonne aus ihrem Machtbereich hervorgehen lassen[12].

An der Stelle des noch aus dem Mittleren Reich stammenden kleinen Heiligtums für ›Amun und die 8 Urgötter‹ errichtete Hatschepsut einen neuen Tempel, das Kernstück der Anlage, die wir noch heute als ›kleiner Tempel von Medinet Habu‹ sehen können. »Die vollkommene Göttin, die Herrin der beiden Länder, der König von Ober- und Unterägypten Makarê, von Amun-Rê, dem König der Götter, geliebt, die Tochter des Sonnengottes von dessen Leibe, die von ihm geliebte Khnemetamun Hatschepsut, sie hat es gemacht als Denkmal für ihren Vater Amun, den Herrn der Throne der beiden Länder, den Herrn des

Der »Kleine Tempel« von Medinet Habu ist ein Werk Hatschepsuts als Station für die großen Amunfeste

Himmels, damit er alles Leben und alle Dauer gebe wie Rê ewiglich«[13]. Mit diesen Worten hat die Königin das von ihr errichtete Heiligtum geweiht.
Es besteht aus zwei Teilen, die voreinander gebaut sind: der eigentliche Tempel, der 6 Kulträume umfaßt, die, bis auf eine Deckenöffnung im größten, völlig dunkel sind und in denen die Götterbilder aufgestellt waren. Davor ein ursprünglich quadratischer Prozessionstempel zum Absetzen der Amun-Barke mit einem Pfeilerumgang.
Dieser gerade inmitten der mächtigen Baumassen der Tempelanlage Ramses III. besonders zierlich, leicht und anmutig wirkende Baukomplex, dem auch die späteren Anbauten kaum etwas von seiner Wirkung nehmen, wurde von Hatschepsut mit einer Mauer umgeben, auf deren Ziegeln aus Nilschlamm wir noch den Thronnamen der Königin finden. Aber auch der Tempel selbst trägt, neben seinem Stil und der Weihinschrift weitere Zeugnisse seiner Erbauerin. Alle Kulträume sind mit Reliefs ausgeschmückt, die meist den Pharao beim Vollzug der Kulthandlungen vor Gott Amun zeigen. Die Namenskartuschen scheinen die drei Thutmosiden als Dargestellte anzuzeigen.
Bei genauer Betrachtung kann man aber feststellen, daß zwar einige der Reliefs und Namen von Thutmosis III. einwandfrei von Anfang an unverändert sind und damit Beispiel für die Tatsache, daß Hatschepsut ihren Stiefsohn voll als Mitregenten behandelt und auch am Kultvollzug und dessen Abbildung auf den Tempelwänden beteiligt hat. Außerdem hat Thutmosis III. Teile des von Hatschepsut nicht ganz fertiggestellten Baus nach ihren Plänen vollendet, anderen Teilen Erweiterungen hinzugefügt.
Bei anderen Texten jedoch zeigt sich, daß die Wörter weibliche Endungen tragen und daß die Namenskartuschen später verändert wurden. Es läßt sich leicht nachweisen, daß in diesen Fällen die Namen Hatschepsuts ausgelöscht und dafür die ihres Vaters, Gatten oder Stiefsohnes eingemeißelt wurden. Noch auffälliger ist die spätere Verfremdung, wenn an einigen Stellen der Name Thutmosis' III. mit einem Bild verbunden ist, das den ›König‹ mit bedecktem Oberkörper zeigt – wie wir bereits gesehen haben, eine weibliche Art der Bekleidung, wie Hatschepsut sie bevorzugte.
Zerstört wurde auch der unter der Decke umlaufende Fries, der in den von Hatschepsut fertiggestellten Tempelteilen in einer raffinierten Verkleidung ihren Namen enthält: eine aufgerichtete Kobra, zugleich Königszeichen wie als Hieroglyphe gleichgesetzt mit Maat, trägt auf ihrem Kopf die Sonnenscheibe des Rê und ruht auf einem oben offenen

Viereck, das sich bei näherem Betrachten als die ausgestreckten Arme des Ka entpuppt, so daß der Fries in endloser Wiederholung als Makarê gelesen werden werden kann. Um die ›Wirkkraft‹ des Namens zu zerstören, wurden bei den Friesen nur die Ka-Arme ausgeschlagen[14]. Dasselbe Schicksal haben viele Inschriften, Reliefs und Statuen Hatschepsuts erlitten – wir werden Form, Zeitpunkt, Urheber und Gründe für diese versuchte Namensauslöschung später zu ergründen suchen.

Den eigenartigen Grundriß des eigentlichen Tempels mit seinen sechs Räumen und des Pfeilerumgangs hat Hatschepsut mindestens noch einmal wiederholt. Weit im Süden ihres Herrschaftsbereiches, in der Festungsstadt Buhên nahe dem heutigen Wadi Halfa an der Grenze Nubiens zum Sudan hat sie einen kleinen, aber sehr reizvollen Amuntempel mit der gleichen Raumaufteilung erbaut[15]. Und noch einmal taucht auch das Grundprinzip des Säulen- oder Pfeilerumgangs um die Tempelräume bei einem Bau von Hatschepsut auf, so daß sie die Schöpferin dieser ›Peripteraltempel‹ genannten Bauform sein dürfte, die wesentlichen Einfluß auf die späteren griechischen Tempel und damit auf unsere abendländische Architektur hatte. Neue Ausgrabungen des Deutschen Archäologischen Instituts Kairo auf der Insel Elephantine bei Assuan brachten einen von Hatschepsut errichteten Tempel für die Göttin der Stromschnellen, Satet, zutage, dessen Reliefreste auch hier, in der fernen Provinz, die hervorragende Qualität und Feinheit des Hatschepsutstils verraten. Die eigentlichen Kulträume sind an allen vier Seiten von einem Pfeilerumgang umgeben, so daß die Ähnlichkeit mit dem späteren griechischen Tempelgrundriß noch stärker ins Auge fällt. Eine weitere für die Königin typische Besonderheit zeigt dieser Bau: in seinem Allerheiligsten ließ sie einen Schacht absenken bis hinunter zu dem in den gewachsenen Felsen geschlagenen Heiligtum der Göttin aus dem Alten Reich, wiederum Altes und Neues in lebendiger Einheit verbindend[16].

Von den vielen Tempeln, die Hatschepsut weitum im Land errichtete oder wiederherstellte, sind uns nur einige Andeutungen in Inschriften erhalten; von den Bauten fehlt fast jede Spur. Nennen wir nur die auch dem heutigen Ägyptentouristen bekanntesten Namen: Der dem Krokodilgott Sobek geweihte Tempel von Kom Ombo wird vergrößert; Hatschepsuts Felskapelle bei Beni Hassan zeichnet sich durch besonders schöne Reliefs aus; dem Gott Thot wird ein großer Tempelneubau in Aschmunen geweiht. Vor allem aber die Neubauten und Erweiterungen der Königin am Ptahtempel von Memphis und am Osirisheiligtum von Abydos müssen sehr umfangreich und in Stil,

Ausschmückung und Verwendung kostbarster Steine und Metalle großartig gewesen sein[17].
Am Ptahtempel zeugt nur noch ein Monument von Hatschepsut, das erst neuerdings der großen Königin zugeschrieben wird: Die Alabastersphinx im Palmenhain von Mitrahina, der sich unweit der Stadt Kairo an der Stelle erhebt, an der einst das riesige Heiligtum des Schöpfergottes Ptah stand. Die Ausgeglichenheit der Proportionen dieses liegenden Löwen mit dem Menschenkopf, die trotz der starken Verwitterungsschäden (die Skulptur hat Jahrtausende im Grundwasser des Nils gelegen) erhaltene Schönheit der Gesichtszüge und ihre gewaltigen Ausmaße – bei acht Meter Länge und fast viereinhalb Metern Höhe wiegt sie etwa achtzig Tonnen – haben ihr stets die Bewunderung der Beschauer gesichert. Das Monument trägt keinerlei

Die Alabastersphinx im Palmenhain von Mitrahina, dem alten Memphis; wahrscheinlich eine Darstellung Hatschepsuts

Schriftzeichen, die seinen Ursprung klären könnten. Man hat es lange Zeit als ein Werk der 19. Dynastie angesehen, später Amenophis II. zugeschrieben[18], aber sorgfältige Stilvergleiche insbesondere mit den Sphinxen Hatschepsuts aus Der el Bahari, sowie die Ähnlichkeit der Gesichtszüge mit Standbildern der Königin machen es immer wahrscheinlicher, daß wir in dieser Sphinx eine Darstellung Hatschepsuts besitzen, einziges bisher erhaltenes Zeugnis ihrer Bautätigkeit in Unterägypten. Und wiederum ist es ein besonders schönes, in der Qualität hervorragendes und großes Werk dieser großen Königin.

Lassen wir für diese Vielzahl von Tempeln an einem Beispiel noch einmal Hatschepsut selber sprechen. In ihrer großen Inschrift am Höhlentempel Speos Artemidos sagte sie: »Der Tempel der ›Herrin von Kusa‹ (=Hathor) war zerstört und verfallen, die Erde hatte sein edles Allerheiligstes verschlungen, und Kinder tanzten auf seinem Dach . . ., die festgelegten Feste wurden nicht mehr begangen. Ich weihte ihn, baute ihn neu auf und ließ ihr (Hathors) heiliges Abbild in Gold herstellen, damit sie ihre Stadt schützen konnte in einer Barke für die Prozession«[19].

Daß die Königin gerade hier den Tempel von Kusa als Beispiel wählte, ist gewiß kein Zufall. Jedes Wort und jede Formulierung in einer solchen Tempelinschrift waren wohlüberlegt und hatten vielfältige kultische, geschichtliche und politische Bezüge. Bis Kusa hatte die unmittelbare Hyksosherrschaft gereicht. Diese Stadt und ihr Tempel stehen also hier für den von der Königin besonders geförderten Wiederaufbau des einstigen Hyksosgebietes in Unter- und Mittelägypten.

So hat Hatschepsut also das gesamte ägyptische Gebiet vom Delta bis nach Nubien mit einer erstaunlichen Zahl an Neu- und Erweiterungsbauten gefüllt. Eine bewunderungswürdige Leistung in ihren nur rund zwanzig Regierungsjahren, die sich der vielbewunderten eines Thutmosis' III., Amenophis' III. oder Ramses' II. durchaus an die Seite stellen läßt, wenn sie diese nicht sogar übertrifft. Und ebenso wie bei diesen großen Pharaonen ist eine solche umfangreiche Bautätigkeit zugleich ein Zeichen, daß die Herrscherin das Land ganz sicher in der Hand hatte und über eine Verwaltung verfügte, die die gewaltigen Anforderungen an Organisation, Transport und Arbeitskraft meistern konnte.

Hatschepsuts schönster und am besten erhaltener Tempel, der Terrassentempel von Der el Bahari, ist eine ganze Welt für sich mit seinen Besonderheiten des Stils und der religiösen und politischen Darstellungen, seiner beherrschenden Lage und seinen aparten Pfeilerstel-

lungen. Ihm ist deshalb auch in diesem Buch ein eigenes Kapitel gewidmet.
Leider sind von den Profanbauten der Königin keinerlei archtitektonische Reste und kaum Erwähnungen erhalten; diese kargen Hinweise aber zeigen, daß ihre Tätigkeit auch auf diesem Gebiet im ganzen Land sehr rege gewesen sein muß. Der Hauptgrund für den mangelnden archäologischen Befund liegt darin, daß nicht nur die großen Getreidespeicher, welche die Steuern und Vorräte für das ganze Land aufnahmen, die Wohnhäuser und Amtsgebäude, sondern sogar die Paläste der Pharaonen aus Lehmziegeln gebaut waren – allenfalls Türumrahmungen oder hier und da eine Säule fertigte man aus dem kostbaren Stein. Denn die Wohnungen der Menschen brauchten und sollten nicht von Dauer sein, wie es den Tempeln und den Wohnungen der Verstorbenen zukam. Außerdem wurden alle diese Wohn- und Nutzbauten in den Städten ständig umgebaut, abgerissen und überbaut, so daß wir mit ganz wenigen Ausnahmen nicht einmal den Grundriß einer ägyptischen Stadt kennen und auch nur vereinzelte Grundrisse von Palästen und Häusern.
Von Hatschepsut wissen wir schon aus ihrer Krönungsgeschichte, daß sie einen Palast am Amuntempel in Karnak besaß. Die ›offizielle‹ Königsresidenz lag aber auf Thebens Westseite. In diesem Westpalast fanden auch die Thronsitzungen statt. An ihn schlossen die Amtsgebäude an, von denen uns die aus mehreren Beamtengräbern überlieferte ›Dienstvorschrift für einen Wesir‹ berichtet. Demnach muß dieser Westpalast ein umfangreicher Baukomplex gewesen sein[20].
Ein Bauwerk wird noch in einer Inschrift erwähnt, an das wir in Zusammenhang mit der Tätigkeit der Königin zunächst nicht denken würden: »Es lebe der weibliche Horus (und nun folgen die uns schon bekannten ›Großen Namen‹) . . . Sie hat es gemacht für ihren Vater Amun, den Herrn der Throne der beiden Länder, indem sie ihm die Festung ›die gegenüber ihrem Herrn liegt‹ von neuem in ewiger Arbeit errichtete. Ihre Ufer wurden gedämmt aus Stein, schöner war sie als in ihrem früheren Zustand«[21].
Nach ihrem Namen muß diese Festung westlich des Nils in direkter Ausrichtung auf den großen Amuntempel von Karnak gelegen haben; entweder am Fluß selbst oder am Kanal. Die alte Anlage war vermutlich nur aus Ziegeln gebaut und verfallen; die Königin rühmt sich, sie »in ewiger Arbeit«, und das heißt aus Stein, bis hin zu den Uferbefestigungen, neuerrichtet zu haben. Ebenso hat Hatschepsut auch an der nubischen Grenzfestung Buhen gebaut – neben dem Amuntempel auch an den eigentlichen Festungsanlagen.

Die mächtigen Mauern der Festung von Buhen an der nubischen Grenze ließ Hatschepsut errichten

Von den beiden Festungen wie von anderen Verteidigungsbauten, die Hatschepsut an den Grenzen im Süden wie besonders im Norden gegen den Sinai hin angelegt haben dürfte, kündet kaum ein Rest, so daß wir von den im Delta errichteten nicht einmal sagen können, wo genau sie gelegen haben, geschweige denn eine Ahnung von ihrem Aussehen gewinnen können. Neben den für alle pharaonischen Profanbauten gültigen Gründen trug zur Vergänglichkeit der Werke Hatschepsuts noch zusätzlich die planmäßige Auslöschung aller ihrer Spuren bei, die irgendwann nach ihrem Tode erfolgte und bei solchen, politischen oder Verwaltungszwecken dienenden Bauten sich noch viel rigoroser austobte, als bei ihren Tempeln.

13.
Ein Myrrhengebirge für Amun

Das schönste und großartigste Heiligtum, das Hatschepsut errichtete, und das zugleich am besten erhaltene ist ihr Totentempel im Tal von Der el Bahari. Schon von den Hotels in Luxor aus kann der Reisende im Schein der ersten Morgensonne jenseits des Nils und seines Fruchtlandstreifens die steil sich auftürmenden Felskliffe erkennen, mit denen das Plateau der libyschen Wüste schroff in das Urtal des Nils abbricht. In dem rötlich schimmernden Felsband ist deutlich eine Stelle zu unterscheiden, an der die Felsen halbkreisförmig zurücktreten und eine weite Bucht bilden. Ihr Halbrund umfaßt schützend ein Bauwerk und bildet mit ihm eine unvergleichliche Einheit. In drei Terrassen, wie in dreimaligem Anlauf, schwingen sich Säulenhallen an den Felsen hinauf. Die Pfeiler sind schlank und klar im Umriß. Ein weiter Vorhof entläßt aus sich die erste Rampe, die mählich zur mittleren Terrasse und mit einer Wiederholung, die die glücklichen Proportionen nur verstärkt, über eine Pfeilerhalle zur obersten Plattform führt. Die Säulenhalle, die hier einst das Bauwerk krönte, ist zum Teil zerstört, zum Teil zeigt sie im Wiederaufbau häßliche moderne Betonstützen, die noch ihrer Verkleidung harren. Aber nichts vermag den Eindruck einer großartigen und zugleich anmutigen architektonischen Einheit zu zerstören, die gewiß zu den schönsten Bauschöpfungen der Menschheit gehört.
»Die Königin Hatschepsut, sie hat es gemacht als Denkmal für ihren Vater Amun . . . das Haus ›Herrlich ist die Herrlichkeit des Amun‹ (Djeser Djeseru Amun) aus schönem weißen Kalkstein, an seiner herrlichen Stätte der Vorzeit . . .«[1] Und wenn wir diesen schönen Bau betrachten, dann möchten wir wiederum mit den Worten der großen Königin sagen: Wie sehr gleicht es ihr . . .

Denn ohne Zweifel ist die Anlage des Tempels an diesem Ort und in dieser Gestalt von Hatschepsut selbst geplant worden und damit Ausdruck ihres Willens, ihres Geschmacks und ihrer Persönlichkeit. Schon die Auswahl dieses Platzes ist wiederum Bestätigung für Grundlinien ihrer Herrschaft, die wir immer wieder erschließen konnten. Die Felsenbucht von Der el Bahari ist zum einen geheiligt durch die Tradition. Schon über 500 Jahre vor ihrer Zeit hatte ein thebanischer Fürst, der das Reich nach den Zerrüttungen der ersten Zwischenzeit einte, hier einen Grabtempel errichtet, denn dieses Felsrund war der Hathor in ihrer Erscheinung als ›Herrin des Westgebirges, welche die Stille liebt‹ heilig. Schon seit sehr alter Zeit war hier eine Totengöttin in Gestalt einer Kuh, die aus der Felswand heraustritt, verehrt und ihr Kult später mit dem der Hathor verschmolzen worden, die ja in einer ihrer Erscheinungen ebenfalls Kuhgestalt hatte. Mentuhotep, so hieß der Erbauer jenes ersten Totentempels an dieser Stelle, war der Begründer des Mittleren Reiches.
So folgte Hatschepsut zweifach einer ihr wichtigen Tradition, als sie ihren Totentempel hier errichtete: Sie führte die Verehrung der Hathor weiter, einer Göttin, der – nächst ihrem Vater Amun – sich die Königin unter allen Göttern Ägyptens am stärksten verbunden fühlte. Mit ihrem Tempel, unmittelbar neben dem Mentuhoteps errichtet, stellte sie aber auch ganz bewußt sich und ihre Herrschaft in die Folge der Reichsgründer des Mittleren Reiches.
Auf vielen Gebieten können wir diese Anknüpfung Hatschepsuts an die Zeit der großen, aus Theben stammenden Könige mit den Namen Mentuhotep, Amenemhet und Sesostris verfolgen: in der Benutzung der Hofsprache des Mittleren Reiches, die längst nicht mehr der Umgangssprache entsprach, für alle kultischen und Regierungstexte; im Aufbau und der Titulatur der Verwaltung; in der Übernahme von Formen und Formeln der königlichen Edikte; bis hin zu einigen stilistischen Vorbildern in Bau- und bildender Kunst. Hier nun in Der el Bahari stellte die Königin ihre Anknüpfung an das Königtum des Mittleren Reiches in einem gewaltigen steinernen Bild vor aller Augen, und wir dürfen sicher sein, daß die Ägypter ihrer Zeit, die viel stärker in und mit Bildern lebten und dachten als wir, gerade dieses Bild verstanden und als Wirklichkeit setzend empfanden.
Dies umso mehr, als die Parallelität der beiden Bauten sich nicht nur in der Nachbarschaft ausdrückte, sondern viel weiter ging: Auch der Tempel Mentuhoteps nämlich war ein Terrassentempel, der sich aus einem Vorhof über eine langgestreckte Rampe zu einer Pfeilerhalle erhob. So ist zwar die Grundform ihres Tempels keine Erfindung Hat-

schepsuts, aber sie hat in bezeichnender Weise etwas ganz anderes daraus gemacht. Mentuhoteps Tempel diente vor allem als Grab des Herrschers. Sein Stil war sehr verschieden von dem Hatschepsuts, die aus der Grundidee: Terrassentempel vor der Felswand, etwas Eigenes, Einzigartiges und zudem viel Leichteres, Eleganteres, fast kann man sagen, Heiteres gemacht hat, als das wuchtige Vorbild, dessen Schwere und Mächtigkeit noch durch eine Pyramide gesteigert wurden[2].

Wenn Übernahme von religiösen und politischen Traditionen und deren Angleichung an ihre Bedürfnisse eine der im Tempel von Der el Bahari ausgedrückten Grundlagen von Hatschepsuts Herrschaft war, so finden wir auch die andere hier in einem großen Bild dargestellt: Die Verehrung ihres Vaters Amun. Schon der Name des Bauwerks ›Herrlich ist die Herrlichkeit Amuns‹ zeugt dafür. Der Tempel war zudem in seiner, durch die Rampen, Tore und eine vorgelagerte Sphinxallee betonten Hauptachse genau auf das Allerheiligste im jenseits des Nils sichtbaren Reichstempel von Karnak ausgerichtet. Seine Hauptkapelle, hinter der obersten Säulenhalle tief in den Felsen getrieben, war Amun geweiht und diente seinem Kultbild und der Barke bei großen Festen als nächtlicher Ruheplatz.

Auch die Weiheinschriften sagen es deutlich, daß »die Königin Hatschepsut es gemacht hat für ihren Vater Amun«. Und diesen an verschiedenen Stellen des Tempels heute noch sichtbaren Weihungen antwortet der Gott: »Willkommen, willkommen in Frieden, meine Tochter von meinem Leibe, meine geliebte Makarê, in diesem schönen, reinen, festen und dauerhaften Hause, das du mir gemacht hast an meiner vortrefflichen Stätte der Urzeit. Mein Herz ist sehr froh, ich erglänze, wenn ich deine Schönheit sehe . . . Du willst rühmen die Schönheit dessen, der dich gemacht hat, in liebendem Herzen, wie eine vortreffliche Tochter ihrem Vater zu tun pflegt«[3].

Den kultischen Zweck des Tempels als Aufenthalt für das Götterbild Amuns während der Prozession in der Totenstadt wandelt die Königin mit ihren Inschriften in das Bild eines ›Lustgartens für Amun‹, eines ›Myrrhengebirges‹, das ihr Tempel für Amun sein soll, in dem er sich bei seinen Besuchen mit der Göttin Hathor ergehen könne. So finden wir in diesem Tempel auch eine Felsenkapelle für Hathor. Und die kuhgestaltige Göttin des Westgebirges, die zugleich Göttin der Schönheit und der Musik, Himmelsgöttin und Gemahlin des Horus ist, in dessen Gestalt hier wiederum Amun eintritt, Hathor also dankt der Königin mit den Worten:

»Meine geliebte Tochter Makarê, ich komme, ich freue mich über

zur Abbildung auf der folgenden Doppelseite:
Vor dem Halbrund des Wüstengebirges liegen die Terrassentempel Mentuhoteps (l) und, weit größer und eleganter, Hatschepsuts (r). Im Vordergrund der von Gräbern der Hofleute zerlöcherte Boden des Tales von Der el Bahari

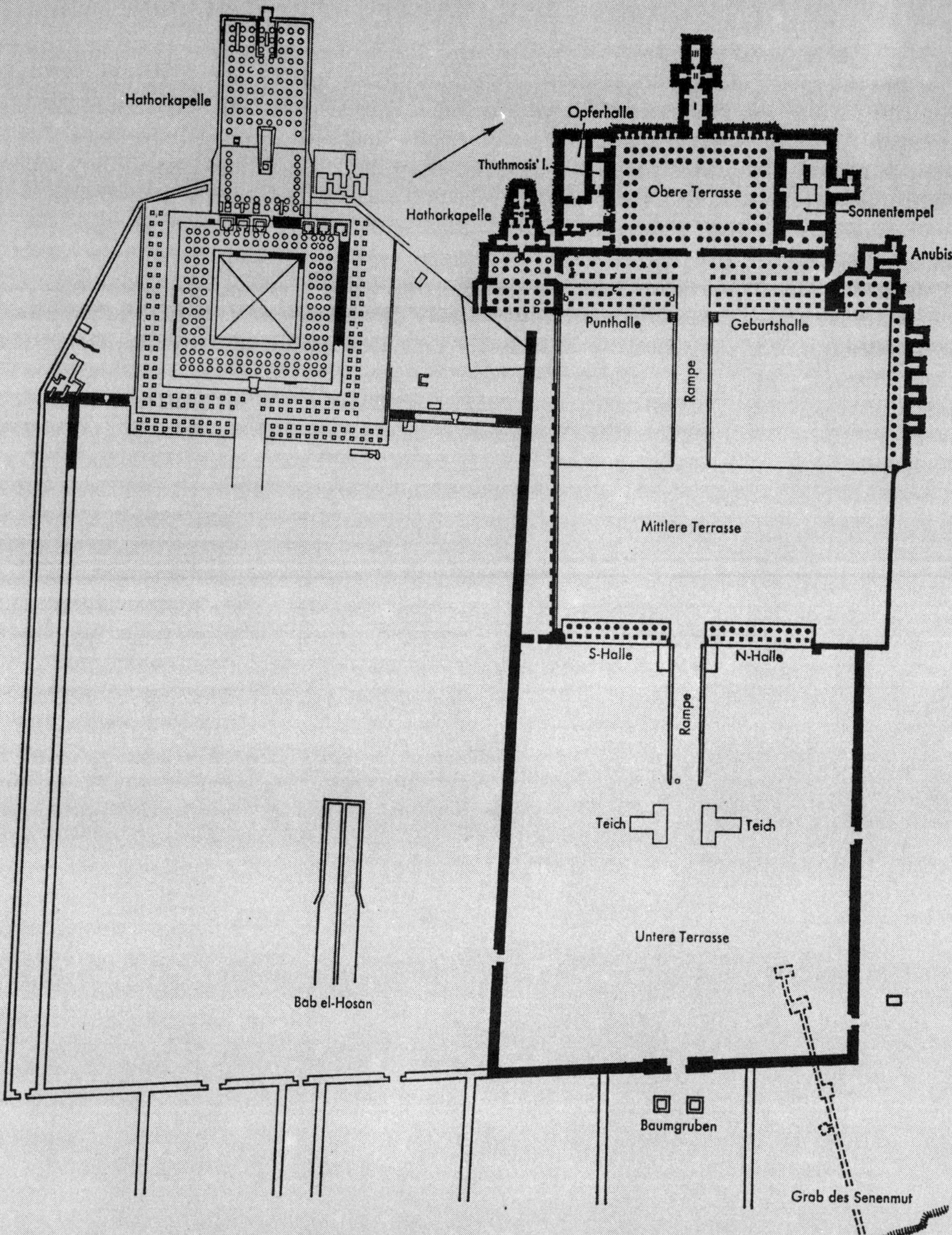
Hathorkapelle
Opferhalle
Thuthmosis' I.
Obere Terrasse
Sonnentempel
Hathorkapelle
Anubiskapelle
Punthalle
Geburtshalle
Rampe
Mittlere Terrasse
S-Halle
N-Halle
Rampe
Teich
Teich
Untere Terrasse
Bab el-Hosan
Baumgruben
Grab des Senenmut

deine Liebe, ich bin zufrieden mit diesen deinen Denkmälern, der schönen Wohnung, die du mir gemacht hast. Meine Tochter von meinem Leibe Makarê, mein Haus aus reinem Gold, ich bin deine Mutter, die mit der süßen Milch; ich habe deine Majestät gesäugt an meiner Brust, damit meine Milch in dich hineintrete als Leben und Glück«[4].

In der Felsgrotte der Hathorkapelle sehen wir an beiden Seitenwänden noch heute die Hathorkuh, wie sie die Königin an ihrem Euter nährt. Der Felskapelle vorgelagert sind zwei Vorhallen, deren schlanke Säulen und Pfeiler zum Teil noch stehen. Sie tragen sogenannte ›Hathorkapitelle‹, Köpfe der Göttin mit menschlichem Gesicht und Kuhohren, eine Darstellung Hathors, die wir schon auf einer Prunkpalette König Narmers aus der Zeit um 3000 v. Chr. finden.

In engster, kaum trennbarer Verbindung mit der kultischen Weihung des Tempels an Amun und Hathor steht seine Zweckbestimmung als Totentempel Hatschepsuts. Er dient der Versorgung der Königin nach ihrem Tode mit Opfern und Gebeten, mit Kulthandlungen, die ihr ewiges Leben als Osiris und als Begleiter der Barke des Sonnengottes, als der unvergängliche Polarstern sichern sollten. Mit echt ägyptischer Zusammenschau der verschiedenen Aspekte, Formen und Erscheinungen, die stets zugleich vorhanden sind und sich weder widersprechen noch gegenseitig ausschließen, muß der Kult aber auch die volle Erhaltung der unverwechselbaren Persönlichkeit der verstorbenen Königin und die dauernde Wirksamkeit ihrer Taten für das Land Ägypten bewirken. Hier liegt der tiefere Grund, weshalb Pharaonen in ihren Totentempeln ihre Taten darstellten, wenn freilich gerade seit dem Neuen Reich die Wirkung dieser Darstellungen auf die Mitwelt mit einberechnet wurde.

Zur Sicherung der Wiederauferstehung und des Weiterlebens und -wirkens der Verstorbenen gehört seit ältester ägyptischer Zeit die Statue im Verehrungsraum des Grabes oder im Totentempel. Durch dieselben magischen Rituale der Mundöffnung, die an der Mumie vor ihrer Beisetzung vollzogen wurden, sollte auch den Statuen Lebens- und Wirkkraft gegeben werden. Denn die Statue im Totentempel diente nicht der Erinnerung, sie hatte nicht einmal eine ästhetische Funktion. Ihre Aufgabe bestand vielmehr darin, den Erscheinungsweisen der Seele, im ägyptischen Ka und Ba genannt, immer wieder den Weg zum Grab zu weisen und die Opfer für das Weiterleben des Verstorbenen entgegenzunehmen. Die Statuen gehörten also ebenso zum ›Wesen‹ des Verstorbenen, wie sein Name, seine Mumie und die Seelenkräfte[5].

zu Seite 126:
Die Tempel von Der el Bahari in Theben. Rechts: der Terrassentempel der Königin Hatschepsut, links: der Totentempel Königs Mentuhotep Nebhepet-Rê

Sie alle bildeten erst in ihrem Zusammenwirken die neue Persönlichkeit und konnten nur gemeinsam die Wiederbelebung ermöglichen. Hier liegt der Grund für die angestrebte Ähnlichkeit der Statuen mit dem Grabinhaber, die allerdings nicht ein Augenblicksbild des Toten geben soll, sondern das, was der Ägypter als wesentlich und idealtypisch empfand. Die Königsstatue vor allem war immer Bild des Königtums schlechthin, wie es sich jeweils im Wandel von Religion und Wirklichkeit ausprägte; zugleich aber gab sie auch Wesentliches des einzelnen Königs wieder. Daß die ägyptischen Skulpturen unter allen diesen Voraussetzungen nicht trocken-lehrhafte Akademiestücke blieben, sondern häufig uns auch heute noch ergreifende und begeisternde Kunstwerke sind, verdanken wir dem hohen Künstlertum der ägyptischen Bildhauer.
Selbstverständlich hat auch der Totentempel Hatschepsuts zahlreiche Statuen der Königin enthalten: Über 200 Standbilder und Sphinxe, die ihr Antlitz trugen, schmückten den Hof, Pfeilerhallen und die Zugangsallee. Nur wenige von ihnen stehen heute auf ihrem alten Platz. Als das Andenken an die große Königin unter ihren Nachfolgern planmäßig ausgelöscht werden sollte, wurden sie zerschlagen und ihre Trümmer in Bau- und Steinbruchgruben der Umgebung gestürzt. Und das war ihre Rettung. Während unzählige Statuen von anderen Königen verlorengingen durch Verwendung als Bau- oder Mühlsteine, oder gar in Kalkbrennöfen vernichtet wurden, haben die modernen Ausgräber des Gebietes von Der el Bahari viele Teile der zerschlagenen Statuen Hatschepsuts gefunden und wieder zusammengefügt, so daß wir von ihnen eine stattliche Anzahl in oft recht gutem Erhaltungszustand in Museen vieler Länder bewundern können.
Am deutlichsten wird die magische Funktion der Statuen in den Darstellungen der Königin als Osiris. An jedem Ende der untersten und obersten Pfeilerhalle, vor jedem der vierundzwanzig Frontpfeiler der letzteren, in jeder ihrer zehn Nischen und schließlich in jeder der vier Ecken des Amun-Heiligtums standen sorgfältig bemalte Abbilder der Königin aus Kalkstein. Heute stehen einige von ihnen vor den unteren und obersten Säulenhallen. Sie zeigen Haltung und Ornat des Totenherrschers Osiris: den mumienförmigen Körper mit über der Brust gekreuzten Händen, die den Krummstab, die Geißel und ein großes Henkelkreuz halten, die Zeichen für Herrschaft und ewiges Leben. Auf dem Kopf tragen sie die weiße oberägyptische oder die gesamtägyptische Doppelkrone; das Kinn schmückt der künstliche Götterbart. Die Gesichter sind bei diesen Osirisdarstellungen am stärksten

von allen Statuen der Königin typisiert und idealisiert, und doch finden wir auch hier die vorspringende, im Profil sehr feine Nase mit schmalem Rücken, den ausdrucksvollen, leicht lächelnden Mund, und damit eine deutliche Ähnlichkeit mit anderen Bildern der Königin. Die Höhe der Osirisstatuen reicht von ca. 3,50 m, also etwa doppelter Lebensgröße, bis zu den beiden riesigen Eckfiguren der unteren Pfeilerhallen, die mit etwa 8 m Höhe zwar zu den Kolossen zählen, aber sich doch erfreulich weit von der Gigantomanie der Memnonskolosse oder der Ramsesstandbilder fernhalten[6].

Hoheit und Macht drückt diese Sphinx Hatschepsuts aus. Ihr Thronname auf der Brust ist weitgehend erhalten

Von den Sphinxfiguren muten die ursprünglich zu beiden oberen Enden der ersten Rampe als Wächter aufgestellten sehr altertümlich an. Die schwere Löwenmähne um das schmale, nur entfernt porträtähnliche Gesicht mit den aufgerichteten Löwenohren und der muskulöse

Tierkörper erinnern an die Königssphinxe der 12. Dynastie. Dagegen zeigen die sechs Kolossalsphinxe aus rotem Granit, die den Prozessionsweg auf dem mittleren Vorhof zur zweiten Rampe säumten, einen anderen Typus, der – obgleich ebenfalls auf alte Vorbilder zurückgehend und bereits in der berühmten Riesensphinx von Giseh verwirklicht – für unsere ästhetische Auffassung leichter verständlich ist. Der völlig menschliche Kopf trägt den gestreiften Zeremonial-Perückenschutz der Pharaonen und den künstlichen Königsbart, der zum Unterschied von dem geschwungen auslaufenden der Götter gerade geschnitten ist. Das Gesicht ist überraschend subtil und attraktiv geformt. Die ganze über 7½ t schwere Figur gehört zu den handwerklich und künstlerisch besten Stücken ägyptischer Bildhauerkunst[7]. Ihre Ähnlichkeit in der Behandlung des Körpers und in den Gesichtszügen mit der Alabastersphinx ist bemerkenswert.

Im obersten Stockwerk schließlich wurde der Gott Amun bei seinen Besuchen von einem Paar stehender, über 2,50 m hoher Granitstatuen der Königin empfangen. Sie stellen Hatschepsut als Pharao und daher in männlicher Gestalt und in männlicher Kleidung dar, eine kultische Notwendigkeit in dieser allerheiligsten, der Öffentlichkeit nicht zugänglichen Zone des Tempels. Diese – und die anderen fünfundzwanzig Statuen in den Räumen der obersten Terrasse – sollten ja keine Abbilder der lebenden Hatschepsut, keine Denkmäler sein, sondern ihrer künftigen Existenz als göttlicher König und der des Königtums in Ägypten überhaupt Dauer verleihen. Wir dürfen uns hiernach also nicht etwa vorstellen, daß sie körperlich männliche Züge oder Formen gehabt oder sich männlich gekleidet hätte. Auf dem Gürtel ihres männlichen Königschurzes, der in seiner Form mindestens auf die Zeit der 5. Dynastie zurückgeht, ist denn auch zu lesen: »Die vollkommene Göttin, Herrin der beiden Länder« – mit jeweils weiblichen Grammatikzeichen der Hieroglyphen, während der Rückenpfeiler den offiziellen männlichen Königstitel trägt: »König von Ober- und Unterägypten, Herr der Opfer Makarê, Sohn der Sonne Khnemetamun Hatschepsut, geliebt von Amun, der inmitten Djeser-Djeseru ist, mit Leben beschenkt für immer«[8].

Einen besonderen künstlerischen Rang nehmen auch die ursprünglich acht knieenden Figuren ein, welche Hatschepsut darstellen, wie sie als König, als ›Herr der Opfer‹ und im strengen Sinn des Wortes einziger Priester, Amun die Opfer des ganzen Landes darbringt. Die zwischen 2,50 und 3 m hohen Figuren halten in jeder Hand ein kugelförmiges Trankopfergefäß als Symbol der Gaben. Die Inschriften besagen auf einer der Statuen »die vollkommene Göttin Makarê opfert Früchte

zu Seite 131: Hatschepsut opfert der Göttin Hathor. Beim Kultvollzug muß sie den uralten Königsornat tragen: Schurz und bloßen Oberkörper

vor Amun«, auf einer anderen »... bringt die Maat für Amun dar«, womit sie dem Land die göttliche Weltordnung für immer sichern will.
Drei Sitzstatuen schließlich zeigen, trotz männlicher Tracht, nicht nur den Kopf ohne Königsbart, sondern auch den Körper so schlank, graziös und feminin in der Auffassung, daß sofort das wahre Geschlecht der Dargestellten erkennbar ist. Eine dieser Statuen gilt als das beste aller erhaltenen Rundbilder der Königin und dürfte wohl aus ihrer eigenen Kapelle stammen. Sie hat etwas über Lebensgröße und ist aus einem harten, marmorartigen Kalkstein. Das Gesicht unter dem Königskopftuch gilt als besonders porträtähnlich, denn es zeigt alle die Züge vereint, die wir auf anderen Skulpturen einzeln antreffen: eine breite Stirn, weich gerundete Wangen mit leichter Betonung der Wangenknochen, ein spitzes, nicht sehr hervortretendes Kinn, ein kleiner, aber wohlgeformter Mund und die feine, leichtgeschwungene Nase. Die großen Augen stehen ziemlich eng beieinander. Der Gesichtsausdruck verrät Klugheit und leicht spöttische Überlegenheit und entspricht damit einigen der Charakterzüge der Königin, die wir bereits früher erschlossen haben[9].
Deutliche Farbspuren zeigen übrigens, daß auch dieses wie alle ägyptischen Standbilder bemalt war. Das Kopftuch war gelb-blau gestreift, der Augapfel weiß mit schwarzer Iris und Pupille, die Augenbrauen und der Lidstrich mit Verlängerung der Augenwinkel waren blau gefärbt, der breite Halskragen – im Original, wie wir aus den Tutenchamun-Funden wissen, aus Halbedelsteinen und bunten Glaspasten in Gold eingelegt – trug bunte Farben.
Ihnen am ähnlichsten von allen Statuen der Königin sind zwei kleine, kaum 1 m hohe Steinfiguren, die heute im Museum von Kairo im Raum 12 vor der Hathorkapelle Thutmosis' III. aufgestellt sind und sich wohl deshalb in den Reiseführern als ›Thutmosis III., Wein opfernd‹ finden. Sie tragen zwar Inventarnummern, aber keine Erläuterung, und ihre Herkunft ist auch dem Museumsdirektor Dr. Henry Riad unbekannt. Jedem aufmerksamen Betrachter fällt aber das unverkennbare Gesicht der Hatschepsut auf und die unübersehbare Andeutung weiblicher Körperformen. Eine genaue Prüfung der Rückenpfeiler zeigte mir die, wegen der ungünstigen Aufstellung allerdings ohne Zusatzbeleuchtung nicht sichtbare, Inschrift: »Die vollkommene Göttin, Herrin der beiden Länder, Makarê ...« Diese reizenden Darstellungen der Königin beim Weinopfer vor Hathor, die aus dem Bezirk des Hathorheiligtums im Tempel von Der el Bahari stammen dürften, sind wahrscheinlich die einzigen ihrer Statuen, bei denen

zu Seite 132:
Diese Sitzstatue Hatschepsuts zeigt deutlich die Figur einer Frau

weder Gestalt noch Namen verstümmelt noch auch nur die Königszeichen – Uräusschlange am Kopf und Königsbart – abgeschlagen wurden. Und ausgerechnet bei diesen beiden Standbildern kündet nicht einmal ein simpler Aufklebezettel dem Museumsbesucher, daß es sich um die Pharaonin Hatschepsut handelt. Die Reise- und Museumsführer besorgen noch nachträglich das Geschäft derer, die ihr Andenken für immer auslöschen wollten ...

Ebenso wie die Inschriften und Reliefs ordnen sich auch alle Skulpturen in Der el Bahari einem wohldurchdachten Plan unter. Deutlich ist die Steigerung von Terrasse zu Terrasse zu verfolgen. In den unteren Säulenhallen finden wir die Bilder und Schilderungen der Krönungszeremonien, von Transport und Weihe des ersten, anläßlich der Krönung für den Amuntempel gestifteten Obeliskenpaares, ferner Soldaten, die zum Fest ausziehen, und die seit Beginn der ägyptischen Geschichte so häufig in Gräbern und Grabtempeln anzutreffende rituelle Vogeljagd. Sie standen also im Zeichen von Krönung und Königtum.

In den Reliefs der mittleren Terrasse sehen wir auf einer Seite die großartigen Bilder der Geburtslegende, in der anderen Pfeilerhalle lernen wir die Expedition der Königin in das Land Punt kennen. Diese zweite Terrasse war dem Thronjubiläum der Königin gewidmet. In seine geheimnisvollen Riten, durch welche Lebenskraft und Schöpfungsmächtigkeit des Pharaos erneuert und dem Lande erhalten werden sollte, wurden also Zeugung und Geburt der Königin ebenso einbezogen, wie ihr großes Unternehmen in das südliche Weihrauchland. Hier liegt auch die Kapelle der Hathor. Beide, Punthalle wie Hathorkapelle, liegen nach Süden, wie das der Hathor heilige Land Punt selbst, und damit ist auf magische Weise der rechten Wiederholung Dauer verliehen.

An dieser zunächst rein äußerlich erscheinenden Ausrichtung können wir ermessen, daß nichts in diesem Tempel zufällig oder allein seiner ästhetischen Wirkung wegen so geschaffen wurde und daß jedes Teil des Tempels allein und im Zusammenhang viele Bedeutungen hat, über die zunächst ins Auge fallenden hinaus.

Das oberste Stockwerk schließlich ist heute stark zerstört, aber wir vermögen uns dank der Rekonstruktion durch polnische Archäologen eine Vorstellung von dem Säulenhof zu machen, der einst an dieser Stelle stand. Diese höchste Stufe des Tempels war dem Vollzug der kultischen Handlungen vorbehalten.

Der Totenopferraum im Süden der Anlage schließt mit einem Tonnengewölbe ab. Solche Gewölbe finden sich in Ägypten sehr selten,

zu Seite 135; Hatschepsut opfert Hathor: Das Opfergefäß ist mit dem Kultinstrument der Göttin, dem Sistrum, versehen

obwohl wir schon im Alten Reich Belege dafür haben, daß die Ägypter den echten Gewölbebau technisch beherrschten. Der Grund für diese Zurückhaltung liegt im magisch-religiösen Bereich: Das Totenreich wurde als gewölbte Höhle vorgestellt und sollte nicht einmal in Bauformen im Diesseits erscheinen. Gerade wegen dieser Gleichung dürfte Hatschepsut das Gewölbe für den Raum bestimmt haben, in dem der Totenkult für ihren Gemahl Thutmosis II. und für sie selbst vollzogen werden sollte. An der gewölbten Decke waren Rituale des Sonnenkultes beschrieben[10] und damit die Identifizierung der verstorbenen Könige mit dem Sonnengott und seiner Wiedergeburt während der nächtlichen Fahrt durch das Totenreich gesichert, eine Identifizierung, der wir noch häufig in dem Königsgrab der Königin begegnen werden. Eine kleine Felskapelle neben diesem Raum diente dem Totendienst von Hatschepsuts Vater Thutmosis I.

In der Mitte der Anlage, hinter dem zentralen Säulensaal, reicht das Allerheiligste weit in den gewachsenen Felsen. Hier fanden das Götterbild Amuns und seine Tragbarke einen Ruheplatz während der Prozession an den großen Festtagen; hier fand der tägliche Kult für den Götterherrn statt.

Eine bauliche Besonderheit, die in Der el Bahari zum erstenmal im Neuen Reich auftritt und mit der Hatschepsut ein Beispiel für viele kommende Jahrhunderte setzte, ist das Sonnenheiligtum, das nördlich an den Säulensaal anschließt. Auch diese Lage hat eine tiefe religiöse Bedeutung: ihre Parallelität zu den südlichen Totenkulträumen stellt eine weitere Entsprechung zwischen dem Kult für den toten, zu Osiris gewordenen König und der Verehrung des Sonnengottes durch den lebenden, als Horus wirkenden Pharao und damit für ägyptisches Denken eine innere Verknüpfung, ein Aufeinanderwirken dar.

Das Sonnenheiligtum ist baulich ein besonders reines Beispiel dieser königlichen Verehrungsstätten für Rê: Eine Vorhalle gibt Zugang zu einem weiten Hof mit einem Altar unter freiem Himmel für den Gott Rê-Harachte (Horus in seinem Lichtreich). So waren schon die Sonnenheiligtümer der 5. Dynastie des Alten Reiches gebaut, die an die Stelle der Pyramidentempel als Totentempel der Pharaonen traten.

In den Inschriften der Vorhalle wird die Königin dargestellt, wie sie den Sonnengott anbetet[11]. In gewaltigen Bildern wird die Reise der Sonne über den Himmel und durch das Nachtreich beschworen, besonders aber ihre Verwandlung und Wiedergeburt zur Morgensonne. Die Königin betet Rê an – und mit der Anbetung wird sie mit seinem göttlichen Gefolge identisch und hat somit teil an seiner Wiedergeburt[12]. Die tägliche Wiedergeburt der Sonne aus dem Nachtreich ist aber auch zugleich ein Bild der immer wieder aus dem Chaos sich vollziehenden Schöpfung[13], an deren Vollzug und Bewahrung die Königin wiederum durch ihre Kulthandlung mitwirkt und damit ihre wichtigste Königspflicht vollbringt. Gleichzeitig greift sie als Sonnenpriesterin in die kosmische Ordnung ein, denn ohne den königlichen Kultvollzug wäre sogar der Sonnenlauf bedroht.

In der erst durch neueste Forschungen in ihrem Ausmaß erkannten Hervorhebung des Sonnenkultes durch Hatschepsut wird der Beginn einer Entwicklung sichtbar, die schließlich zu der Einführung der Religion der Sonnenscheibe unter dem Namen Aton durch den fünften Nachfolger der Königin, Amenophis IV. – Echnaton, mit einem freilich völlig unägyptischen Absolutheitsanspruch führen sollte. Unter Hatschepsut findet sich auch einer der frühesten Belege für Aton als Schöpfergott, wenn sie in einer Inschrift in Karnak sagt: »Ich bin auch der Aton, der alle Lebewesen hervorgebracht hat, der der Erde Grenzen gab und ihre Gestalt festigte«[14].

Totenkult und -versorgung im Jenseits, Wandlung und Auferstehung mit dem Sonnengott Rê, der – als Vater des Horus – ebenso ihr Vater ist wie Amun, da ja beide Götter verschiedene Aspekte derselben Göttlichkeit sind; Mitwirken an der Schöpfung und ihrer Sicherung; Einwirkung im Kult auf die göttliche Sphäre – dies alles verband Hatschepsut in ihrem Tempel zu großartiger Einheit.

Die Widmungsinschrift Hatschepsuts an dem Sonnenaltar ist uns erhalten: »Die Königin von Ober- und Unterägypten Makarê, Tochter der Sonne Hatschepsut Khnemetamun, sie hat es gemacht als ihr Denkmal für ihren Vater Rê-Harachte, indem sie ihm errichtete einen Altar aus schönem weißen Kalkstein, damit sie mit Leben, Dauer und Glück beschenkt sei wie Rê ewiglich«[15].

Noch ein weiterer Bauteil konnte vor kurzem erschlossen werden, mit dem wiederum Hatschepsut kultischen Bedürfnissen einen neuen und für die künftige ägyptische Baukunst wegweisenden baulichen Ausdruck gegeben hat: das sogenannte ›Erscheinungsfenster‹. Wir kennen es aus Darstellungen vor allem Amenophis' IV., auf denen er mit seiner Familie von dieser Stelle seines Palastes aus verdiente Höflinge mit Ehrengaben überhäuft. Man nahm danach an, daß dieses ›Erscheinungsfenster‹ zur weltlich-politischen Sphäre der Könige der 18. und späterer Dynastien gehört habe. Merkwürdigerweise waren aber archäologisch solche Erscheinungsfenster nur an Anbauten von pharaonischen Totentempeln nachzuweisen, am bekanntesten das an der mächtigen Anlage Ramses' III. in Medinet Habu, weshalb diese Anbauten auch als Wohnpaläste betrachtet wurden.

In Der el Bahari wurde nun in der Südostecke des großen Säulenhofes das früheste je entdeckte Erscheinungsfenster festgestellt, so daß Hatschepsut mit großer Wahrscheinlichkeit seine ›Erfinderin‹ ist. Der bauliche Befund schließt hier mit Sicherheit aus, daß es sich um den Teil einer auch nur vorübergehenden Wohnanlage für die Königin gehandelt haben kann: Es hat nur einen ziemlich kleinen, ursprünglich gewiß überdeckten Raum hinter sich, der in Verbindung zu den Totenopferräumen für Hatschepsut und ihre Familie steht.
Offenbar ist dieser Raum eine königliche Sakristei gewesen[16], in der die Königin die für die Kulthandlungen beim Totenopfer, zur Amunverehrung und als Sonnenpriesterin jeweils verschiedenen Ornate anlegte. Vom Erscheinungsfenster aus »betrachtete und wiederholte«[17] sie das Geschehen, das im Tempel vor sich ging und an seinen Wänden dargestellt war. Auch dieser Teil des Tempels hatte noch einen tieferen kultischen Bezug: das Erscheinungsfenster ermöglichte – durch seine Verbindung zu den Totenopferräumen – auch den verstorbenen Königen die Teilnahme am täglichen Kultvollzug und an den großen Festen der Götter[18] und gliedert sich damit ein in die kultisch-bauliche Einheit von Totenkult, Götterverehrung, Auferstehung und Erhaltung der Schöpfung dieser obersten Terrasse des Hatschepsuttempels.
Auf eine erstaunliche bautechnische Anlage des Tempels stießen die polnischen Archäologen zufällig durch einen Unglücksfall, wie mir der Leiter der polnischen Mission, Dr. H. Wysecki, bei meiner Untersuchung des Tempels im März 1974 mitteilte. Vor fünf Jahren hatte sich aus der unmittelbar über der obersten Terrasse aufragenden Felswand ein mächtiger Block gelöst und Teile der mühsamen Wiederaufbauarbeit zunichte gemacht. Die Polen gingen nun daran, an der Felswand eine Schutz- und Auffangmauer anzulegen – und stießen dabei auf die Reste einer bis zu zehn Metern hohen Mauer aus großen, sauber behauenen Blöcken, die Hatschepsuts Baumeister 3500 Jahre zuvor an derselben Stelle zum gleichen Zweck errichtet hatten!
Hatschepsuts Tempel von Der el Bahari ist zugleich ›der große Sitz‹, wie die Ägypter das Allerheiligste als Aufenthaltsort des Göttlichen bezeichnen – mit demselben Wort übrigens wie den Thron des Königs[19] –, wie Versorgungs- und Verehrungsstätte für die Königin und ihre Vorfahren, und nicht zuletzt die großartige Bühne für das kultische Schauspiel der großen Feste. Es versteht sich von selbst, daß eine solche Vielfalt der Bestimmungen, eingefangen in eine Einheit des Stils, die uns noch heute bezaubert, nur durch sehr sorgfältige Planung entstanden sein kann.

Leider ist keiner der Originalpläne ägyptischer Tempel erhalten. Wir wissen nur aus verschiedenen Berichten, daß es sie gab, und können aus dem mit großer Genauigkeit auf Papyrus gezeichneten Plan vom Grab Ramses' IV. erschließen, wie sie wohl ausgesehen haben mögen. Die ›Grundidee‹ des ägyptischen Tempels schlechthin war in einem auf uralte Vorbilder zurückgehenden Papyrus festgelegt. Nach dem Verzeichnis der Buchrollen an den Wänden der Bibliothek des Tempels von Edfu war dort eine ›Rolle vom Plan des Tempels‹ aufgenommen worden, deren Verfasser Imhotep gewesen sein soll, der berühmte Baumeister König Djosers aus der 3. Dynastie und Erbauer des ersten Steinbaues der Menschheit, der Stufenpyramide von Saqqara[20]. Dieser Grundplan, der die Beachtung kultischer und ritueller Erfordernisse sicherstellte, wurde dann je nach der besonderen Bestim-

Reste der Säulenhalle auf der obersten Terasse von Der el Bahari. (r) der Sonnenhof, (ro) die alte Schutzmauer gegen Steinschlag, im Hintergrund Statuennischen und Eingänge zu den Kulträumen, (l) die Mauer neben dem »Erscheinungsfenster«

mung des neuzubauenden Tempels, seiner Lage und Ausstattung abgewandelt und in einem endgültigen Bauplan niedergelegt. Das ägyptische Wort für Bauplan bedeutet zugleich auch die Grundmauern, aber auch die kultische Bedeutung und Liturgie des Tempels. Selbst ein für uns rein technischer Vorgang, wie die Fertigung eines Bauplanes, ließ bei den Ägyptern eine Fülle metaphysischer Bezüge anklingen[21].

Beim Terrassentempel von Der el Bahari hatte die Königin zunächst ein bescheideneres Bauwerk geplant, was der amerikanische Ausgräber Winlock aus Beigabengruben erschließen konnte und das wahrscheinlich nur eine Terrasse von geringerem Umfang umfassen sollte[22]. Im 7. Regierungsjahr – immer seit der Thronbesteigung Thutmosis' III. gerechnet, wie dies ja auch die Königin tat, – gab sie den Auftrag, den Plan auf den heutigen Umfang zu erweitern. Wir wissen dies so genau, weil sich unter der Zufahrtsstraße zum Tempel, die von Hatschepsuts Baumeister zum Transport des Baumaterials angelegt wurde, ein Ölkrug fand, dessen Siegel datiert ist – bei Wein und Öl war dies mit Herkunftsangabe üblich, unsere Weinetiketten haben also eine ehrwürdige Vergangenheit! – »Regierungsjahr 7, 3. Monat der Aussaat-Jahreszeit, Tag 25«[23]. Der Baubeginn kann also erst nach diesem Datum gelegen haben, vermutlich zu Beginn des 8. Regierungsjahres.

Nach Fertigstellung des Planes galt es zunächst, die Himmelsrichtung des künftigen Tempels und seine Ausrichtung auf den Amuntempel von Karnak genau festzulegen. Hierfür gab es besonders ausgebildete Priester, die auch Zeitbeobachtungen vornahmen und daher ›Stundenpriester‹ hießen. Mit Hilfe von Wasseruhren (ein verbessertes Modell erfunden zu haben rühmt sich ein Siegelbewahrer von Hatschepsuts Großvater Amenophis I.[24]) und unter genauem Anpeilen der in der benötigten Richtung stehenden Sterne wurde die Orientierung bestimmt und durch jeweils zwei Pfähle festgehalten. Nach diesem Koordinatensystem steckten die Baumeister ihrem Grundrißplan entsprechend die Ecken des künftigen Gebäudes ab.

Jetzt war es an der Königin selbst, die entscheidenden Riten zu vollziehen, um sicherzustellen, daß der Tempel alle kultischen Aufgaben erfüllen konnte und daß seine religiöse Aussage mit der göttlichen Person der Königin verknüpft wurde. An der Spitze einer auserwählten Schar von Priestern und hohen Hofbeamten fuhr sie von ihrem Palast neben dem Karnaktempel mit dem Königsschiff über den Nil und wurde in ihrer Sänfte zur Baustelle getragen, wie uns ein Relief an der Mauer des Opferhofes der obersten Terrasse zeigt. Ehrfurchtsvoll um-

stand die von weither zusammengeströmte Volksmenge vor der Kulisse des Felsenrundes und des schon zu jener Zeit sehr alten Tempels von Mentuhotep das weite Areal des künftigen Tempelplatzes und bestaunte die Hofbeamten, die Minister, Staatssekretäre und hohen Offiziere in ihren bunten Ornaten, die Priester mit kahlgeschorenen Köpfen, in Leopardenfelle gekleidet und auf Räucherpfannen köstlich duftenden Weihrauch für Amun verbrennend.
Die Musikantinnen des Reichstempels stimmten auf Leiern, Harfen und den Rhythmus scharf betonenden Sistren, einem rasselartigen, der Hathor heiligen Instrument, eine Melodie an, in die der Chor des Tempels mit einem Hymnus auf Amun einfiel, dessen Text wir zwar erst aus der Zeit von Hatschepsuts Enkel Amenophis II. kennen, der aber sicher schon zu ihrer Zeit bekannt war:

»Du bist der Einzige, der das Seiende schuf,
der Einzige, der allein war, als er alles Wesen schuf,
aus dessen Augen die Menschen herauskamen,
aus dessen Mund die Götter entstanden,
der das Kraut für die Herden schuf
und den Lebensbaum für die Menschen;
der hervorbringt, wovon die Fische im Strom leben
und die Vögel, die am Himmel dahinfliegen;
der dem Küken im Ei Luft gibt
und der das Junge der Schlange ernährt;
erschafft, wovon die Mücken leben, die Würmer und Flöhe,
der schafft, wessen die Mäuse in ihren Löchern bedürfen
und der die Vögel in jedem Baum ernährt.
Heil Dir, der dies alles schuf, einzig und allein,
der die Nacht durchwacht, während alle Welt schläft,
Vielarmiger, indem er das Vortrefflichste für seine Herde sucht.
Amun, dauernd in allen Dingen,
Atum (Urgott), Harachte (Horus im Lichtreich)«[25].

Jetzt wurde die königliche Sänfte aus der Mitte des Gefolges an den ersten Eckpfosten des Tempelgrundrisses getragen. Die Wedelträger zur Rechten und zur Linken setzten die langen Straußenfedern verstärkt in Bewegung, als Hatschepsut die Sänfte verließ. Sie trug den königlichen Ornat: die Krone auf dem Haupt, einen künstlichen Pharaonenbart am Kinn, den Zeremonialschurz mit dem lang herunterhängenden Schwanz des Wildstieres. Um den Oberkörper schlang sich ein leichter, auf einer Schulter befestigter Überwurf.

zu den Abbildungen auf den beiden folgenden Seiten:

links: Beim Kultlauf nimmt Hatschepsut Besitz vom Land und verleiht ihm zugleich Fruchtbarkeit und Gedeihen (r. o.) ihre Namenskartusche

rechts: Über 1000 Jahre vor Hatschepsut zeigt König Djoser in den unterirdischen Räumen seiner Stufenpyramide schon denselben Kultlauf, von Göttern und ihren Symbolen geschützt und mit ihrer Macht ausgestattet

Der königliche Sandalenträger nahm ihr die Sandalen ab, und jetzt sah das Volk, wie seine Königin mit federnden, weitausgreifenden Schritten das ›Feld‹ umlief, wie die Ägypter den Bauplatz des Tempels nannten. Das bedeutete zunächst die Inbesitznahme eines Stückes Land und vermittelte dem Boden und allem, was darauf angebaut – beim Tempel: gebaut – wurde, die Mächtigkeit, Fruchtbarkeit und Wirksamkeit des göttlichen Wesens, das die Königin bei dieser Zeremonie voll und ganz ist[18]. Uralt ist dieser Kultlauf und geht bis in die vorgeschichtliche Zeit zurück. Schon auf der Prunkkeule Narmers, eines der ersten Pharaonen aus der Zeit um 3000 v. Chr., finden wir ihn, und ebenso vollzieht König Djoser auf Reliefs seiner Grabräume unter der Stufenpyramide von Saqqara den kultischen Lauf, in derselben Art und mit dem gleichen Ornat.

Der Lauf der Königin wurde von den Vorlesepriestern mit den heiligen Texten begleitet, die den Lauf erst wirksam machten. Wir dürfen annehmen, daß Hatschepsut nach ihrem Lauf sich in einem rasch errichteten Zelt für die kommenden Riten rüstete und wohl auch einen anderen Ornat anlegte. In der Zwischenzeit mag der Tempelchor den Hymnus an die zweite Hauptgottheit des künftigen Tempels und Beschützerin dieses Felsentals, Hathor, gesungen haben:

»Preis Dir, goldene Kuh
mit schönem Gesicht und vielen Farben.
Einzige im Himmel ohnegleichen,
Hathor auf dem Haupte des Rê.
Deine Augen schlugen Nubien,
Du große Herrin von Punt,
schöner Born des Nordwindes,
Herrin lieblicher Luft!
Zu Dir kommt der Norden im Segelwind
und der Süden im Ruderschlag
mit Ochsen, Gänsen und Weihrauch,
sie Deinem Heiligtum zu opfern.
Ich war ein Musikant der Hathor,
sie hört die Bitten jeder Tochter,
die weint und auf Hathor baut«[27].

Im zweiten Teil der Weihezeremonie umschritt die Herrscherin erneut das Tempelgelände und umspannte die an den Ecken ausgesteckten Pfosten mit einer Leine[28]. Dieses ›Ausziehen der Leine‹ geht auf die wohl auch schon in der Vorzeit geübte Neufestlegung der Akkergrenzen zurück, die in jedem Jahr nach der Nilüberschwemmung nötig wurde. Ihre kultische Bedeutung war die Befestigung des Herrschaftsanspruchs der Königin auf das Tempelgebäude, der schließlich noch durch das ›Graben des Kanals‹ um das Baugelände Dauer erhielt – auch dies ein uralter Brauch, den schon der König ›Skorpion‹ aus der Frühzeit der Reichseinigung vor 3000 v. Chr. auf dem Knauf seiner Prunkkeule zu vollziehen scheint, um symbolisch Besitz von dem durch ihn eroberten Unterägypten zu nehmen[29].

Dieser das Baugelände umlaufende Graben, dessen Verlauf die Königin gewiß nur symbolisch mit einer Hacke angerissen hatte, während Arbeiter ihn erst an den folgenden Tagen zur endgültigen Tiefe und Breite aushoben, hatte neben der kultischen eine höchst praktische Bedeutung: Zu Beginn des Baues wurde er voll Wasser gelassen, und damit hatten die Baumeister ein an allen Stellen völlig gleiches Niveau in Gestalt der Wasserfläche rund um die Baustelle. Dieses diente nun zur exakten, niveaugleichen Planierung des Baugrundes und dem völlig geraden Verlegen der Grundmauern zu einer Zeit, in der es weder Wasserwaage noch andere Nivellierungsinstrumente gab.

Zwei gleichlange Stäbe, verbunden durch ein Band, wurden auf die Wasseroberfläche des Grabens an zwei gegenüberliegenden Stellen gehalten. Nach dem nunmehr völlig gespannten Band wurde der Baugrund abgearbeitet, bis sein Abstand vom Band an allen Stellen gleich war. Das wiederholte man so lange, bis die Gesamtfläche vollkommen eben und waagerecht war[30].

Schließlich schritt die Königin zur letzten Zeremonie dieses Tages: An den Ecken des Baugrundes waren Gruben ausgehoben worden mit einem Durchmesser von etwa 90 cm, deren Seitenwände sorgfältig mit Ziegeln aus Nilschlamm verkleidet waren. In diese neun Gruben legte die Königin nun die rituellen Beigaben, die ihr die Priester zureichten. Da waren Nahrungsmittel wie Köpfe und Vorderschenkel geschlachteter Ochsen, gebratene Wachteln, runde und ovale Brotlaibe, verschiedene Früchte und Zwiebeln, alles sorgfältig in Körben oder Tonkrügen verpackt. Schön geformte Salbgefäße enthielten Öle und Parfüms. Aus ihren Aufschriften erfahren wir ein wenig über die Zeremonien, die hier von sich gegangen sind: »Die vollkommene Göttin, Herrin der beiden Länder Makarê, Tochter der Sonne Khnemetamun Hatschepsut«, so lesen wir da etwa, »machte dies als ihr Denkmal für ihren Vater Amun anläßlich des Ausziehens der Leine über (den Tempel) Amun-djeser-djeseru, sie soll leben wie Rê ewiglich«[31].

Weiter kamen alle Arten von Werkzeugen, wie sie beim Bau Verwendung finden sollten, in die Beigabengruben, viele als Modelle in verkleinertem Maßstab aus edlem Material gefertigt. Hacken und hölzerne Model für die Ziegelbereitung, geflochtene Siebe und Tragekörbe für Erde fehlen ebensowenig wie kupferne Steinsägen, Äxte, Meißel und Beile. Und schließlich die magischen Werkzeuge, Amulette nämlich.
Zu ihnen gehörte der ›Isisknoten‹, der Dauer und Ewigkeit verbürgte, andere Zeichen, die dem Schutz vor Dämonen dienten, und auch ein auf den Dächsel des Zimmermannes zurückgehendes Instrument, das eine große Rolle bei dem Ritus des ›Mundöffnens‹ spielte, mit dem der Priester der Mumie vor dem Begräbnis die Möglichkeit des freien Gebrauchs der Glieder wiedergeben sollte, wie auch der Bildhauer damit die von ihm geschaffene Statue ›belebte‹, das heißt, magisch wirksam machte, für den Abgebildeten zu stehen und zu handeln. Dazu kommen noch Hunderte von Skarabäen, Abbilder des Mistkäfers, der den Ägyptern die aufgehende Sonne, das Werden und die Auferstehung darstellte. Alle trugen Namenszeichen, die meisten einen der fünf ›Großen Namen‹ der Königin, aber auch solche ihres Stiefsohnes Thutmosis' III. sind darunter, und einige zeigen den Namen von Hatschepsuts Tochter, Nofrurê[32]. Wir können danach vermuten, daß Thutmosis III. und Nofrurê, die damals etwa zwischen 10 und 12 Jahren gewesen sein dürften, an den Zeremonien teilnahmen.
Am Ende der langen heiligen Handlung wurden die Beigabengruben zugeschüttet, um später überbaut zu werden. Zu unserem Glück – denn die sehr sorgfältigen Ausgrabungen des Metropolitan Museums haben diese Gruben bis auf zwei, die von den emsigen ›Privatgräbern‹ des Dorfes Kurnah geleert waren, finden und ihren gesamten Inhalt bergen können[33].
Je eingehender man sich mit diesen Beigaben befaßt, umso verblüffender werden die Ähnlichkeiten mit dem Totenkult. Wie diese Werkzeuge, Amulette und Speisenopfer regelrecht begraben wurden, so wurden auch beim Begräbnis in einem Sonderversteck alle bei der Balsamierung verwendeten Materialien – Leinenbinden, Ölkrüge, Werkzeuge bis hin zu dem beim ›Leichenschmaus‹ am Beisetzungstag verwendeten Geschirr – begraben. Die Amulette sind hier wie dort die gleichen und dienen den gleichen Zwecken: hier dem Tempel, dort dem Toten ewige Dauer, stetes Werden und magische Wirksamkeit zu sichern; und das Verbergen der beim Tempelbau wie bei der Einbalsamierung verwendeten Materialien und Werkzeuge sollten ihren Mißbrauch bei einem ›Verfluchungszauber‹ verhüten.

14.
Heil Dir, weiblicher Sonnengott!

Die ausführlichste und am besten erhaltene Inschrift und Reliefreihe im Tempel von Der el Bahari ist der Bericht von der Puntexpedition der Königin. Er hat schon die ersten Entdecker des Tempels in der Neuzeit fasziniert, und diese Wirkung hat bis heute nicht nachgelassen.
Denn dies ist eine Geschichte von großen Taten, von fremden, unbekannten Ländern, von einer Expedition weit in den Süden bis in das afrikanische Land, in dem Weihrauch und Myrrhen gedeihen, in dem Giraffen und Affen leben und merkwürdige schwarze Menschen, die in bienenkorbähnlichen Pfahlbauten wohnen. Von einer Expedition, die nicht blind ins Unbekannte vorstieß, sondern sorgfältig geplant und vorbereitet wurde, und das vor etwa 3500 Jahren, mitten in der Bronzezeit – Pferd und Wagen waren gerade erst als neueste Errungenschaften der Rüstungstechnik eingeführt worden.
Diese erste auf uns gekommene ausführliche Beschreibung von einer Forschungs- und Handelsfahrt weit über Meere in fremdes Land beginnt in zunächst etwas trockenem Annalenstil, den freilich die Bilder in lebhaft bemaltem Relief auflockern, die an Schönheit und Eleganz wetteifern mit dem Gebäude, an dessen Wänden sie noch heute zu sehen sind.
Vor der Gestalt Amuns, des Götterkönigs, steht die Pharaonin Hatschepsut und berichtet in klaren, heute noch gut lesbaren Hieroglyphen von dem Gottesbefehl, der sie erreichte:
»Der König selbst, Makarê. Bitten Ihrer Majestät an den Stufen (des Thrones) des Götterherren. Den Befehl hören im Heiligtum, den Spruch des Gottes selbst, die Wege nach Punt erkunden, die Pfade zum Myrrhengebirge zu öffnen, ein Heer über Wasser und Land zu entsen-

den, Wunder aus dem Gottesland zu holen für diesen Gott, der ihre Schönheit erschaffen hat. Man handelte gemäß allem, was die Majestät dieses herrlichen Gottes befohlen hat, war es doch auch der Lieblingswunsch Ihrer Majestät«[1].

Dann aber spricht der Gott selbst. Der gewaltige König der Götter verbreitet nicht Angst und Schrecken, wie die tyrannischen und eifersüchtigen Götter des zeitgleichen Vorderasiens. Liebevoll wendet er sich der Königin zu:

»Komm, komm in Frieden, meine süße Tochter, mein Liebling, König von Ober- und Unterägypten Makarê, die mir schöne Denkmäler errichtet, die das Haus aller Götter mit dem, was ihre Liebe ersann, füllt. Du bist Herrscher in den beiden Ländern, Hatschepsut-welche-Amun-umfängt, groß in Opfern und Gaben. Du erquickst mein Herz jederzeit . . . Ich gebe Dir dafür ganz Punt bis zu den Ländern der Götter, das Gottesland. Niemand hat das Myrrhengebirge zuvor betreten und die Menschen kennen es nicht; man hörte nur von Mund zu Mund von den Vorfahren davon. Zwar waren seine Wunder als Gaben gebracht unter Deinen Vätern, den frühen Königen, im Handel von einem Land zum anderen gegen reiche Bezahlung. Niemand gibt es, der es erreicht hat, außer Deinen Kundschaftern. Ich werde Deine Mannschaft es betreten lassen und sie zu Wasser und zu Lande führen, daß sie die Gewässer unbekannter Kanäle erforschen, bis sie das Myrrhengebirge erreicht haben.

Es ist ein heiliger Ort, das Gottesland. Mein Lustsitz ist es, den ich mir gemacht habe, um mein Herz zu erquicken mit Deiner Mutter Hathor (Göttin der Schönheit und des Himmels), der Herrin von Punt, der Zauberreichen, der Königin aller Götter. Sie sollen Myrrhen pflükken nach ihrem Belieben und ihre Schiffe nach Herzenslust beladen mit lebenden Myrrhenbäumen, mit allen schönen Gaben dieses Landes, und mit Menschen aus Punt, den Südlichen des Gotteslandes, welche die Menschen (in Ägypten) nicht kennen . . . Sie sollen alle wunderbaren Dinge des Gotteslandes zurückbringen, nach denen Deine Majestät sie ausgesandt hat, Haufen von Weihrauchharz und frische Myrrhenbäume aufstellen im Festhof, damit der Götterherr sie anschaue. Dann soll Deine Majestät selbst sie pflanzen im Garten um meinen Tempel, damit ich mich unter ihnen ergehe und mein Herz erfreue.

Denn wahrlich, wie mein Name ist unter allen Göttern, so soll Dein Name immer vor allen Lebenden sein. Himmel und Erde werden voller Weihrauchduft sein«[2]. Und Gott Amun schließt mit dem feierlichen Schwur: »So wahr mein Herz lebt, so wahr ich Dich liebe . . .,

verkündige ich Dir dies alles vor jedermann, auf daß Ägypten sieht, daß es keine Lüge ist«[3].
Und die Königin beeilt sich, dem göttlichen Gebot zu folgen. Auf der Nordwand der Halle ist sie abgebildet, wie sie im vollen Ornat der Pharaonen Thronrat hält, und sie gibt uns sogar das Datum dieses Ereignisses an: »Im Regierungsjahr 9 (das ist etwa das Jahr 1482 v. Chr.), bei einer Sitzung in der Thronhalle. Erscheinen des Königs mit der Atef-Krone (wie Gott Osiris sie trug) auf dem großen Goldthron in der Herrlichkeit des Palastes. Hereinführen der Beamten und des Hofstaates, um den Befehl des Königs an seine Würdenträger, an die Priester und Königsfreunde zu hören: ›Ich erleuchte die Ewigkeit vor Euch mit dem, was mein Vater gewünscht hat . . . Was meinen Vätern und Vorfahren unbekannt war, tue ich dem Herrn der Ewigkeit als Gabe. Ich vermehre, was ehedem getan ward, und werde dafür sorgen, daß man später sagt: Wie schön ist das, was durch sie geschehen ist! . . . Meine Majestät hat nun befohlen, nach dem Myrrhengebirge zu reisen, die Wege auf ihm zu erkunden, seine Ausdehnung zu erfahren und seine Pfade zu öffnen, gemäß dem, was mein Vater befohlen hat!‹«[4]
Vor ihr stehen drei hohe Beamte. Über dem ersten lautet die Inschrift: »Siehe, es wurde befohlen dem Erbfürsten, Grafen, Siegelbewahrer, Gefährten und Schatzmeister Nehesi, das Korps nach Punt zu führen«[5].
Alle Vorbereitungen sind getroffen, und die Szene wechselt zur Südwand der Tempelhalle, denn nach Süden ging ja die Fahrt. Fünf Schiffe liegen zur Ausfahrt bereit, lange, schlanke Rümpfe mit hoch aufgebogenem Heck und Bug, wie sie um diese Zeit auch das Mittelmeer befuhren bis zum Libanon, um das kostbare Bauholz zu holen. Drei haben am Mittelmast schon das breite, rechteckige Segel an einer Querrahe gesetzt, und es wölbt sich im Nordwind. »Fahrt aufnehmen zum Hafen!«, ruft der Steuermann an den breiten Steuerrudern des Führungsschiffes, und die Zurückbleibenden wünschen: »Stecht in See, beginnt den guten Weg zum Gottesland, reist in Frieden nach Punt!«[6]
Über diesen Weg erfahren wir leider nichts, und so bleibt die Frage offen, ob die Schiffe zerlegt mit einer Eselskarawane zum Roten Meer transportiert und dort wieder zusammengebaut wurden, ober ob es zu Hatschepsuts Zeiten einen schiffbaren Kanal vom Nil durch das Wadi Tumilat zum Roten Meer wie in der Spätzeit gegeben hat – auch die neuesten Ausgrabungen haben darüber bisher keine Klarheit geschaffen.

Es gibt sogar Stimmen, die den alten Ägyptern überhaupt die Fähigkeit zur Hochseeschiffahrt absprechen und das Land Punt deshalb am Oberlauf des Nils etwa an der äthiopischen Grenze suchen. Der deutsche Ethnologe Rudolf Herzog stützt diese These noch auf viele Parallelen aus dem völkerkundlichen Befund jener heute zum Südsudan gehörenden Gegenden[7]. Diesen Überlegungen vermag ich mich nicht anzuschließen.
Bei der Beurteilung der ägyptischen Schiffsbaukunst stützte ich mich auf den schwedischen Fachmann für Geschichte des Schiffsbaues, Björn Landström, der aus den zahlreichen erhaltenen Schiffsmodellen und -zeichnungen in ägyptischen Gräbern die verschiedenen Schiffstypen mit genauen Baurissen und seemännischer Beurteilung ihres jeweiligen Verwendungszweckes wiedergibt[8]. Er stellt fest, daß die Ägypter bereits über tausend Jahre vor Hatschepsut im Alten Reich seegehende Schiffe für Fahrten nach dem Libanon und nach Punt bauten[9], und daß die Hatschepsutreliefs eindeutig Schiffe zeigen, die mit Kiel, Steven und Spanntrossen versehen für »schnelle Fahrten in gefährlichen Gewässern« gebaut und geeignet waren[10].
Ein Vordringen der ägyptischen Nilflotte auf dem Fluß nach Süden weit über das von den Ägyptern zu Hatschepsuts Zeit beherrschte nubische Gebiet hinaus – die Unfreundlichkeit seiner Bewohner beweisen die unter jedem Pharao notwendigen Nubienfeldzüge – über gefährliche Stromschnellen und das Gebiet des Sudd, das selbst heute der Schiffahrt schwierige Probleme aufgibt, bis an die äthiopische Grenze halte ich für höchst unwahrscheinlich. Daß hingegen ein Auseinandernehmen der Schiffe zum Landtransport und ihr Wiederzusammensetzen in einem Seehafen durchaus möglich, ja üblich war, zeigt der Befund des Schiffsgrabes von Cheops, das neben seiner Pyramide gefunden wurde und in einer schiffsförmigen Grube die sorgfältig demontierten 407 Teile des Königsschiffes »wie ein gigantischer Bausatz« enthielt[11]. Noch heute können sie mit den altägyptischen Mitteln, nämlich mit Holzzapfen und Trossen, ohne andere Schwierigkeiten, als sie Erhaltung und Konservierung bieten, wieder zum vollen Schiff in seiner ursprünglichen Größe von 43,4 m Länge und 5,9 m Breite zusammengesetzt werden.
Die völkerkundlichen Beweise für Punts Lage am Obernil gelten nur für die heutige Zeit – wir wissen nichts darüber, wie es dort zu Hatschepsuts Zeit ausgesehen hat. Ebensowenig vermag das heutige Fehlen von bestimmten Bauformen in anderen Gebieten diese als Punt auszuschließen.
In Hatschepsuts Bericht folgt auf die Abfahrt von Theben gleich die

Ankunft der Flotte im Land Punt. Sie hat das Hauptdorf der Puntiten erreicht, das durch einen Fluß den ägyptischen Schiffen bequemen Zugang vom Meer bietet. Mit großer Genauigkeit sind die Dattel- und Dumpalmen jenes fernen Südlandes abgebildet, und unter ihnen stehen Rundhütten auf Pfählen, wie sie noch heute in vielen afrikanischen Dörfern zu sehen sind. In den Palmen spielen Affen und Meerkatzen, im Fluß schwimmen Fische, und jede Art ist so treffend gemalt, daß wir sie ohne Schwierigkeiten bestimmen können.

Die führenden Ägypter sind von Bord gegangen: »Der Königsbote tritt mit den Soldaten, die ihm folgen, vor die Häuptlinge von Punt.« Ihm kommt von links »der Führer von Punt, Perehu«, entgegen, ein kleiner, schlanker Mann mit hamitischen Gesichtszügen, begleitet von »seiner Frau, Eti, getragen auf einem Esel« – das Grautier kann einem leid tun, denn die Fürstin von Punt ist unförmig dick; sie zeigt alle Merkmale des Hottentottensteißes und leidet anscheinend unter Elefantiasis. Eine Tochter und zwei Söhne begleiten das Paar.

»Wie seid ihr in unser Land gekommen, das keiner kennt?« so fragen die Puntleute erstaunt. »Kamt ihr vom Himmel oder über das Wasser in das Gottesland?«[12]

Die Ägypter haben Gaben mitgebracht, um Argwohn und Furcht

Der ägyptische Expeditionsleiter (r) legt dem Fürsten von Punt (l) die Tauschgeschenke vor. Gesichter der Menschen, Pflanzen und die Fische im Fluß sind hervorragend beobachtet

gleich zu besänftigen: Halsketten und Armreifen, Dolche, Äxte und andere Erzeugnisse des ägyptischen Handwerks. Sehr kostbar sieht das alles nicht aus, doch die Puntiten bestaunen es nicht anders, als noch vor 50 Jahren die Glasperlen, Nadeln und Messer europäischer Handelsleute im Inneren Afrikas bestaunt wurden. Und das Verhältnis zu den Eingeborenen ist gut: »Am Ufer wurde ein Zelt errichtet für den Königsboten und seine Männer, damit sie die Häuptlinge des Landes empfangen konnten. Sie boten ihnen Brot, Bier, Wein, Fleisch und Früchte aus Ägypten, genau wie ihre Majestät befohlen hatte«[13].

Der Handel ist bald in vollem Gange. »Paß doch auf deine Füße auf, Mann! Die Last ist wirklich schwer!« ruft ein Matrose dem anderen zu, als beide sich bemühen, einen sorglich mit dem Wurzelballen in einen Korb verpackten Weihrauchbaum an Bord zu tragen. Zwei Schiffe sind schon beladen: »Alle Edelhölzer des Gotteslandes«, so ist über ihnen aufgezählt, »Haufen von Weihrauchharz, Ebenholz und reines Elfenbein, pures Gold, Räucherwerk, Augenschminke (Antimon), Affen, Meerkatzen, Hunde, Leopardenfelle und Eingeborene mit ihren Kindern. Nie war gleiches für einen König gebracht worden seit Anbeginn«[14].

Die Puntleute, an ihren Spitzbärten von den glattrasierten Ägyptern zu unterscheiden, bringen die Gegengaben: Säcke voll Gold, Schalen mit Weihrauch und wilde Tiere

Die Schiffe kehren heil zurück nach Theben, und die Gaben werden vor die Königin gebracht, voran die Häuptlinge von Punt, denen sich auch noch Führer von Stämmen aus dem afrikanischen Hinterland angeschlossen haben. »Heil Dir, Ägyptens König, weiblicher Sonnengott, die du strahlst wie die Sonne, die Herrin des Himmels!« so rufen die Afrikaner, als sie sich vor der Pharaonin zu Boden werfen, »Dein Name reicht so weit wie die Himmelskreise reichen, der Ruf Makarês umgibt das Meer!«[15]
Auf gewaltiger Waage wägt der Gott der Weisheit, Thot, persönlich die reichen Gaben des Gotteslandes gegen Gewichte in Form von Stierköpfen ab – zum Zeichen, daß alles Opfer für die Götter ist –, und die Göttin der Schreibkunst notiert seine Angaben. Auf Erden aber, vor dem jubelnden Volk im großen Festhof des Tempels, ist es die schöne Königin selbst, die Weihrauch, Myrrhen und Gold abmißt:
»Der König selbst, König Makarê: Sie nimmt den goldenen Scheffel und schickt sich an, ein erstes Mal in Haufen zu teilen, etwas Schönes für Amun zu tun und Myrrhen zu messen. Ihre Majestät selbst war mit ihren Händen tätig, beste Myrrhen auf allen ihren Gliedern. Ihr Duft war Gottestau. Ihr Geruch mischte sich mit dem von Punt. Ihre Haut war mit Gold überzogen und leuchtete, wie es Sterne tun, in der Festhalle vor dem ganzen Lande«[16]!

15.
Die schönen Feste der Toten

Hoch über der Bucht von Der el Bahari mit den Tempeln Mentuhoteps und Hatschepsuts, am Rande der Felsklippen, die weiten Ausblick bieten über Gräberstadt und Fruchtland, über das breite Band des Nils hinweg bis hinüber zu den Pylonen und Obelisken des Amuntempels von Karnak, stehen im Zwielicht des heraufdämmernden Tages einige Priester und warten gespannt auf den Sonnenaufgang. Eine ganze Nacht haben sie im 10. Monat des ägyptischen Jahres gewacht, in der Jahreszeit nach der Ernte, wie ihre Vorgänger im Amt seit unvordenklichen Zeiten dies getan haben. Einer von ihnen kann eben vor sich auf einem glatten Felsstück die eingeritzten Schriftzeichen erkennen, die ein an gleicher Stelle wachehaltender Priester vor über 500 Jahren zur Zeit des Mittleren Reiches in den Stein geritzt hat: Er »preist Amun und küßt die Erde vor dem Götterherrn an seinem sommerlichen Fest, wenn er aufleuchtet am Tag des Ruderns zum Tal des Mentuhotep«[1].
Und da sieht auch der Priester Hatschepsuts, wie der erste Strahl der Morgensonne sich drüben in Karnak auf den mit Elektron umhüllten Spitzen der Obelisken niederläßt, welche die »vollkommene Göttin« Hatschepsut hat errichten lassen, und wie also der Götterherr in seiner Gestalt als Amun-Rê aufleuchtet an diesem Festtag. Mit langgezogenen Rufen kündet er den Anbruch des heiligen Tages, andere Priester nehmen den Ruf auf und geben ihn weiter bis hinunter in den Terrassentempel, den im Talkessel noch das Dunkel der weichenden Nacht umhüllt, denn Tag und Nacht liegen in Oberägypten ebenso eng, doch scharf getrennt beieinander wie Fruchtland und Wüste.
Während hier im Tempel die Vorbereitungen für das große Ereignis getroffen werden, sehen die beobachtenden Priester von den Höhen

aus, wie sich im Morgenlicht aus dem Tempel von Karnak eine festliche Prozession wie ein Wurm herabzieht zum Hafen am Nilufer, das damals viel näher am Karnaktempel lag. Der ›Tag des Ruderns zum Tal von Mentuhotep‹ war gekommen, an dem der höchste Gott Amun von seinem Thronsitz im Tempel von Karnak herüber auf die Westseite kam, um das ›schöne Fest vom Wüstentale‹ zu feiern und mit seinem Besuch in der Gräberstadt jedem Verstorbenen Lebenskraft und alle guten Gaben des Lebens zu bringen.

Das Bild des Gottes wird, verborgen in dem Schrein seiner Tragbarke, an der Spitze der Prozession vom Allerheiligsten des Karnaktempels zum Nil gebracht und auf das Prunkschiff des Gottes ›Amun-starken-Hauptes‹ gestellt. Aus Edelhölzern ist es gebaut, starken Zedernstämmen vom Libanon, mit Ebenholz aus Punt verkleidet, Zierrat und Beschläge aus Gold, Silber und Edelsteinen[2] blitzen in der Morgensonne, die inzwischen die Szene erhellt. Von ihrem Palast am Tempel aus, wo sie die Nacht verbrachte, hat sich die Königin der Prozession angeschlossen. Sie begibt sich auf das Königsschiff, dessen Rudermannschaft an diesem Tag hohe Beamte bilden, denn sie haben heute die Ehre, nicht nur die Königin, den ›weiblichen Horus der Lebenden‹, sondern den Götterherrn selber über den Strom zu rudern: Das Gottesschiff ist im Schlepp des Königsschiffes, denn mit dem Schrein des Gottes sind nur die Tragepriester an Bord, kein anderer darf sich der Macht des Gottes so weit nähern, wie dies eine Rudermannschaft auf dem Gottesschiff tun müßte.

Da ruft auch schon der Steuermann des Königsschiffes: »Kommt zum Westen, zum Westen!« und der Kapitän befiehlt: »Nehmt auf die Ruder!« Auch diese Fahrt ist dargestellt in den schier unerschöpflichen Reliefs in Der el Bahari, und dazu die Ausrufe der Mannschaften. Die Großen im Königsschiff preisen Makarê, ihre Herrin: »Eine Stimme des Jauchzens ist im Himmel und auf der Erde, Djeser-djeseru ist in Festkleidung. Hathor ist wiederum geboren, Theben ist in Jubel. Hatschepsut, solange der Himmel ist, bist auch Du«[3]!

Den beiden Prunkschiffen schließen sich unzählige Barken, Ruderboote und Fischerkähne an, alles, was in Theben und im weiten Umkreis der Hauptstadt noch einigermaßen dichte Planken hat, denn kaum einen hält es zu Hause an diesem schönen Fest. Jeder Bürger will teilnehmen an den heiligen Riten im Westen und dann seinen Angehörigen und Vorfahren in ihren Gräbern die Kraft des Gottes bringen, die sich ihm bei Gebet und Opfer mitgeteilt hat. Man will auch das eigene Grab besuchen, das ›schöne Haus im Westen‹, das jeder sorglich bei Lebzeiten bereitete.

So glich der Zug wohl schließlich eher einer breiten Schiffsbrücke über den Nil als einer wohlgeordneten Prozession, bis Königsschiff und Gottesbarke allein in den Kanal einbogen, der Zufahrt zur Landestelle am kleinen ›Taltempel‹ Hatschepsuts bot, von dem eine Sphinxallee hinauf zum Terrassentempel führte. Dieser Taltempel war die erste einer Reihe von Stationen, die dem Gott während der Prozession als Ruhestätte dienten, wie wir sie bereits früher in Karnak und Medinet Habu kennengelernt haben.

Gott Amun kam an diesem Tag, um die ›Götter des Westens‹ zu besuchen[4]. Die Götter des Westens, das waren die verstorbenen Pharaonen, deren Totentempel alle zugleich auch Amun geweiht waren und eine Kapelle enthielten, in der es kein Götterbild gab, sondern nur einen Sockel, auf dem Amun in seiner Barke Platz nahm am Fest des Wüstentales. In der Prozession wurden Statuen – wohl leichte Holzbildwerke – der verstorbenen Könige, Königinnen und Königsmütter getragen[5], und zur Zeit der frühen 18. Dynastie, also zur Zeit Hatschepsuts, trugen auch viele der Prozessionsteilnehmer aus allen Volkskreisen Holzbilder oder wenigstens einfache Statuetten ihrer Vorfahren aus Nilschlamm, die sie tags zuvor aus den Schreinen der Gräber geholt hatten, um sie teilhaben zu lassen an den Riten und Opfern.

Denn wie bunt auch das Bild, wie groß auch der Trubel gewesen sein mag – dieses wie alle Götterfeste war zunächst Kultus, Gottesdienst, und stand gleichwertig neben dem täglichen Vollzug des Dienstes am Gott im Allerheiligsten. Aber dort war es nur der höchste Priester oder gar der König selbst, der den Kult vollzog, um damit die Anwesenheit und die Wirkung des Gottes für das ganze Land täglich neu herbeizuführen – in fast völliger Dunkelheit und ohne Beisein oder gar Mitwirkung einer ›Gemeinde‹. An den Götterfesten jedoch manifestierte sich die Gottheit vor dem Volke, und deshalb wurden sie mit demselben ägyptischen Worte bezeichnet, das auch für die Thronbesteigung des Königs oder seine öffentlichen Audienzen vor dem Volk verwendet wurde und das wir mit ›Erscheinen‹ übersetzen[6]. Hier nahm das Volk teil am Ritual, es sollte und mußte aktiv mitwirken: »Gesang, Räucherwerk und Verbeugung sind seine Nahrung« heißt es von den kultischen Bedürfnissen des Gottes in einer Weisheitslehre[7].

Wie bedeutsam die Götterfeste für die Ägypter waren, welchen Rang sie in ihrem Leben und ihrem Weltbild einnahmen, haben sie auch wieder in einer Weisheitslehre, der des Anii, ausgesprochen: das »rechte Feiern der Götterfeste« gehört danach zur Maat[8]. Wir haben bisher Maat immer mit ›Weltordnung‹ übersetzt, und gewiß trifft dies etwa den Bereich, den der Ägypter mit Maat bezeichnete – freilich nur dann, wenn wir Weltordnung sehr weit fassen und zugleich sehr ernst nehmen. Wie jede Handlung des Königs die Weltordnung sichern, aber auch stören konnte, wie Kultus und Magie sie ständig neu befestigen mußten, wie jeder Tempel ›Maat‹ nicht nur darstellte, sondern gänzlich *war*, so auch jede Handlung jedes Menschen. Hier liegt der Kern altägyptischer Ethik, und so ist Maat im Spiel, wenn ein Acker richtig vermessen wird, ist ebenso unser Begriff Wahrheit einer der Apsekte der Maat, und auch die Götterfeste dienen ihr nicht nur, sondern sie bewirken sie auch ganz unmittelbar.

Hatschepsut nahm ihre Verantwortung für die vollkommene Erfüllung der kultischen Pflichten ebenso ernst wie ihre anderen königlichen Aufgaben. Wir können deshalb sicher sein, daß sie auch persönlich an dem ›schönen Fest vom Wüstental‹ das große Brandopfer vollzog, das den Gott herbeirufen und stärken sollte.

Das Wesen ägyptischen Opfers hat wohl Rainer Maria Rilke am tiefsten empfunden und für uns Heutige in seinem Gedicht ›Karnak‹ sinnfällig gemacht, das aus der tiefen Erschütterung entstand, die der Dichter bei einem nächtlichen Besuch in den monderhellten Ruinen des großen Tempels empfand:

»... und hier war das gefaßt,
was nie verborgen war und nie gelesen:
Der Welt Geheimnis, so geheim im Wesen,
daß es in kein Verheimlicht-Werden paßt!

Bücher verblätterns alle, keiner las
so Offenbares je in einem Buche –,
(was hülfs, daß ich nach einem Namen suche):
Das Unermeßliche kam in das Maß

der Opferung. – Oh sieh, was ist Besitz,
solang er nicht versteht, sich darzubringen?
Die Dinge gehn vorüber. Hülf den Dingen
in ihrem Gang. Daß nicht aus einem Ritz

dein Leben rinne. Sondern immerzu
sei du der Geber. Maultier drängt und Kuh
zur Stelle, wo des Königs Ebenbild,
der Gott, wie ein gestilltes Kind, gestillt

hinnimmt und lächelt. Seinem Heiligtume
geht nie der Atem aus. Er nimmt und nimmt,

und doch ist solche Milderung bestimmt,
daß die Prinzessin die Papyros-Blume
oft nur umfaßt, statt sie zu brechen –[9].

Wahrscheinlich wurde das große Opferritual im Festhof des Hatschepsuttempels im ›Wüstental‹ von Der el Bahari dargebracht; dort haben sich einige, allerdings später restaurierte Reliefs erhalten, die fast unsere einzige Quelle für diesen ›offiziellen‹ Teil des Festes darstellen[10].

Im großen Ornat der Pharaonen, gekrönt mit den ›Zauberreichen‹, den heiligen Kronen von Ober- und Unterägypten, und mit der goldenen Uräusschlange auf der Stirn weihte die Königin mit vier Schlägen ihres Szepters[11] die unzähligen Opfer für den Gott: fette Mastochsen und Geflügel, vor allem Gänse, waren die bevorzugten Opfertiere des Amun. Während vor und nach dem Opfern die Tempelmusikanten und Sänger Lobgesänge für Amun darbrachten, herrschte beim Vollzug des Opfers ehrfürchtiges Schweigen, während jeder sein Gebet verrichtete: »Das Haus Gottes – sein Abscheu ist Geschrei. Bete für dich mit deinem wünschenden Herzen, dessen Worte alle verborgen sind ...« heißt es in der Lehre des weisen Anii[12], und diese Vorschrift galt für das Festopfer nicht weniger.

Nicht nur Hofstaat und Priester, Beamte und Volk waren bei diesem Opfer anwesend. Im Kultbild des Amun nahmen alle Götter teil, und die mitgeführten Bilder der Ahnen von Königin und Gemeinde ließen »alle verstorbenen Könige und Königinnen, Königsmütter und die vortrefflichen Geister der Friedhöfe« teilhaben an der heiligen Handlung, wie ein altes Ritual es fordert[13]. Auf einem inmitten des Festhofes errichteten Altar legte die Königin ausgewählte Stücke der Opfertiere auf ein Feuerbecken, daß der Rauch aufstieg zum Himmel, und rezitierte dazu die uralten Opfersprüche, die erst dem Opfer Wirkung und Sinn gaben, die aus der äußerlichen Handlung einen Vollzug des Mythos von Stärkung und Sicherung der Götter und der gesamten Schöpfung machten. Schließlich brachte die Pharaonin dem Gott noch Blumensträuße aus Lotosblüten und Papyruspflanzen dar, und so war im Opfer Tier und Pflanze mit Mensch und Gott verbunden.

Zugleich aber waren die von der Königin ausgewählten Stücke Stellvertreter für alle Opfertiere und alle Blumen, die im Tempelhof bereitstanden. Sie alle waren auf magische Weise wirklich Amun im Rauch des Opferfeuers dargebracht und hatten die volle Wirkkraft erlangt, ihre Rolle im Ritus zu spielen. Sie wurden nun verteilt an die Priester der Totentempel und an die Festgemeinde, um sie in Tem-

pelsanktuaren und an Gräbern darzubringen. Und so wurden »die verstorbenen Könige, Königinnen und Königsmütter und die vortrefflichen Geister der Friedhöfe« nochmals in den Vollzug des Opfers einbezogen und in seine die Lebenskräfte stärkenden Wirkungen, um die Krise des Todes zu überstehen und zu neuem Leben fähig zu sein.
Während die Totenpriester, die Sänger und Musiker und die Festgemeinde zu ihren Toten ziehen, schreitet die Königin, nur in Begleitung der höchsten Amunpriester und Hofbeamten, die Rampen ihres Tempels hinauf. Das Bild Amuns folgt auf seiner Barke. Vorbei an den Sphinxen mit dem Gesicht der Königin geht der Zug bis hinauf in die oberste Säulenhalle, wo nochmals eine Opferzeremonie für die unmittelbaren Vorfahren Hatschepsuts, vor allem ihren Vater Thutmosis I., stattfindet. Und dann »tritt die Majestät dieses Gottes ein in sein Heiligtum Djeser-djeseru«, in das Allerheiligste des Tempels, das tief in den Felsen eingehauen ist. In der Mitte des Raumes wird die Barke auf einer Erhöhung abgesetzt, um welche vier Standbilder der Königin stehen. Fackeln erhellen die Kapelle. Hier vollziehen die Königin und Mitglieder der Königsfamilie die letzten Riten dieses Tages, und diese sind auf den Wänden des Sanktuars abgebildet, so daß wir sie heute noch miterleben können.
Auf der einen Längswand bietet Hatschepsut im Pharaonenornat – trotz späterer Ausmeißelung im Umriß deutlich erkennbar – dem Gott in seiner Barke kniend Wein zum Opfer dar, auf der anderen sehen wir ihren jungen Mitregenten Thutmosis III. dargestellt, wie er Milch vor der Barke opfert. Nofrurê, die Erbprinzessin, folgt auf beiden Seiten dem jeweils opfernden Pharao, auch sie im großen Ornat als ›Gottesgemahlin des Amun‹. Aber auch die Verstorbenen der Königsfamilie nehmen am Opfer teil: die Eltern der Königin, Thutmosis I. und seine Große Königliche Gemahlin Ahmose, sind abgebildet, wie sie der Götterbarke folgen, ebenso ihr verstorbener Gemahl Thutmosis II. und die frühverstorbene Schwester Neferubity.[14]
Um den Barkensockel stehen vier Becken, die mit Milch gefüllt sind. Milch ist ein von Amun bevorzugtes Opfer und für die ägyptische Mythologie ein Stoff, der eng mit Schöpfungsvorgängen und mit der Übertragung von Lebenskräften und göttlicher Wesenheit verbunden ist. Hier nun übernachtet der Götterherr und ist damit anwesend, wenn draußen im Wüstental, in der weiten Totenstadt von Theben, die Festbräuche in allen Gräbern vollzogen werden.
Über diese Festbräuche an und in den Gräbern der Privatleute wissen wir sehr viel besser Bescheid als über die Kulthandlungen vor Amun,

von denen wir nur andeutungsweise durch einige ›Momentaufnahmen‹ in Tempelreliefs Kenntnis haben. Die Ägypter scheuten sich, Einzelheiten des Götterkults darzustellen. Die Privatgräber aber sind voll von Bildern über das Fest, und gerade sie gehören zu den schönsten und reizvollsten Wandbildern der 18. Dynastie überhaupt.
Wir sehen immer wieder den Grabherrn, wie er bereits an den Türleibungen seines Grabes Ausschau hält nach den Angehörigen, die ihn mit Opfer und Blumen, Hymnen und Verklärungen, gemeinsamem Mahl und Trank teilhaben lassen an ihrem Leben, seine Lebenskraft stärken und ihm ermöglichen, ewig weiterzuleben.
Nun kommen die Angehörigen in festlichem Zuge, den wir uns nicht etwa als feierlichen Trauerzug dunkel gewandeter und traurig blikkender Menschen vorstellen dürfen, sondern als einen heiter gestimmten Kreis, festlich-weiß gekleidet, mit Blumenkragen und kostbaren Juwelen geschmückt. Das schöne Fest vom Wüstental war ja ein Fest des Lebens und nicht des Todes, und für die Ägypter – zumindest in jener Zeit – hatten die Grabstätten nichts Trauriges, geschweige denn Unheimliches an sich. Sie waren vielmehr das ›schöne Haus des Westens‹, das oft viel kostbarer und heiterer ausgemalt war als das Haus der Lebenden, das doch nur kurze und vorübergehende Heimstatt bot.
Falsch und völlig unägyptisch wäre es aber auch, anzunehmen, die Ägypter hätten das Leben gering geachtet und nur auf den Übergang zu einem anderen, ›jenseitigen‹ Leben gewartet. Nein, gerade weil sie das Leben, dieses Leben so wie es war, liebten und sehr bewußt alles Gute genossen, was es zu geben hatte, waren sie bestrebt, auch den Verstorbenen daran teilnehmen zu lassen und ihm seine Fortführung auch im ›Reich der Westlichen‹ zu gewährleisten. Es gibt zu dieser altägyptischen, rief im Religiösen verankerten Lebensfreude kaum einen größeren Gegensatz als die Betrachtung der Erde als ›Jammertal‹ durch die alttestamentlichen Propheten.
Die Angehörigen bringen die Stücke vom Amunopfer, die beim großen Brandopfer geweiht und dann verteilt worden waren, zu den Gräbern und opfern sie hier erneut auf Schalen aus Ton, die mit glühenden Holzkohlen gefüllt waren und die der zum Opferdienst verpflichtete Nachkomme, Sohn, Tochter, Schwiegersohn oder Enkel, vor dem Bild des Verstorbenen erhebt.
In vielen Gräbern, auch aus Hatschepsuts Zeit, finden wir dazu die Erklärung: »Weihen eines Gottesopfers, Weihrauch und Myrrhen an Amun-Rê, den Herrn von Karnak, an Rê-Harachte, an Osiris . . . für Leben, Heil und Gesundheit der Königin Hatschepsut, sie möge le-

zur Farbtafel rechts: Damen bei einer Totenfeier werden von Dienerinnen geschmückt. So heiter sind die Wandgemälde der thebanischen Gräber zu Hatschepsuts Zeit

zu den Farbtafeln auf den beiden folgenden Seiten:

links: Die Göttin Mut in Geiergestalt als Herrin des gestirnten Himmels. (o) Namensfries Hatschepsuts: Kobra für Maat, Sonnenscheibe für Rê, die Ka-Arme sind ausgehackt. Der el Bahari

rechts: Im Grab (Nr. 96) des Sennufer, des Bürgermeisters von Theben und Verwalters der Gärten des Amun-Tempels unter König Amenophis II. Der Tote am Speisetisch, zu seinen Füßen seine Gemahlin Meretj. Von einem der vier Pfeiler der großen Sargkammer.

ben!« und »Weihen eines Gottesopfers. Das Opfergebet sprechen: Tausend an allen schönen und reinen Dingen, tausend an allen schönen und süßen Dingen für den Herrn der Götter an seiner Flußfahrt des Westens«[15].

Inzwischen ziehen, vom Tempel der Hatschepsut kommend, die Sängerinnen der Hathor und die Sänger des Amun von Grab zu Grab. Die Sängerinnen berühren mit dem heiligen Schmuck der Göttin, Halsketten und Wedel, in denen die lebensspendende Mächtigkeit Hathors verkörpert ist, das Bild des Grabherrn und singen dazu:

»O Gold (Name Hathors), Herrin der Trunkenheit,
du bist glücklich über einen, der auf Erden rechtschaffen war.«

Auf den Anruf der Göttin folgt die Verklärung für den Toten:

». . . die nicht untergehenden Sterne,
mögen sie dir Schutz um dich breiten.
Mögen sie dir die Wege zum Himmel öffnen
und die Tore der Unterwelt aufschließen.
Mögest du hervorkommen
indem du als Gott erscheinst,
indem du im Himmel verklärt bist,
indem du in der Sternenwelt entstanden bist . . .«[16]

Auch die Sänger des Amuntempels kommen vor das Grab und stimmen den Lobpreis Gottes und eine Verklärung des Grabherrn an:

»Preis ist im Himmel, Jubel in der Tragbarke
und Jauchzen überall an beiden Ufern
über Amun in Karnak und in seinen südlichen,
nördlichen, westlichen und östlichen Heiligtümern.
Möge er die Würde des Grabherrn hoch sein lassen,
in Frieden, in Frieden bei ihm!
Geöffnet sind die Türflügel des Himmels,
aufgetan sind die Türflügel des Firmaments,
geöffnet ist der Weg in der Gräberstadt.
Möge er (der Tote) an diesem Tag erfrischt werden . . .
Mögen ihm Lobpreisungen aus der Sonnenbarke zugerufen werden!
Denn er weiht ein Gottesopfer an Amun
und die Götter, die bei ihm sind«[17].

zur Farbtafel links oben: Deutlich sind die Umrisse der ausgehackten Gestalt Hatschepsuts auf der Wand ihrer Sakristeiräume im Karnaktempel zu erkennen; die Kartuschen über den Köpfen der sie zur Krönung reinigenden Götter Horus (l) und Thot (r) zeigen den Thronnamen »Makarê« trotz Aushackens noch lesbar.

zur Farbtafel links unten: Unter den Geschenken für Amenophis II., Hatschepsuts Enkel, auf der Wand des Kenamungrabes hebt sich Hatschepsuts weiße Gestalt deutlich von den anderen regierenden Vorfahren des Königs ab. In der Kartusche ihr königlicher Vorname »Hatschepsut Khnemetamun«

Festlich geschmückt und heiter nehmen die Verwandten des Wesirs Ramose am Totenmahl zum »schönen Fest vom Wüstental« teil

Wir haben das Glück, daß diese Gebetslieder vom Fest des Wüstentales gerade aus der Zeit Hatschepsuts im Grabe des Puemrê erhalten sind, des zweithöchsten Priesters am Amuntempel, der zugleich zum engeren Kreis der Mitarbeiter an Hatschepsuts Hof gehörte.
Nach dem Brandopfer haben die Angehörigen der Statue des Verstorbenen auch geweihte Blumen aus dem Tempel dargebracht, vor allem den ›Strauß des Amun‹ aus Lotosblüten, Papyrusstengeln, Liebesäpfeln und Winden. Blumen gehörten in Ägypten zu jedem Fest. Die geweihten Sträuße sind Zeichen für die Gunst des Gottes und zugleich Inbegriff des Lebens, ja das Wort für Leben ›Ankh‹ ist geradezu ein Name für einen Blumenstrauß[18].
Inzwischen ist es Abend geworden über der thebanischen Gräberstadt, und während Amun in seiner Barke hoch droben in der Felskapelle des

Terrassentempels ruht, dringt aus den Türen der Gräber Lichtschein und fröhlicher Gesang. In den Vorraum jedes Grabes haben Diener aufklappbare Feldstühle gestellt, auf denen der Hausherr und seine Gattin sowie die Ehrengäste Platz nehmen, wobei der bevorzugte Platz der Mutter zukommt, falls sie noch lebt. Die übrigen Gäste, jüngere Verwandte und Freunde, sitzen auf Kissen oder Matten auf dem Fußboden. In den oft sehr engen Grabräumen muß an diesem Festabend ein unwahrscheinliches Gedränge geherrscht haben, das aber die Atmosphäre der intimen Familienfeier noch unterstrich.
Wenn wir hier von ›Grab‹ reden, so ist das im strengen Sinn nicht richtig: die Feier fand in der Versorgungskapelle statt, die hinter einem offenen Vorhof meist in Form eines umgekehrten T einen Quer- und anschließenden Längsraum umfaßte, die nur bei sehr reichen Grabherren saalartige Ausmaße hatten. Der Sarkophag des Verstorbenen ruhte tief unter der Erde. Zu dem Sargraum führte ein enger, steiler Gang, der nach dem Begräbnis mit Schutt und Steinen gefüllt wurde.
Wir kennen jede einzelne Szene des hier im Grab höchst heiter begangenen Totenmahles, denn oft genug ist es an den Grabwänden dargestellt. Der Verstorbene selbst nimmt auf den Bildern am Mahle auf dem Ehrenplatz teil, und in dieser Darstellung wird deutlich, daß sich diese Sitte aus dem uralten Versorgungsopfer für die Verstorbenen entwickelt hat. Es ist eine magische Handlung, die dem Bewohner des Grabes alles Lebensnotwendige zukommen läßt, und zwar für immer, denn das Festhalten dieses Mahles im Bild hatte ja nicht einen dekorativen Zweck, sondern sollte diese Versorgung auf ewig wiederholen und wirksam erhalten.
Die Diener haben im Vorhof des Grabes Speisen zugerichtet und legen sie in üppiger Fülle den Gästen vor. Vor allem aber wird Wein ausgeschenkt, denn der Rausch war der Göttin Hathor heilig und sollte wiederum dem Verstorbenen zugute kommen. Meist ist es eine der Frauen der Familie – Mutter, Gattin oder Tochter –, die den Rauschtrank ausschenkt und die Trinksprüche ausbringt:

»Nimm zu trinken.
Feiere einen schönen Tag
in deinem Hause der Ewigkeit,
aus der Hand deiner Gattin Henutnefert.
Dir zum Wohl, Geehrter,
ein weißes Kleid,
Öl für deine Schulter

Kränze an deinen Hals
deine Nase mit Gesundheit und Leben zu erfüllen.
Myrrhen auf deinen Scheitel,
die von Amun-Rê kommen«[19].

Und im Grabe des Rechmirê, der Wesir unter Thutmosis III. und Amenophis II. war, sagen die Töchter das ganze Festprogramm auf:

»*Das Herz erfreuen, etwas Schönes sehen,*
Vorträge, Tänze und Gesänge,
Myrrhen auflegen, sich mit Öl salben,
eine Lotosblüte an der Nase,
Brot, Bier, Wein, Süßigkeiten und anderes vor sich,
für den Fürsten und Wesir Rechmirê,
mit dem seine Frau, die sein Herz liebt, zusammen ist,
die Herrin seines Hauses Merit«[20].

Die Feier war ein Fest für alle Sinne: Essen und Trinken gab es, Gedichte, Lieder und Tanz, und der Duft der Blumensträuße und Blütenkragen mischte sich mit dem Myrrhenduft der Salbkegel, welche die Frauen auf ihren Perücken trugen und die in der Wärme des engen Raumes allmählich zerflossen und ihre Düfte freigaben.
Junge Tänzerinnen und Musikantinnen unterhielten die Gäste, und auch diese entzückenden Geschöpfe sehen wir über die Grabwände tänzeln, meist nur mit einer Schamschnur oder einem hauchdünnen, schleierartigen Gewand bekleidet, das jede Form der schönen, schlanken Körper preisgibt.
Nur in der 18. Dynastie entstanden solche heiteren Bilder an den Grabwänden, und auch nur in dieser knapp 250 Jahre währenden Periode, so dürfen wir annehmen, ist das Totenfest in dieser Form gefeiert worden. Im Alten und Mittleren Reich haben Mythen und Rituale an den Grabwänden einen ernsten Grundton und bringen in immer gleicher Wiederholung das, was der Ägypter als wesenhaft empfand. In späteren Epochen des Neuen Reiches wird die Religiosität strenger. Unter dem Eindruck der sozialen Spannungen, der Bedrohung des Reiches von außen, der ständigen Kriege, vor allem aber unter dem Einfluß semitischer religiöser Vorstellungen, wird ein Gefühl persönlicher Nichtigkeit dem Göttlichen gegenüber, der Sünde und Buße wach, das im Kult – und folglich auch in der Kunst – auf die persönliche Begegnung des Gläubigen mit seinem nun als das Ganz-andere empfundenen Gott zurückführt und den Ton der Kunst der 18. Dynastie für zu ›diesseitig‹, ja frivol hielt. Spätere Grabinhaber haben die

Körper der Tänzerinnen und Dienerinnen gar mit Kleidern übermalen lassen.
Zur Zeit Hatschepsuts und ihrer Nachfolger aber war das frohe, heitere, tatkräftige Lebensgefühl noch ganz ungebrochen. Diese Zeit muß, wie der große deutsche Ägyptologe Schott es ausdrückte, den Nachkommen »wie ein schöner Traum« erschienen sein[21].
Die Feiern in den Gräbern dauerten die ganze Nacht über. Immer wieder wurden neue Gedichte vorgetragen, neue Speisen vorgelegt und jeder einzelne Gast zum Trunk aufgefordert:

der Bruder: *»Dir zum Wohle! Im Hause deines Bruders*
versäumt nicht, euch auf immer zu vereinen.«
eine Dame: *»Dir zum Wohle! Trinke bis zur Trunkenheit!*
Feiere einen schönen Tag.
Höre, was dir deine Freundin sagt:
Tu nicht so, als müßtest du aufhören.«
eine Amme: *»Trinke und sei nicht verdrießlich.*
Koste und laß mich den Krug austrinken;
der Fürst (Grabherr) gab ihn zum Trinken«[22].

Was wir übrigens nicht genau kennen, ist die Beleuchtung der Gräber zu diesem Fest. In den Privat- wie in den Königsgräbern sind, soweit sie unberührt waren, nämlich kaum Rauch- oder Rußspuren zu sehen. Die empfindlichen Wandgemälde haben ihre leuchtenden Farben nur dort verloren, wo christliche Eremiten oder später arabische Fellachen die Höhlen bewohnten und mit Fackeln und Herdfeuern Wände und Decken mit einer dichten Rußschicht bedeckten. Beim Bau der Gräber haben, so nimmt man heute an, die Handwerker sich derselben Methode bedient, die heute noch die Fremdenführer in den Gräbern benutzten, in die kein elektrisches Licht verlegt ist, nämlich Spiegelung des Sonnenlichts mit Metallspiegeln, womit ein erstaunlich helles Licht bis in die Tiefen der Grabgalerien zu erreichen ist.
Im ersten Morgenlicht des neuen Tages löschten die Priester in der Amunkapelle des Terrassentempels die Fackeln in den vier ›Milchseen‹[23], und während Rê sich anschickte, in seiner Tagesbarke den Himmel zu befahren, nahm sein Bild als Amun-Rê in der Tragbarke wieder den Weg zum Fluß, um heimzukehren in den großen Tempel von Karnak. Die Toten aber, Könige, ihre Mütter und Frauen wie alle vortrefflichen Geister der Totenstadt, waren neu gestärkt und mit allem »Schönen und Notwendigen« versorgt worden an diesem schönen Fest vom Wüstental.

16. Männer um Hatschepsut

»Lob für Amun und den Boden küssen vor dem Herrn der Götter für Leben, Wohlergehen und Gesundheit des Königs von Ober- und Unterägypten Makarê – er soll ewig leben – vom Erbfürsten und Grafen, dem Schatzmeister des Königs von Unterägypten, dem einzigen Freund, dem Vermögensverwalter Amuns, Senenmut, in Übereinstimmung mit des Königs Güte, die auf diesen Diener sich erstreckte, daß nämlich sein Name auf jeder Wand im Gefolge des Königs erscheinen durfte, in Djeser-djeseru und ebenso in jedem anderen Tempel aller Götter von Ober- und Unterägypten. Also sprach der König!«[1]

Diese Inschrift in einem Granit-Torbogen, der auf der obersten Terrasse von Der el Bahari von dem zentralen Säulenhof in die Opferhalle führt, wird von einer Relieffigur Senenmuts überragt. Mit erhobenen Händen betet er den Gott und zugleich seine königliche Herrin an. Sie widerlegt die früher auch von Ägyptologen häufig ausgesprochene und heute noch neugierigen Touristen von jedem Dragoman aufgebundene Behauptung, daß der große Baumeister sich ohne Wissen, ja gegen den Willen der Königin in ihrem Tempel habe abbilden lassen und daß die Entdeckung dieses Frevels zu seinem Sturz beigetragen habe. In der Tat: Es gibt unter den mehr als sechzig Türen und Torbogen im Terrassentempel kaum einen, in dem nicht Senenmuts kleines Bild, bisweilen auf beiden Seiten, zu finden ist, ehemals verborgen durch die nach innen sich öffnenden hölzernen Torflügel. Sechsundsechzig solcher Bilder sind später von seinen Feinden ausgelöscht worden, aber noch erkennbar; vier in der Hathorkapelle sind der Verfolgung entgangen.

Senenmut ließ also seine Bilder an möglichst verborgenen Stellen anbringen, und es trifft zu, daß im Alten und im Mittleren Reich die Teilnahme eines nicht der königlichen Familie angehörigen Menschen an den Ritualen eines königlichen Totentempels im allgemeinen als Sakrileg galt. Aber der höhere Wert, den man in Ägypten seit den Freiheitskriegen gegen die Hyksos der Persönlichkeit beimißt, macht sich allmählich auch hier zugunsten einer Lockerung der Tradition bemerkbar. Wir hatten schon Ähnliches beobachten können in dem ›Königinmutter-Erlaß‹ der Ahhotep für ihren Haushofmeister Kares.

Bei Totentempeln der Pharaonen freilich scheinen solche königlichen Gunsterweise nur sehr selten erteilt worden zu sein. Allerdings haben wir gerade aus Hatschepsuts Zeit noch ein anderes Beispiel: Wenn auch nicht in dem Totentempel, so doch in dem Tempel von Buhên in Nubien, der ebenso der Verehrung Amuns wie seiner Erbauer, Hatschepsuts und Thutmosis' III. geweiht war, sind in manchen Türnischen Reliefs des damaligen Vizekönigs von Nubien, Nehy, zu sehen[3].

Auf jeden Fall besteht eine ausdrückliche Genehmigung der Königin für Senenmut, an allen wichtigen Stellen des Tempels im Bild, und das hieß ja bei der magischen Bedeutung des Bildes im alten Ägypten in Person und für alle Zeiten, anwesend zu sein. Sie ist ein deutliches Zeichen für die Bedeutung, welche die Herrscherin ihrem engsten Mitarbeiter zumaß, und für ein besonders vertrautes Verhältnis zwischen der Königin und ihrem ersten Diener wenigstens während der Zeit, in der Der el Bahari gebaut und mit Reliefs ausgeschmückt wurde, also etwa vom 7. bis 10. Regierungsjahr der Königin.

Wenn wir hierzu noch die Fülle seiner über achtzig Titel und Ämter nehmen und daß er sich selbst einmal »der Größte der Großen im ganzen Land« nennt, sein nach Art der Königsgräber als Langgrab gebautes und unter Hatschepsuts Tempel liegendes zweites Grab und seinen auf Genehmigung der Königin in den königlichen Steinbrüchen gebrochenen Sarkophag ähnlich den königlichen Sarkophagen[4], so verstärkt sich der Eindruck, daß Senenmut sich fast als Mitglied der Königsfamilie fühlen durfte. Wenn wir die Gründe hierfür fassen wollen, dann kommen wir nicht an der Frage vorbei, um deren Beantwortung sich Historiker mit Formulierungen wie »intimer Vertrauter« oder auch »persönlich eng verbunden« herumdrücken: War Senenmut Hatschepsuts Geliebter?

Einige der für ein sehr enges Verhältnis sprechenden Gründe hatten wir oben schon angeführt. Auf seiner jetzt im Berliner Ägyptischen Museum stehenden Statue sagt Senenmut von sich: »Ich bin ein Edler seines Herrn, der zum Wunder der Herrin beider Länder Zutritt hat«[5]. Und über die Decke seiner Sargkammer tief unter dem Hof des Tempels von Der el Bahari läuft eine Inschrift, in welcher sein Name unmittelbar an den der Königin anschließt[6]. Ein bei der magischen Wirkung des Namens im alten Ägypten gewiß recht bedeutungsvoller und keineswegs zufälliger Vorgang. Wenn wir zu diesen vielfältigen Andeutungen noch nehmen, daß im Ägypten der Pharaonen der Geschlechtsverkehr mit keinem Tabu belegt war und eine Witwe weitgehende Freiheit genoß, so werden wir wohl für möglich halten, daß diese beiden Menschen eine Liebesbeziehung verband.

Allerdings – jede einzelne dieser Quellen kann auch als Gunstbeweis an einen verdienten Mitarbeiter ausgelegt werden, und wir haben in der Tat für jede auch Parallelen bei hohen Beamten unter anderen Pharaonen. Wir müssen nach allen Zeugnissen außerdem davon ausgehen, daß Hatschepsut eine ihres göttlichen Königtums sehr bewußte Persönlichkeit war, und ein Zug von Hochmut ist in dem Gesichtsausdruck aller ihrer Darstellungen nicht zu übersehen. Die göttliche Mächtigkeit des Königs, in der sogar eine Gefährdung für die Umgebung liegen konnte, würde nach unserem Gefühl die Liebesbeziehung einer Pharaonin zu einem Mann nichtköniglichen Geblüts ausschließen. Aber die nicht minder machtgeladenen männlichen Pharaonen hatten schließlich ihre Gemahlinnen und einen ganzen Harem, und sogar Amun selbst hielt ja nach der Geburtslegende Hatschepsuts das Beilager mit einer Menschenfrau, verfügte über ›Gottesgemahlinnen‹, die Menschen waren, und hatte in Luxor seinen Harem.

Ich halte nach allem eine enge Liebesbeziehung zwischen diesen beiden Menschen nicht nur für möglich, sondern sogar für sehr wahrscheinlich.

Eins aber steht fest: Senenmut war in keinem Fall ein Günstling etwa im Sinne der Liebhaber Katharinas von Rußland, deren Fähigkeiten sich nur im Bett und nicht in Staatsgeschäften bewiesen. Wie weit auch immer seine Beziehungen zu Hatschepsut gegangen sein mögen, Senenmut war ein fähiger, tüchtiger und energischer Mitarbeiter seiner Herrin, der unter den großen Staatsmännern Ägyptens wohl seinen Platz hat.

Er stammte aus kleinen Verhältnissen und ist somit ein gutes Beispiel für die Durchlässigkeit der Gesellschaft zu jener Zeit der frühen 18. Dynastie. Sein Vater Ramessu und seine Mutter Hatnufer hatten keinerlei Titel oder Ämter, die der Sohn für erwähnenswert gehalten hätte, als er ihnen im 7. Regierungsjahr seiner Königin ein kleines

Grab unterhalb seines eigenen ›Beamtengrabes‹, des ersten und bescheideneren seiner beiden Gräber, anlegen ließ. Beim weiteren Ausbau von Senenmuts Grab war der schmale Eingang zu dem seiner Eltern so vollständig verschüttet worden, daß das Grab unberührt blieb bis zum 11. Januar 1936, als die amerikanischen Archäologen Hayes und Lansing es entdeckten[7].

Mit großer Wahrscheinlichkeit war der junge Senenmut zunächst Offizier. Reste einer stark zerstörten Inschrift in seinem Grab sprechen von Kriegstaten unter den Königen Amenophis I. und Thutmosis I., und auf seiner Statue im Museum von Kairo finden wir die Sätze: »Ein Bürger, tapfer mit seinem Arm, Begleiter des Königs in den südlichen, nördlichen, westlichen und östlichen Fremdländern ... dem das Ehrengold gegeben worden ist«[8]. Der Schritt vom verdienten Frontoffizier zum Beamten war gar nicht selten und galt als Beförderung. Mit Sicherheit hatte Senenmut eine Ausbildung als Schreiber, und er rühmt sich gern seiner intellektuellen Fähigkeiten und daß ihm eine neue Hieroglyphengruppe eingefallen sei, »die er nicht in den Schriften der Vorfahren fand«[9]. So finden wir Senenmut zur Zeit Thutmosis II. als Vermögensverwalter der Erbprinzessin Nofrurê. Kurz darauf, wohl schon in der Zeit der Regentschaft, wird er »Obervermögensverwalter der Gottesgemahlin und Großen Königlichen Gemahlin Hatschepsut«. Er selbst sagt dazu auf einer seiner Statuen: »Sie kannte meine Vortrefflichkeit ihr gegenüber und setzte mich zum obersten Mund ihres Vermögens ein, indem das Vermögen des Königs mir unterstellt war«[10].

Nach der Thronbesteigung Hatschepsuts betont er besonders sein Amt als ›Gottesvater‹, als ›Amme‹ der Erbprinzessin. Wie wir gesehen haben, bedeutete dies Erzieher und gleichzeitig Vorsteher ihres Palastes und aller ihrer Diener. Auf diesem Amt baut sich wohl seine engere dienstliche Verbindung zum Hofe und zur Regentin auf. Zudem erhält er jetzt – möglicherweise zur Königsproklamation seiner Herrscherin – Rang und Amt eines ›Vermögensverwalters des Amun‹, und unter diesem Titel wird er fortan meist von seinen Zeitgenossen angesprochen[11].

Damit vereint er nun eine beachtliche Machtfülle in seiner Hand, denn ihm unterstehen jetzt die Ländereien und Einkünfte, die Scheunen und Ställe, die Herden und Weinkeller, die Schatzhäuser und schließlich die Handwerker und Künstler der reichsten Institutionen seiner Zeit: der Königin, der Erbprinzessin, die als Gottesgemahlin des Amun über zusätzlichen eigenen Besitz verfügte, und vor allem des Amuntempels selber, dem seit den Hyksoskriegen gewaltige Stiftun-

gen der Könige an Gold und Edelsteinen, an Boden und Einkünften ganzer Dörfer, an Kriegsbeute und Sklaven zugekommen waren. Die Titel ›Erbfürst und Graf‹, ›Einziger Freund‹ und ähnliche waren rein protokollarisch bedeutsame Hofränge, und es gab mehrere Träger dieser Bezeichnungen gleichzeitig. Sie stammten aus sehr alter Zeit und waren mit keinen Ämtern mehr verbunden. Besonders irreführend ist das ›Erb-‹ vor Fürst: In Ägypten gab es schon lange keinen Adel im Sinn eines Geburtsadels mehr, und entgegen dieser Bezeichnung konnte dieser Titel zu Hatschepsuts Zeit auch keineswegs vererbt werden.
Sehr unmittelbar scheint die Zusammenarbeit mit der Königin auf dem Gebiet der Bauten gewesen zu sein. Von der Leitung des Transportes der beiden ›Krönungsobelisken‹ durch Senenmut hatten wir schon berichtet, auch von seiner Rolle bei Planung und Durchführung der Tempelbauten von Der el Bahari. Wir lesen aber auch von Bauten im Amun- und im Muttempel von Karnak, in Luxor und in weiteren Tempeln im ganzen Land,die unter seiner Leitung entstanden.
Es gibt kaum ein Verwaltungsgebiet, in dem Senenmut nicht eine bedeutende Stellung bekleidet hätte. Nimmt man dazu noch seinen Einfluß als beratender Staatsmann im Rate der Königin bei allen großen Entscheidungen der Außen- und Innenpolitik, wie wir aus seinem Bild in der Darstellung der Thronsitzung schließen können, auf der die Puntexpedition beschlossen wurde, so scheint seine eigene Beurteilung seiner Stellung als ›Größter der Großen‹ kaum übertrieben.
Und doch entspricht dies nicht ganz der Wirklichkeit. In der ägyptischen Staatsverwaltung der 18. Dynastie waren die Zuständigkeiten nicht so genau abgegrenzt, wie wir dies bei modernen Staaten gewohnt sind. In jener Zeit war die gesamte Verwaltung Ausfluß der königlichen Macht, und in der ägyptischen Sprache gab es nicht einmal ein eigenes Wort für ›Staat‹, wenn sich auch seit dem Mittleren Reich schon deutlich eine Staatsorganisation vom königlichen Eigenvermögen abzutrennen beginnt[12].
So nimmt es nicht wunder, daß manche Titel von mehreren Personen gleichzeitig getragen werden und somit nicht in jedem Fall Ausübung eines Amtes oder alleinige Zuständigkeit, sondern eher einen Hofrang bezeichnen. Ein Beispiel hierfür gibt der Titel des ›Obersten Leiters aller Bauten der Königin‹, den nicht nur zu Hatschepsuts Zeiten mehrere hohe Beamte gleichzeitig trugen. Die Königin verteilte dann die jeweiligen Aufgaben, wie Tempel- oder Grabbauten, Obeliskentransport oder Steinbruchexpeditionen, und ähnlich haben wir uns das in anderen Verwaltungszweigen vorzustellen. Ein weiterer Beweis, daß die Königin tatsächlich eine sehr direkte Herrschaft ausgeübt hat und

bis zu Einzelheiten über alle Aktionen der Verwaltung entschied. Ganz bewußt handhabte Hatschepsut dieses Instrument der ad-hoc-Verteilung von Zuständigkeiten und Aufgaben, um tüchtige Mitarbeiter an sich zu binden, sie durch Gunstbeweise anzuspornen und zugleich eine Balance herzustellen, so daß zwar einmal dieser, einmal ein anderer sich ihrer besonderen Gunst rühmen, aber keiner allmächtig werden konnte. Auch in Auswahl und Steuerung ihrer nächsten Mitarbeiter zeigt sie die Fähigkeiten eines großen Herrschers.

Es gab mindestens noch zwei Männer, die unter Hatschepsut zeitweise den gleichen oder sogar – zumindest in der Theorie – einen höheren Rang als Senenmut und bisweilen auch dieselbe Machtfülle innehatten. Freilich, wie bei Senenmut, nur innerhalb der Grenzen, welche die Alleinherrscherin Hatschepsut setzte.

An erster Stelle wäre hier Hapuseneb zu nennen, der ›erste Prophet‹ des Amun, eine Stellung, die wir als ›Hohepriester‹ übersetzen. Das trifft insoweit zu, als der 1. Prophet Vorgesetzter der übrigen Priester in Karnak war. Der Titel bedeutet aber nicht etwa eine besondere priesterliche Stellung oder Weihung: Hohepriester im kultisch-religiösen Sinn als Vollzieher des Kultes und Verbinder der göttlichen und menschlichen Sphäre war allein der König, und die Priester waren im Kult nur seine Stellvertreter.

Auch Hapuseneb stammt nicht aus einer berühmten Familie. Er selbst schildert seine Titel und Tätigkeiten, ganz ähnlich wie Senenmut, auf einer Statue, die er ebenfalls der Gunst der Königin verdankt[13].

Die eingemeißelte Liste von Titeln und Aufgaben ist beeindruckend, und viele seiner Hofränge gleichen denen Senenmuts. Die größte effektive Bedeutung hatte dabei das Amt des ersten Propheten des Amun von Karnak. Zusätzlich ist ihm der Titel eines ›Vorstehers der Priester von Ober- und Unterägypten‹ als erstem Träger verliehen worden. Auch hierunter dürfen wir uns nicht ein religiöses Amt vorstellen, sondern ein verwaltungsmäßiges: es war eine Art Kultusministerium, das Hapuseneb leitete. Da jede höhere Schreiber-Ausbildung an den Tempeln erfolgte, sie allein über die Bibliotheken und Archive verfügten, die Königslisten hier aufbewahrt, die Wissenschaften hier gepflegt und ausgeübt wurden und schließlich die Kunst der Einbalsamierung der Toten und ihre richtige Bestattung Sache der Priester war, ist diese Dienststellung Hapusenebs von erheblicher Bedeutung auch in der Staatsverwaltung.

Seine enge Zusammenarbeit mit der Königin zeigt sich nicht zuletzt darin, daß er beauftragt war, ihr Felsgrab zu bauen. Das Grab war das

wichtigste Bauwerk für jeden Ägypter, wieviel mehr für den Pharao, dessen Weiterleben und -wirken für das Wohl des ganzen Landes nach ägyptischem Glauben von so entscheidender Bedeutung war, und entsprechend groß waren Verantwortung und Ansehen des Baumeisters, der die ›richtige‹ Wohnung für die Ewigkeit erbauen konnte. Erinnern wir uns, daß Imhotep, der Baumeister von König Djosers Stufenpyramide, noch nach Jahrtausenden in Ägypten göttliche Ehren genoß!
Ein dritter Name unter den ›Größten der Großen‹ zur Zeit Hatschepsuts ist Amun-Weser, meist kurz Weser genannt, der im Regierungsjahr 5 Wesir wurde. Er ist ein gutes Beispiel für die ganz andere Möglichkeit des Nachwuchses der hohen Beamtenschaft im Ägypten jener Zeit neben dem Aufstieg tüchtiger Männer aus dem Volke: die Familientradition, die, wenn auch nicht nach Vorschriften, so doch in der Praxis oft den Sohn auf den Vater folgen ließ. Der Vater galt als derjenige, der seinen Sohn am besten in die Pflichten und Aufgaben des Amtes einführen konnte. Zudem mußte ja der Sohn für das oft sehr kostspielige Begräbnis seines Vaters und seine Totenopfer sorgen, und jeder Vater bemühte sich, ihn hierfür durch ein entsprechendes einträgliches Amt instand zu setzen. Die Gunst des Königs, die Konkurrenz des tüchtigen Nachwuchses aus dem Volk und nicht zuletzt die große Kindersterblichkeit im alten Ägypten sorgten dafür, daß die hohen Beamtenposten nicht reine Erbhöfe wurden. Eine Feudalherrschaft hat es in Ägypten immer nur in Verfallszeiten gegeben. Aber einige Beamtendynastien sind uns doch bekannt, und zu ihnen gehört die Familie Wesers, die von seinem Vater Ahmose an bis zur Zeit Amenophis II., also durch vier Königsgenerationen, das Amt des thebanischen Wesirs ausübte[14].
Das Amt des Wesirs als eines Vertreters des Königs auf den Gebieten der Rechtsprechung und Verwaltung kennen wir seit der 3. und 4. Dynastie, in denen nur Prinzen des Königshauses diesen Titel tragen[15]. Später sind es fast ausschließlich ausgebildete Beamte. Seine Inhalte ändern sich im Laufe der Zeiten etwas, aber die Betonung liegt stets auf Rechtsprechung und Verwaltung. Im Grabe des Rechmirê, eines Neffen des Weser und Wesirs unter Amenophis II., fand sich die ›Dienstvorschrift eines Wesirs‹. Sie gibt ein so anschauliches Bild von Auftreten und Aufgaben dieses hohen Beamten, daß wir Teile daraus für sich sprechen lassen wollen:
»§ 1 Betreffs jeder Handlung dieses Beamten, des Wesirs, bei amtlicher Tätigkeit in der Halle des Wesirs (also in seinem Büro, das sich in einem Flügel des Königspalastes von Theben, zur Zeit Hatschepsuts in der Residenz auf dem Westufer des Nils befand): Da soll er auf

einem Stuhl mit Lehne sitzen, eine Rohrmatte auf dem Boden, einen Umhang umgelegt, auf einem Kissen sitzend und ein Kissen unter den Füßen, eine Decke über den Knien, den Amtsstab in der Hand, die 10 Lederrollen (mit den Gesetzen?) vor sich ausgebreitet. Die ›Großen Zehn von Oberägypten‹ (hohe Richter) befinden sich zu beiden Seiten von ihm, der Bürovorstand zu seiner Rechten, der Verwalter der Eingänge zu seiner Linken, die Schreiber des Wesirs unmittelbar neben ihm.«

Wir sehen, daß bürokratische Genauigkeit auch im alten Ägypten vor den kleinsten Details nicht halt machte, wie auch in dem folgenden Paragraphen:

»§ 4 Er tritt ein (in den Palast), um sich nach den Angelegenheiten des Herrschers zu erkundigen, während ihm selbst die Lage beider Länder täglich in seine Wohnung gemeldet wird. Er betritt den Palast, sobald der Schatzmeister am nördlichen Flaggenmast Aufstellung genommen hat. Der Wesir begibt sich aus der ›Tür der beiden großen Portale‹ heraus. Da kommt der Schatzmeister und meldet ihm ›alle deine Angelegenheiten sind in Ordnung, es haben mir alle zuständigen Beamten gemeldet, deine Angelegenheiten sind in Ordnung. Die Palastanlage ist in Ordnung‹. Dann meldet der Wesir dem Schatzmeister folgendermaßen ›alle deine Angelegenheiten sind in Ordnung, jedes Büro der Residenz ist in Ordnung. Man hat mir das rechtzeitige Verschließen und Öffnen der zu verschließenden Räume durch jeden zuständigen Beamten gemeldet‹. Nachdem so jeder der beiden Beamten dem anderen gemeldet hat, gibt dann der Wesir den Befehl, jede Tür der Verwaltungsgebäude öffnen zu lassen, um alles, was hereinkommen will, eintreten zu lassen, und was herausgehen will, ebenso – unter der Aufsicht eines Läufers, der es schriftlich niederlegt«[16].

Man kann kaum glauben, daß diese Dienstvorschrift vor 3500 Jahren entstanden ist, oder wahrscheinlich sogar noch früher, denn ihre Fixierung im Grab des Rechmirê dürfte die Kopie älterer Vorschriften sein. Sie nimmt es mit jeder heutigen ministeriellen Geschäftsordnung an bürokratischer, erschöpfender Genauigkeit auf; und der Besucher im altägyptischen Wesirbüro wird kaum weniger genau nach Art und Ziel seines Besuches befragt und nur in Begleitung eines Amtsdieners zu den hohen Herren vorgelassen, wie in einem heutigen Ministerium.

Aber die Wesirvorschrift erschöpft sich nicht in Äußerlichkeiten und bürokratischem Kleinkram. Besonderen Wert legt sie auf eine saubere, gerechte und unbestechliche Rechtsprechung durch den Wesir. Immer wieder wird er aufgefordert: »Siehe, die Bittsteller aus dem Süden, dem Norden und dem ganzen Land werden kommen und ihre Klagen vorbringen. Du sollst dich persönlich darum kümmern und dafür sorgen, daß alles in Übereinstimmung mit dem Gesetz geschieht«[17]. Und eindringlich wird der Wesir verwarnt: »Es ist dem Gott ein Greuel, Parteilichkeit zu zeigen. Dies ist die Lehre: Du sollst dich daran halten, sollst den, der dir bekannt ist, ebenso behandeln wie den dir Unbekannten, und den, der dir nahesteht, ebenso wie den Fernerstehenden«, oder »Gerate nie ungerecht gegen jemanden in Zorn[17]!«

Diese ethischen Forderungen nach Gerechtigkeit für Jedermann stehen in voller Übereinstimmung mit der Bedeutung der Einzelperson in Hatschepsuts Zeit und dem hohen Sinn für Verantwortung gegenüber dem ganzen Land und jedem Untertanen, die in der frühen 18. Dynastie so ausgeprägt sind und gerade auch von Hatschepsut genau beachtet werden. Wenn diese Forderungen nach gleichem Recht für alle uns selbstverständlich erscheinen, dann sollten wir uns erinnern, daß sie in den Gesetzbüchern Europas erst seit der Aufklärung zu finden sind, und man sollte sich anschauen, welch primitives und grausames Vergeltungsrecht bei völliger Willkür des Herrschers in zeitgleichen Staaten Vorderasiens galt.

Die folgenden Paragraphen der Dienstvorschrift befassen sich mit dem Disziplinarstrafrecht, das allein der Wesir gegenüber seinen Beamten hat und nicht delegieren darf, und schließlich mit den Aufgaben, die nicht juristischer Natur sind: Überwachung der Getreidebestände und ihrer Zuteilung an Beamte, Arbeiter und Handwerker – eine bei der Naturalwirtschaft des alten Ägyptens, das noch keinerlei Geld kannte, besonders bedeutsame Aufgabe; Inspektion der Vorräte an Gold, Silber und Edelsteinen, also des ›Staatsschatzes‹; Kontrolle der Steuerabgaben. Und gleichberechtigt neben diesen grundlegenden Funktionen des Staates stehen die für Ägypten ebenso wichtigen Vorschriften: »Man meldet ihm den Aufgang des Sirius und das Steigen des Nils; man meldet ihm jeden Regen«[19].

Die Ausrüstung der Schiffe für große und kleine Expeditionen gehört ebenso zu den Aufgaben des Wesirs, wie gemäß § 27 die »Versorgung des Hundes des Hundehüters, der mit einem Auftrag der Verwaltung geschickt ist«. Und schließlich ist der Wesir noch, der Dienstvorschrift nach, der oberste Leiter aller Bauten des Königs.

So pedantisch genau die Vorschrift alle Zuständigkeiten des Wesirs zu regeln scheint, so dürfen wir doch nicht annehmen, daß die Praxis allen diesen Punkten entsprach: Es war Sache des Königs, jederzeit Zuständigkeiten an sich zu ziehen, anderen zu übertragen oder auch dem

Wesir zusätzliche Aufgaben zuzuteilen, die nicht im Katalog der Dienstvorschrift verzeichnet sind. Über Wesers Tätigkeit als Wesir hören wir merkwürdig wenig, was wohl dem Zufall der Erhaltung zuzuschreiben ist. Vielleicht war Weser aber auch genau das, was wir heute unter einem hohen Beamten im besten Sinne verstehen: ein Diener des Staates, der keine großen Worte liebte, aber den Staatsapparat mit fester und kundiger Hand führte. Dafür spricht, daß er auch nach Hatschepsuts Tod unter der Alleinherrschaft Thutmosis' III. in seinem hohen Amt blieb.

Mit diesen Eigenschaften wäre er die ideale Ergänzung im Dreigestirn der höchsten Beamten gewesen, neben dem Politiker Senenmut und dem ›Kenner der Geheimnisse‹, dem Hohepriester Hapuseneb, und ein neuer Beweis für Hatschepsuts geschickte Personalpolitik.

Neben diesen drei kennen wir noch erstaunlich viele von Hatschepsuts Mitarbeitern. Einigen kommt eine besondere Bedeutung zu. Da ist zunächst der Schatzmeister Nehesi, der verschiedene wichtige Expeditionen zu planen und zu organisieren hatte. Wir wissen dies zum Beispiel von den Steinbrüchen bei Silsile und besonders der Puntexpedition. Die Zusammenstellung der Mannschaften, die Auswahl der Unterführer, die Planung der Wege und Wasserstellen und vor allem das zur damaligen Zeit besonders schwierige Problem des Nachschubs an Nahrung sowie des Rücktransportes erforderten einen hervorragenden Verwaltungsfachmann und Organisator.

Ein weiterer Schatzmeister war der ›Aufseher der beiden Gold- und Silberhäuser‹ Thuti. Auch er trägt, wie die anderen bisher erwähnten Mitarbeiter der Königin, die hohen Hoftitel eines ›Erbfürsten‹ und ›Grafen‹, und die Biographie in seinem Grabe ähnelt in Aufbau und Lobpreisungen weitgehend der des Senenmut. Nach Aufzählung seiner vielen Titel und vorzüglichen Eigenschaften aber wird er ganz sachlich, wenn er seine Laufbahn beschreibt. Er begann als Vorsteher des Zollamtes, denn er sagt: »Ich verrechnete Elfenbein, Ebenholz, viele Früchte dieses Fremdlandes als jährliche Abgaben. Ich versiegelte das Beste von den Abgaben der nördlichen Nomaden, Gold, Silber und Kupfer ...«[20]. Dann schildert er seine Ernennung zum Schatzhausvorsteher. Als solcher bezeichnet er sich bereits auf ›Namenssteinen‹ in Der el Bahari vom Regierungsjahr 2, so daß er zu den frühesten Mitarbeitern der Königin gehörte. Stolz hebt er hervor, daß er mitwirkte beim »Abmessen der Beute des Königs aus Nubien (erneut ein Hinweis auf Hatschepsuts Feldzüge!), wobei der Herrscher selbst das Maß Amuns aus Gold hielt«.

Ein wichtiger Mann am Hofe war auch Puemrê, der ›Zweite Prophet

des Amun‹, ebenfalls ein Erbfürst und Graf, der sich wie sein Vorgesetzter Hapuseneb, der Hohepriester, in seinem Grab vor allem der Bauten rühmte, die er im Auftrag der Königin errichtete oder bei denen er mitwirkte. Darunter waren der Taltempel von Der el Bahari, die Obelisken, Pylonen und ein Ebenholzschrein »bedeckt mit Elektron, es machte ihn der König von Ober- und Unterägypten Makarê für ihre Mutter (die Göttin) Mut, die Herrin von Ascheru«[21].
Und schließlich dürfen wir Senimen, den Bruder Senenmuts, nicht vergessen. Wie jener war er aus der Militärlaufbahn hervorgegangen. Er betont jedenfalls auf Ziegelstempeln seines Grabes, daß er »Page des Königs von Ober- und Unterägypten Nebpehtirê (Ahmose)« gewesen sei[22].
In das Pagenkorps wurden meist Kinder aus einfachen Familien aufgenommen. Wir wissen nicht, nach welchen Prinzipien die Auslese erfolgte, aber da viele hochrangige Beamte noch als Erwachsene diese Bezeichnung mit Stolz trugen, muß die Aufnahme eine besondere Ehre und Chance gewesen sein. Die Pagen wurden am Hofe gemeinsam mit den Prinzen und den ausländischen Geiseln erzogen.
Senimen hat später neben und unter seinem Bruder vor allem das Vermögen der Tochter Hatschepsuts und Gottesgemahlin Nofrurê verwaltet und ihren Beamtenstab geleitet, eine Aufgabe, die ihn zu dem engeren Beamtenkreis um die Königin gehören ließ.
Einen Beamten wollen wir noch erwähnen, nicht wegen der Bedeutung seines Amtes, sondern weil aus seinem Grab eine besonders hübsche Hofzeremonie überliefert ist, die so recht in die heitere, festliche Stimmung der Hatschepsutzeit paßt. Es ist der Mundschenk Thot, der auf einem Bild seines Grabes der Königin Hatschepsut einen großen, stabförmigen Strauß aus Papyrusdolden überreicht. Dazu übergibt er ein Henkelkreuz, das Lebenszeichen, aus dessen Kreuzarmen Hände wachsen, die einen Lotosblütenstrauß an das Gesicht der Königin halten. Das Bild Hatschepsuts hat die Beischrift: »Auf dem Thron erscheinen, um den Strauß des Amun zu empfangen«[23].
Blumen waren ebenso mögliche Erscheinungen des Göttlichen wie Tiere, Menschen oder jeder andere Teil der Welt. Aus einer Lotosblüte war einst der Sonnengott unter dem Namen Nefertem, ›der ewig Schöne‹, am Schöpfungstage entstanden; eine Lotosblüte erfrischte und erfreute die Götter; die Blütensträuße als Opfer für die Verstorbenen zum ›schönen Fest im Wüstental‹ hatten wir schon kennengelernt. Aus dieser Grabschrift des Mundschenks Thot wissen wir, daß die Großen des Hofes, wenn sie vor die Herrscherin traten, ihr Blumen überreichten – eine besonders liebenswürdige Sitte[24].

Eine ganze Schar bedeutender Männer umgab also die Königin als ihre engsten Berater und Vollstrecker ihres Willens. Senenmut hatte unter ihnen gewiß eine herausragende Stellung, aber er scheint doch eher ein primus inter pares, ein Erster unter Gleichen, als ein allmächtiger Regent gewesen zu sein.

Senenmut hatte außer seinem bescheidenen Beamtengrab noch ein anderes Grab für sich bauen lassen, an ungewöhnlichem Platz und in ungewöhnlicher Form. Von einer Stelle vor dem Terrassentempel seiner Herrin führen fast 100 Meter lange Korridore bis zu einer Kammer tief unter der Nordostecke der unteren Terrasse des Tempels. Es ist also ein Langgrab, das in seiner Gestalt manchen Königsgräbern im Tal der Könige gleicht, während alle Beamtengräber eine T-förmige Gestalt und geringe Tiefenerstreckung haben. Ist schon diese Gestalt eine Herausforderung an alles, was zu Senenmuts Zeit als schicklich galt, so fast noch mehr die Verlegung seiner Sargkammer unter den Totentempel der Herrscherin, denn sie bedeutete unmittelbare Teilhabe an allen Opfern für die verstorbene Pharaonin, aber auch an ihrem Verkehr mit den Göttern, und das war ein Sakrileg. Daß Senenmut dies wagen konnte, ist ein neuer Beweis für die Machtstellung, die er zeitweise gehabt haben muß.

Klugheit und staatsmännische Verantwortung zeigen Senenmuts Züge. Skizze für das Porträt in seinem Langgrab unter Hatschepsuts Tempel

Dieses Langgrab birgt noch drei Besonderheiten. Zwei sind künstlerischer Natur: In einer Nische des ersten langen Korridors trägt die bereits geglättete und geweißte Wand eine Zeichnung des Kopfes von Senenmut, die zu den lebendigsten Porträts der ägyptischen Kunst gehört. Mit sicherem Strich, der durch Verdickung und Verdünnung einen Eindruck von Tiefe und in der ägyptischen Malerei sonst kaum anzutreffendem Spiel von Licht und Schatten hervorruft, ist das Profil des Staatsmannes mit deutlicher Lebensechtheit wiedergegeben: die energische vorspringende Nase, die vollen sensiblen Lippen, das große Auge und die tiefen Furchen um Mund und Kinn zeigen einen sehr wachen, intellektuellen Menschen, dessen Willenskraft sich ebenso ausdrückt wie eine Spur von Hochmut. Er trägt auf dieser Zeichnung wie auf fast allen Darstellungen, die wir von ihm besitzen, die kurze, enganliegende Perücke des Offiziers, abermals ein Hinweis darauf, daß er aus diesem Stande hervorgegangen ist.
Eine weitere künstlerische Überraschung bietet das Grab mit einer Deckenbemalung des Vorraums vor der letzten Kammer, die in ihrer Art einmalig in Privatgräbern jener Zeit ist: In lebhaften Farben ist der Sternhimmel Ägyptens dargestellt. Es ist die früheste astronomische Decke, die wir in Ägypten kennen; die nächstfolgenden stammen aus den Königsgräbern der Ramessiden, also aus einer über 200 Jahre späteren Epoche, und dann gibt es erst wieder, weitere 1000 Jahre später, die astronomischen Tempeldecken aus der Spät- und Ptolemäerzeit. Die Sternbilder, meist in Tiergestalt, sind allerdings schwer zu identifizieren, da wir bis auf wenige Ausnahmen die ägyptischen Sternbildvorstellungen nicht kennen. Zu diesen Bildern kommt noch ein Verzeichnis der Dekansterne, nach deren Aufgang die Ägypter die Nachtstunden bestimmten, und deren Abbildung hier wie später in den Königsgräbern dem Toten die Möglichkeit geben sollte, der Barke des Sonnengottes zu ihren jeweiligen Stationen im Totenreich zu folgen, wie sie für jede Nachtstunde im ›Buch der verborgenen Kammer‹ festgelegt waren (s. S. 205)
Die dritte Besonderheit ist schließlich, daß das Grab nicht fertiggestellt und nie benutzt wurde, und daß der Name des Besitzers ausgemeißelt wurde – sehr behutsam, so daß die umliegenden Hieroglyphen nicht berührt wurden und es daher für die heutigen Forscher gar nicht schwer ist, einfach aus der Länge der Lücke zu schließen, daß Senenmuts Name einst hier stand, wobei an manchen Stellen die Ausmeißelung so oberflächlich erfolgte, daß Teile der Namenshieroglyphen erkennbar blieben.
Was ist hier geschehen, warum diese Zerstörung, die wir nicht nur im

Langgrab, sondern auch sonst häufig bei dem Namen Senenmuts finden? Und was ist aus ihm selbst geworden? Die Fragen bedürfen umso mehr einer eingehenden Untersuchung, als sie in engem Zusammenhang mit dem Schicksal Hatschepsuts stehen.

Beginnen wir mit den historischen Tatsachen, die uns zweifelsfrei bekannt sind. Die Tochter Hatschepsuts, Nofrurê, auf die sie große Hoffnungen für die Thronfolge gesetzt hatte, ist zwischen dem 11. und 17. Regierungsjahr gestorben. Senenmut war Nofrurês Erzieher und Obervermögensverwalter. Diese Titel hat er immer besonders betont, denn sie war ja die zukünftige Königin. Eine seiner Statuen – zugleich eine der reizendsten des ägyptischen ›Würfelhockertyps‹ – zeigt ihn, wie er vor sich die junge Prinzessin hält, deren Köpfchen über dem durch die Knie gespannten Gewand Senenmuts erscheint. Auf einer anderen Statue, die im Ägyptischen Museum zu sehen ist, hält der sitzende Senenmut Nofrurê auf den Knien und bezeichnet sich in der Inschrift als ihren Vater. Manche Ägyptologen vermuten danach, daß er tatsächlich der leibliche Vater der Prinzessin gewesen sei. Das ist aber recht unwahrscheinlich, denn Nofrurê wurde ja noch zu Lebzeiten Thutmosis' II. geboren und von ihm als Erbprinzessin anerkannt. Die von Senenmut hier gewählte Bezeichnung ›Vater‹ dürfte vielmehr dem Titel ›Gottesvater‹ entsprechen und ihn als Erzieher Nofrurês ausweisen.

Noch bei dem letzten datierten Auftreten der Prinzessin erscheint auch Senenmut. Bei den Türkisminen des Sinai fand man ein Relief, das Hatschepsut mit Nofrurê darstellt, über die Senenmut einen Wedelfächer hält, mit der Inschrift: »Regierungsjahr 11 unter der Majestät der Gottesgemahlin Nofrurê, sie soll leben!«[25] Es ist zugleich die einzige Datierung nach Regierungsjahren einer Erbprinzessin, einmalig in der ägyptischen Geschichte, eine Datierung, auf die sich die Theorie des kanadischen Ägyptologen Redford aufbaut, Hatschepsut habe Nofrurê auch als Thronfolgerin, also ebenfalls als ›weiblichen Horus‹ einsetzen wollen[26].

Alle Historiker sind sich darüber einig, daß die enge Verbindung Senenmuts zum Königshaus durch sein Amt bei der Königstochter entstanden ist und eine der Grundlagen seiner Machtstellung war. So dürfte der frühe Tod seines Schützlings gewiß eine Minderung seiner Macht bedeutet haben. Aber es muß mehr und anderes geschehen sein, was sein Schicksal bestimmte. Denn mag Senenmuts Aufstieg als ›Gottesvater‹ der Erbprinzessin begonnen haben, die Spitze seiner Karriere hat er erreicht und gehalten als Vertrauter und engster Berater der Herrscherin.

Im Regierungsjahr 16 ist Senenmut noch im Amt. Er beginnt in diesem Jahr sein Langgrab[27], und dessen Weiterbau bis zu dem Stadium, in dem es verlassen wurde, dürfte wenigstens ein Jahr in Anspruch genommen haben. Eine spätere Inschrift mit sicherer Datierung kennen wir von Senenmut nicht. Die nächstliegende Vermutung wäre, daß er nach dieser Zeit gestorben ist. Damit aber sind die Auslöschung seines Namens und die teilweise Zerstörung seiner Statuen noch nicht erklärt.

Eine solche Auslöschung des Namens geschieht bei Senenmut weder zum ersten noch zum letzten Male in der ägyptischen Geschichte. Die von den Ägyptologen »damnatio memoriae« genannte ›Auslöschung der Erinnerung‹ hat sehr weitgehende, nicht nur auf das juristische Gebiet beschränkte Folgen. Gewiß ist die dem heutigen Abendländer zunächst ins Auge fallende Erscheinung, daß der Name des Betreffenden für die Geschichte unbekannt wird – zumindest dann, wenn die Auslöschung wirklich vollständig, an allen Stellen und so sorgfältig erfolgt, daß keine Namensspuren mehr zu erkennen sind. Gerade dies ist aber kaum je der Fall gewesen. Es gibt nur ganz wenige Inschriften, auf denen die Ägyptologen die Namenslöschung nicht ergänzen können.

Die Auslöschung von Namen und Abbild – sei es Relief, Statue oder Wandbild – hatte sehr viel tiefere Gründe und weiterreichende Folgen, als es eine reine Korrektur der Geschichte gewesen wäre, die freilich wohl meist auch mitbeabsichtigt war. Gerade die manchmal nur unvollständige Ausmeißelung der Namenshieroglyphen gibt uns einen Hinweis auf die Hintergründe – wenn wir einmal Pfuscherei beiseite lassen, die gewiß auch vorgekommen sein mag, aber doch nicht in der Häufigkeit, in der wir noch halblesbare ›ausgelöschte‹ Namen finden.

Der Name war für menschliches Denken immer identisch mit dem Ding oder der Person, für die er stand; seine Nennung konnte den Betreffenden lebendig machen, ihn herbeizitieren oder ihm schaden. Denken wir dabei an das erste Gebot, das im Judentum bis heute so ernst genommen wird, daß Jahwes Name überhaupt nicht verwendet werden darf. Denken wir an das deutsche Sprichwort von dem Namen des Teufels, den man nicht an die Wand malen darf, oder an die vielerlei Namenstabus, die wir selbst heute noch unwillkürlich befolgen, etwa bei der Bezeichnung von Dingen aus der sexuellen oder der religiösen Sphäre, so können wir dem näherkommen, was der Name und seine Erhaltung im pharaonischen Ägypten bedeutete.

Verschärft wurde die Wirkung des Namenszaubers noch im Hinblick

zu Seite 180: Senenmut trägt Hatschepsuts Tochter Nofrurê, kenntlich an der dicken Prinzessinnenlocke an der rechten Kopfseite, auf seinen Knien

auf das Leben nach dem Tode, dessen Sicherstellung dem Ägypter so viel bedeutete. Diese Fortsetzung des Lebens hing weitgehend davon ab, daß die ganze Persönlichkeit des Verstorbenen erhalten blieb, und zur Persönlichkeit gehörte ebenso der Körper – daher die Mumifizierung –, wie die Seelenkräfte Ka und Ba – daher die Statuen im Grab, damit die Seele zurückfinde zu ihrem Toten –, und schließlich der Name, der in sich die Unverwechselbarkeit, die Individualität barg.
Nur ein unversehrter Name konnte den Verstorbenen das Totengericht vor Osiris bestehen lassen, nur sein Name ließ ihn eingehen »zu den unvergänglichen Sternen, daß er ewig lebe«, wie die endlosen Wiederholungen solcher und ähnlicher Formeln, stets mit der Nennung des Namens verbunden, in den Pyramiden- und Sargtexten zeigen.
So war die furchtbarste Strafe, die einen Ägypter treffen konnte, nicht die Todesstrafe, denn der Tod war ja nur eine Krise, ein Übergang zu weiterem Leben, sondern die Vernichtung jeder Möglichkeit zu eben jenem weiteren Leben. Das hieß die völlige Vernichtung des Leibes durch Verbrennung des Leichnams, das ›Heimatlosmachen‹ der Seelenkräfte durch Vernichtung der Statuen und Bilder, und die Auslöschung der Individualität durch die des Namens. In einer selbst heutigen Diktaturen unbekannten Vollkommenheit war damit der Tote zur ›Unperson‹ geworden, die nie existiert hatte noch je sein würde in der gesamten Welt der Götter und Menschen, der Lebenden und der Toten, und für diese magische Wirkung reichte die Teilauslöschung der Namenshieroglyphen völlig aus.
Die Namensauslöschung und Vernichtung der Bilder konnte, aber mußte nicht in jedem Fall mit der Vernichtung des Leichnams einhergehen. Bei dieser Strafe gab es offenbar noch gewisse Abstufungen. Wir kennen die Auslöschungen in vielerlei Form. Von der Praktizierung ganz persönlicher Feindschaft, wobei etwa im zugänglichen Vorraum eines Grabes Namen und Augen des Grabherrn ausgekratzt wurden, wie jeder Besucher Luxors es heute noch im schönen Grab des Menena, Oberfeldmessers unter Thutmosis IV., sehen kann, reicht die Skala über die disziplinarische Bestrafung ungetreuer Beamter bis zu Racheakten von Pharaonen an ihren verhaßten Vorgängern, ja an Göttern. Der letzte Fall kommt freilich nur ein einziges Mal in der ägyptischen Geschichte vor, weil er zutiefst unägyptisch ist und in die Sphäre des eifersüchtigen Eingottes Vorderasiens gehört: Amenophis IV. – Echnaton führte nicht nur die Verehrung des Sonnengottes Aton als alleinigem Gott ein, sondern ließ überall im Lande die Namen Amuns und anderer Götter auslöschen. In allen anderen Fällen

von Auslöschungen bemühte man sich dagegen ängstlich, Götternamen und kultische Gegenstände nicht in Mitleidenschaft zu ziehen, und diese Rücksicht ging so weit, daß sie nicht selten die Wirkung der ganzen Aktion infrage stellte – zur Freude der Historiker, denen damit so mancher Name in der Originalform erhalten blieb.
Unter denen, die von der Auslöschung betroffen wurden, befanden sich auch Senenmut und seine Herrscherin Hatschepsut selbst. Diese Parallele hat dazu geführt, daß frühere Historiker der Meinung waren, Thutmosis III. habe mit der Erinnerung an seine »verhaßte Stiefmutter« auch die an ihren engsten Mitarbeiter auslöschen wollen. Wieweit diese Theorie für das Handeln Thutmosis' III. gegenüber Hatschepsut zutrifft oder nicht, werden wir später zu untersuchen haben. Für Senenmut ist sie mit Sicherheit falsch.
Hierfür gibt es mehrere deutliche Beweise. Zunächst einmal ist in seinem Langgrab zwar sein Name ausgelöscht, aber nicht der Hatschepsuts. Zur Zeit der planmäßigen Ausmeißelung von Hatschepsuts Namen muß Senenmuts Grab bereits mit Schutt gefüllt und unzugänglich gewesen sein. Die Auslöschung bei Senenmut geschah zudem in einer sehr milden Form. Sein Porträt im Langgrab wurde nicht beschädigt. Auch von seinen Statuen sind nur einige, die wohl für alle sichtbar aufgestellt gewesen waren, zerschlagen worden. Nicht einmal im Tempel von Der el Bahari ist sein Bild an allen Stellen ausgemeißelt – auch hier sind einige weniger auffällige Plätze ausgespart. Das bedeutet aber, daß mit der Auslöschung eher eine disziplinarische, eine ›diesseitige‹ Strafe beabsichtigt und eine möglichst geringe Schädigung der Chancen für das Fortleben beabsichtigt war; denn für die religiöse und magische Wirkung genügte ja im äußersten Falle eine einzige erhaltene Namensinschrift, ein einziges Abbild im Grab. Und offenbar ist auch Senenmuts Mumie in seinem Beamtengrab beigesetzt worden. Erst spätere Grabräuber haben sie vernichtet.
Wir können sowohl Täter als Zeit und Ursache der Auslöschung Senenmuts noch enger einkreisen. Senenmut ist nämlich nicht als einziger betroffen worden. Von mindestens dreien seiner Kollegen im höchsten Beamtenkorps kennen wir das gleiche Schicksal: Die Figuren des Vermögensverwalters Nehesi und des Schatzhausvorstehers Thuti sind mit der des Senenmut auf den Puntreliefs ausgekratzt, ebenso ihre Namen. Dies und die Zerstörung des Grabes von Thuti[28] – ganz ähnlich der im Langgrab Senenmuts – ist ein Beweis dafür, daß es sich um die planmäßige Bestrafung dieser Männer handelt. Auch das Grab eines weiteren Vermögensverwalters der Königin, Amunho-

tep, erlitt solche Zerstörungen, so daß auch er in die Vorgänge mit verwickelt gewesen sein muß[29]. Von allen drei Beamten aber kennen wir die Nachfolger, die noch zur Zeit Hatschepsuts ernannt worden waren. Somit scheint diese sehr gründliche Wachablösung in den Spitzen der Verwaltung sich im Regierungsjahr 18 abgespielt zu haben.
Die Gründe sind schwer zu erschließen, da uns – wie stets in solchen Fällen – die Quellen völlig im Stich lassen. Eine bisweilen ausgesprochene Vermutung ist sicher unzutreffend, Hatschepsut habe aus Eifersucht, verschmähter Liebe oder sonstigen persönlichen Gründen in plötzlich auflodernd em Zorn Rache an dem einst Geliebten genommen. So romantisch und verlockend diese Vorstellung auch sein mag – Geschichte ist nur sehr selten romantisch, und in unserem Fall schließt außerdem die Verwicklung einer ganzen Gruppe von Beamten diese Lösung ohnehin aus.
Sehr viel ernster ist die Überlegung zu nehmen, die Verfolgung und Bestrafung der führenden Beamten Hatschepsuts sei ein erstes Wetterleuchten der Auseinandersetzung zwischen Hatschepsut und Thutmosis III. gewesen. Auf den ersten Blick scheint manches hierfür zu sprechen. Thutmosis war zu dieser Zeit Anfang bis Mitte der Zwanzig, und wir wissen aus seinem späteren Leben, daß er ein unerhört tatkräftiger, willensstarker Mann war, dem man mit viel Recht die Charakterisierung des Cäsarischen gibt. Mußte er nicht schon lange gegen die Rolle des Kronprinzen, des ewigen Zweiten rebellieren, zu der ihn, den eigentlichen Throninhaber, den legitimen Erben seines Vaters, die verhaßte Usurpatorin zwang, als die ihm seine Stiefmutter und Tante erscheinen mußte?
Es ist denkbar, daß der heranwachsende Mitregent bestrebt war, sich seinen eigenen Hof aufzubauen und einen Kreis von Vertrauten und Ergebenen um sich zu sammeln. Eine solche Existenz von zwei Höfen nebeneinander war bei ägyptischen Doppelregentschaften durchaus üblich[30]. Wir dürfen auch ruhig annehmen, daß zwischen den beiden Höfen der Mitregenten Intrigen gesponnen wurden – das ist menschlich und war im 15. Jahrhundert v. Chr. sicher nicht anders als im 20. n. Chr. und bedurfte nicht einmal ausdrücklicher Weisungen von oben.
Aber es ist doch ein großer Unterschied zwischen Intrigen, Abschießen des einen oder anderen unliebsamen Rivalen oder falschen Anschuldigungen mit anschließendem Prozeß und dem, was hier geschah: einer weitgehenden, gleichzeitigen Durchführung der Auslöschungsstrafe gegen eine ganze Gruppe höchster Beamter der Königin. Das wäre nur denkbar, wenn Thutmosis III. hierzu den ausdrückli-

chen Befehl erteilt – und Hatschepsut bereits jede Macht verloren hätte. Darauf aber deutet nichts hin. Bis zu ihrem Ende finden wir keine Andeutung, keine Spur dafür, daß sie an Macht verloren oder auch nur, daß sie resigniert und ihre Parteigänger nicht mehr gegen Verfolgungen in Schutz genommen habe.

Dieses Fehlen von Spuren kann natürlich an zufälliger Nichterhaltung von Dokumenten oder der bekannten ägyptischen Diskretion gegenüber Vorgängen im Königshaus liegen. Da aber in den hier fraglichen Regierungsjahren 16–18 Hatschepsut noch häufig auf Inschriften erscheint, nicht anders als in den Jahren vorher, möchte ich die Theorie von Thutmosis oder seinen Gefolgsleuten als Urheber der Bestrafung für unwahrscheinlich halten.

Mir scheint weit mehr für eine Aktion Hatschepsuts selbst zu sprechen. Sie war durchaus fähig, zu dieser schlimmsten aller Strafen zu greifen, wenn sie ihre Herrschervorrechte oder ihre Person herausgefordert fühlte.

Mit der psychologischen Erklärung wissen wir freilich noch immer nicht die Gründe, die zu dieser Strafe an dem höchsten Beamtenkorps führten. War die Königin einer kollektiven Korruption auf die Spur gekommen? Oder hatte sie Kenntnis von einer gemeinsamen Illoyalität erhalten, daß etwa diese ihre einstigen Günstlinge im Begriff waren, zu Thutmosis überzugehen, die Königin zu verraten und gar zu ihrem Sturz beizutragen? Ganz unmöglich scheint die letztere Vermutung nicht: Der Opportunismus mancher hoher Beamter ist zu allen Zeiten geradezu berechenbar und vorauszusagen. ›Man‹ schlägt sich gern auf die Seite des Stärkeren, um dann zu den Siegern zu gehören – ob ›Sieg‹ nun im Einzelfall den eines Thronprätendenten, einer Partei oder eines Regierungschefs bedeutet.

Manche Äußerungen der Betroffenen könnten in diesem Sinne ausgelegt werden. Hat nicht selbst Senenmut auf einer seiner spätesten Statuen vermerkt, daß sie gestiftet worden sei »dem Vertrauten des weiblichen Horus Wosretkau (Hatschepsut), dem Getreuen des Horus Khaemwast (Thutmosis III.)«[31]? Aber diese Sicht des Geschehens würde wiederum voraussetzen, daß eben zu dieser Zeit von einem Sieg Thutmosis' gar keine Rede hätte sein können, denn sonst wäre er ja seinen mutmaßlichen Anhängern zu Hilfe gekommen. Denn wenn wir auch aus gutem Grund die Tatsache betont haben, daß Hatschepsut zu dieser Zeit keinen Machtverlust zeigt, so besagt dies keineswegs, daß etwa Thutmosis damals machtlos gewesen wäre – wie jeder der Kindheit entwachsene Mitregent in Ägypten verfügte er durchaus über die Mittel, seinen Hof zu schützen.

Der Gedanke an eine gemeinsame Korruption der Beamtengruppe, welche die Königin persönlich traf und aufbrachte, scheint mir die nächstliegende Deutung zu sein. Hatten Senenmut und seine Kollegen, die große Teile der Staatseinnahmen, ja des Reichtums des Landes überhaupt verwalteten, zu viel in die eigenen Taschen fließen lassen? Waren die ›Erbfürsten und Grafen‹ zu selbstherrlich mit Bauaufträgen für eigene Zwecke umgesprungen, hatten sie dabei gar den Namen der Herrscherin mißbraucht? Man denke etwa an den Bau von Senenmuts Langgrab, der nicht nur königliche Rechte verletzte, sondern auch erhebliche Zuteilungen aus königlicher, also staatlicher Quelle an Steinen, Handwerkern und Künstlern erforderte.
Möglichkeiten, gewiß, aber wir müssen uns dabei bewußt bleiben, daß wir nur mehr oder weniger wahrscheinliche Spekulationen anstellen können. Und so bleibt als einzige unbezweifelbare Tatsache, daß die Königin eine Gruppe ihrer nächsten Mitarbeiter absetzte und schwer bestrafte, wenige Jahre, bevor sie selbst im vollen Sinn des Wortes verschwinden sollte.

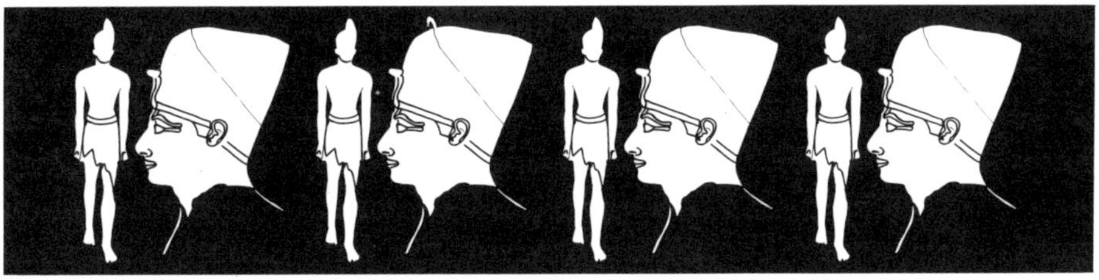

17.
Der Mitherrscher

Immer wieder trafen wir in den letzten Kapiteln auf die Spuren Thutmosis' III. Er, der einmal einer der größten und mächtigsten Pharaonen Ägyptens heißen sollte, hat die Historiker und Ägyptologen viel stärker gefesselt als Hatschepsut. Als selbstverständlich setzen sie dabei äußersten Haß zwischen diesen beiden starken Persönlichkeiten voraus, einen Machtkampf zwischen zwei Giganten, die jeweils von starken Parteien unterstützt wurden.
Nun ist es in der Tat schwer, sich der Faszination dieses Bildes zu entziehen: Hier eine Stiefmutter, herrschsüchtig, willensstark, mit einem pazifistischen und nur auf den inneren Aufbau konzentrierten Regierungsprogramm, gestützt auf die Priester und alle legalistischen, konservativen Kräfte – und dort der ungeliebte Stiefsohn, hochbegabt, eine Herrschernatur, glänzender Feldherr, der das Machtinstrument der Armee in der Hand hat, umgeben von Offizieren und ›neuen Männern‹, die eine fortschrittliche Politik im Innern und kriegerische Ausdehnung des ägyptischen Imperiums fordern. Es ist schwer, nicht den Konflikt zwischen Don Carlos und Philipp von Spanien, zwischen dem Kronprinzen Friedrich und seinem Vater Friedrich Wilhelm von Preußen auf jene Zeit und ihre Hauptakteure zu projizieren. Und je mehr wir uns dem Verhältnis dieser beiden Menschen und den Rätseln um Hatschepsuts Verschwinden nähern, umso größer wird die Verlockung, einen Roman, ein Drama oder gar einen Krimi zu schreiben. Das gilt umso mehr, als die Quellen wieder einmal im entscheidenden Moment schweigen oder anscheinend nichts unmittelbar Verwertbares aussagen.
Geschichte hat zwar zuweilen Züge des Romans, des Kriminalromans, oder gar die einer grotesken Komödie. Aber von solchen Einzel-

zügen, die eben nie das Ganze sind, das wirkliche Geschehen aufzeigen und deuten zu wollen, führt immer in die Irre. Wir wollen daher versuchen, zunächst die Tatsachen festzustellen, zu untersuchen, was die Quellen vielleicht doch zu unserem Thema hergeben mögen, um dann erst Schlüsse zu ziehen und zu prüfen, ob und inwieweit die allgemein akzeptierten Ansichten sich bestätigen.
Die Quellenlage legt uns dabei von vornherein eine weitgehende Einseitigkeit auf: Wir erfahren allenfalls einiges über Hatschepsuts Verhalten gegenüber ihrem Stiefsohn, fast gar nichts über dessen Reaktion darauf oder seine Aktionen mit, für oder gegen Hatschepsut.
Einige Tatsachen kennen wir bereits, die wesentliche Züge des Bildes korrigieren: Hatschepsut war nicht etwa ein Usurpator, der den Vorgänger vom Thron stößt, um sich selbst darauf zu setzen. Sie hat sich von Anfang an als Mitherrscher bezeichnet, ihre Regierungsjahre nach der Thronbesteigung Thutmosis' III. gezählt und ihm alle ihm zukommenden königlichen Rechte in ihren Darstellungen belassen, ja ihn einbezogen in kultische Handlungen, die nur dem regierenden König zukommen. Zwar hat sie sich dabei meist an die erste Stelle gesetzt, aber doch kein Hehl daraus gemacht, daß Menkheperrê, wie der Thronname Thutmosis' III. lautet, als König von Ober- und Unterägypten an der Seite Makarês auf dem Thron des Horus saß. Es lohnt sich, einige Beispiele hierfür näher anzuschauen.
Recht häufig sind Skarabäen, auf denen die beiden Thronnamen nebeneinander stehen und die offenbar von Hatschepsut herausgegeben worden sind, denn sie fanden sich z. B. unter den Beigaben in den Grundsteingruben ihres Terrassentempels. Skarabäen sind eine Art Siegelsteine in Form des heiligen Sonnenkäfers, der zugleich das Hieroglyphenzeichen für ›Werden‹ bildet und somit ein Symbol der Schöpfung, der Verjüngung und Wiederbelebung ist. Es gibt sie in allen Größen – von kaum fingernagelgroßen bis zu der riesigen Granitskulptur Amenophis' III. am Heiligen See des Karnaktempels. Oft dienen sie als Amulette und Träger magischer Kräfte, und so ist die Beschriftung mit einem Königsnamen eine bedeutsame Handlung. Auch hier bezieht Hatschepsut also ihren Mitherrscher mit der Nennung seines Namens neben dem ihren in die Wirkung des Skarabäus ein – und, wie die Funde in den Beigabengruben zeigen, zu einer sehr frühen Zeit ihrer Herrschaft, etwa um das Regierungsjahr 7.
Einer dieser Skarabäen ist von besonderem historischen Interesse: in feinster Arbeit ist auf ihm ein knieender Gott eingegraben, der in jeder Hand eine Papyruspflanze hält, die jeweils eine Kartusche mit den Namen Menkheperrê und Makarê trägt. Darüber aber stützt ein geflü-

gelter Sonnenkäfer eine Kartusche mit dem Namen des Menes[1]. Dies ist die früheste auf uns gekommene Erwähnung des Namens jenes ersten Königs der 1. Dynastie, der nach ägyptischer Geschichtstradition das Reich geeint haben soll, wenn wir von einem in seiner Bedeutung umstrittenen Täfelchen des Pharaos Aha, Nachfolger Narmers und Gründer der 1. Dynastie, absehen[2]. Auf Hatschepsuts Skarabäus nun erscheint der Name des ›Urkönigs‹ als Symbol des ewigen Königtums, und es ist für unseren Zusammenhang wichtig, daß nicht Hatschepsuts Name allein unter dieses Symbol gestellt ist, sondern der ihres Mitherrschers von ihr mit einbezogen wurde.

Auf viel persönlicheres Gebiet führt uns ein Fund, der erst Anfang dieses Jahrhunderts gemacht wurde. In einem der Wüstentäler jenseits des Tales der Könige wurde ein Grab entdeckt, in dem drei Frauen aus Thutmosis' Harem bestattet waren. Keine von ihnen trägt den Titel einer Großen Königlichen Gemahlin, aber die Sorgfalt und der Aufwand bei ihrer Beisetzung zeigt, daß sie nicht »obskure Mädchen aus einem dunklen Winkel des Harems« gewesen sein können. Sie trugen kostbaren Goldschmuck, der ein schönes Beispiel für die feine und geschmackvolle Arbeit der Goldschmiede zur Zeit Hatschepsuts ist. Ein Paar der Armbänder ist besonders reizvoll aus leichten Goldbändern geformt. Auf der Außenseite tragen sie die Inschrift »Die vollkommene Göttin Makarê, geliebt von Amun-der-in-seinem-Harem-wohnt (ein Name für den Amun des Luxortempels)«[3]. Aus dem gleichen Fund stammt ein Skarabäus, der in einen schweren goldenen Fingerring gefaßt ist und auf seiner Unterseite die Kartuschen Hatschepsuts und Thutmosis' III. nebeneinander trägt.

Da das Grab der drei Schönen aus der Zeit der Regierung Hatschepsuts stammt, können diese Gaben nur Schmuckstücke sein, die sie selbst für die Beisetzung gestiftet hat. Aus dem Grab Tutenchamuns und anderer kennen wir solche Gaben der engsten Familienangehörigen, und so kann man in dieser Gabe Hatschepsuts an die drei Nebenfrauen Thutmosis' III. nichts anderes sehen, als ein Zeichen enger Verbundenheit zu ihrem Stiefsohn, wenigstens zu der Zeit, als diese Stiftung erfolgte.

Eine genaue Datierung des Grabes liegt leider nicht vor, so daß wir den Zeitpunkt der Stiftung nicht näher eingrenzen können. Er kann aber kaum in den ersten Regierungsjahren liegen, als Thutmosis noch ein Kind war, sondern frühestens um die Mitte der gemeinsamen Regierungszeit. Zwar scheint es so, als habe jeder Pharao mit seiner Thronbesteigung einen Harem (in der Ägyptologie bedeutet dieses Wort einfach einen der Großen Königlichen Gemahlin unterstehenden

Frauenpalast, nicht etwa einen eunuchenbewachten, von nichtstuenden Odalisken bevölkerten Liebestempel à la 1001Nacht) bekommen, aber es ist kaum anzunehmen, daß dieser schon im kindlichen Alter des Königs so viele Nebenfrauen umfaßte, daß ein ›Gemeinschaftsgrab‹ hätte angelegt werden müssen.

Wieder in den Bereich des Kultischen führen die Darstellungen Thutmosis' III. in den von Hatschepsut errichteten Tempeln. Zwar hat es den Ägyptologen anfangs große Schwierigkeiten bereitet, die ursprünglich von der Bauherrin dem Mitregenten gewidmeten Bilder und Inschriften von denen zu unterscheiden, die später, nach der Auslöschung von Hatschepsut, an die Stelle ihres Bildes und Namens gesetzt worden sind. Heute ist aber in fast allen Fällen dieses Problem geklärt, weil die späteren Übermalungen oder Übermeißelungen sich durch Unregelmäßigkeiten und Stilvergröberungen in der Malerei, durch übermäßige Eintiefungen im Relief und in den Texten durch die umgebenden weiblichen Grammatikformen verraten.

In den ursprünglichen Erwähnungen trägt der junge König auch oft eine leicht veränderte Namensform, die nach Hatschepsuts Verschwinden (und folglich erst recht beim Namenstausch) nicht mehr vorkommt, nämlich ›Men-kheper-ka-Rê‹[4], also mit Einbeziehung des Ka-Zeichens, das auch in Hatschepsuts Thronnamen Ma-ka-Rê erscheint. Auch diese Angleichung ist gewiß nicht zufällig oder bedeutungslos, da die Thronnamen ja programmatische Bedeutung hatten. Diese erweiterte Namensform ist von Hatschepsut für den Kindkönig Thutmosis festgelegt worden und ein weiterer Hinweis auf ihr Bestreben, die Gemeinsamkeiten zwischen den beiden Koregenten zu unterstreichen.

Wenn wir also alle späteren Einfügungen von Thutmosis III. in den Tempeln Hatschepsuts ausschalten, dann bleiben immer noch genügend Fälle übrig, in denen ganz eindeutig Hatschepsut es war, die Thutmosis am Kult teilnehmen ließ, und zwar gerade an religiös besonders bedeutsamen Stellen.

Den einen Fall hatten wir schon bei dem Totenfest näher kennengelernt: das Allerheiligste in Hatschepsuts Terrassentempel von Der el Bahari. Die kultische Gleichstellung des Neffen und Stiefsohnes ist hier besonders deutlich, denn Hatschepsut wie Thutmosis III. vollziehen an je einer Wand der Felskapelle im gleichen Ornat das gleiche Opfer vor der Amunsbarke, so daß also auch kein Anschein einer Zurücksetzung, etwa durch Stellung des jungen Königs hinter seiner Tante, gegeben ist. Hier hat die Königin im Allerheiligsten ihres Totentempels vor dem Götterherrn Amun, dem sie sich besonders ver-

zu Seite 190:
Thutmosis III. als junger Mitregent opfert in Hatschepsuts Terrassentempel. Er trägt die blaue Helmkrone mit Uräusschlange, den Königsschurz und den Wildstierschwanz, (r) über seinem Kopf ist in der Kartusche sein von Hatschepsut erweiterter Thronname »Menkheperkarê« erkennbar

bunden fühlte, die Gleichberechtigung der beiden Herrscher im religiösen Amt des Königtums dokumentiert.
Noch auffälliger vom altägyptischen Denken her ist dies in dem Auftreten Thutmosis' III. bei den Darstellungen von Hatschepsuts Regierungsjubiläum, weil es dafür kaum Parallelen bei anderen Pharaonen gibt. Das Regierungsjubiläum, ägyptisch Sed-Fest, besaß einen viel tieferen Gehalt, als unsere Übersetzung ›Jubiläum‹ ihm gibt. Es ist eins der ältesten Königsfeste, die wir kennen, und seine altertümlichen Zeremonien stammen zu einem großen Teil noch aus der Vorzeit. Es scheint an die Stelle des in steinzeitlichen Gesellschaften bezeugten Königsmordes getreten zu sein[5], der nach einer bestimmten Regierungszeit erfolgte, um die abnehmende Kraft und Fruchtbarkeit des alternden Königs nicht das Land gefährden zu lassen und sie durch die Vegetationskraft eines jungen Königs zu ersetzen. Eine Erneuerung der Herrschaft und damit der Weltschöpfung war es also, eine Wiederholung der Krönung. Es steht in enger Verbindung zum Kult des Osiris in seiner ältesten erschließbaren Form als Vegetationsgott und ist uns bereits unter König Udimu der 1. Dynastie belegt[6].
Seine Riten, die wir nur zum Teil und oft nur in Andeutungen kennen, entsprechen weitgehend denen der Krönung, deren magische Wirkung und mythische Bedeutung sie ja für den König und das ganze Land erneuern und verstärken sollen, und ebenso manchen Handlungen beim Neubau von Tempeln, die Schöpfung und Fruchtbarkeit darstellen und bewirken sollten. So mußten auch die Zeremonien des Sed-Festes vor allen Göttern und Königen, also deren Bildern, vollzogen werden; sie geschahen nicht nur in der Residenz, sondern gleichzeitig in allen großen Tempeln des Landes mit Statuen des Königs[7].
Zum erstenmal feierten die Pharaonen dieses Fest im allgemeinen nach 30 Jahren Regierung, dann meist in Abständen von drei Jahren. Oft hat man den Eindruck, daß ihnen die Begehung dieses Festes mindestens ebenso wichtig erschien wie die Krönung selbst, ja bisweilen gar wichtiger – sei es, daß die kultische Wirkung als noch stärker vorgestellt wurde, sei es, daß hier ein geeigneter Ansatz war, die Königsherrschaft dem ganzen Land vor Augen zu führen.
»Sie hat zu seinen (Amuns) Ehren das erstemal das Sed-Fest gefeiert«, so heißt es von Hatschepsut in der Inschrift des heute noch stehenden großen Obelisken in Karnak, und »die beiden großen Obelisken wurden von Ihrer Majestät zum ersten Sed-Fest errichtet«[8]. So unterrichten uns die steinernen Male darüber, daß Hatschepsut dieses Fest begangen hat, und sie geben uns auch das ungefähre Datum an: »Meine Majestät begann die Arbeit hieran im 15. Jahr am 1. Tag des Mechir-

Monats, bis zum letzten Tag des Mesori-Monats im 16. Jahr, das macht sieben Monate seit Beginn (der Arbeiten) im Gebirge«[9].
Diese recht verblüffende Zeitangabe verdanken wir dem Bestreben der Königin, zu zeigen, wie unerhört schnell ihre Leute gearbeitet haben, um die Obelisken rechtzeitig zum Sed-Fest aufstellen zu können. Das angegebene Datum – 16. Regierungsjahr – steht nämlich in Widerspruch zu der Sitte, das erste Sed-Fest nach 30-jähriger Herrschaft zu feiern. Es erscheint bei einer so sehr um genaue Einhaltung aller Forderungen an die Rolle des Königs bemühten Herrscherin wie Hatschepsut unmöglich, daß sie hier Willkür walten ließ. Dann bleibt aber nur die Deutung, daß sie vor ihrem Gott, vor Amun einen anderen Zeitpunkt für den Herrschaftsbeginn setzte als vor den Menschen, einen Zeitpunkt, der ja noch 14 Jahre vor der Thronbesteigung Thutmosis' III. lag.
Dieser Zeitpunkt führt demnach in die Regierungszeit ihres Vaters Thutmosis' I., und zwar nahe an deren Beginn, wenn sie nicht überhaupt diesen Beginn selbst als ›göttlichen Anfang‹ auch ihrer Herrschaft bezeichnen wollte. Die Unsicherheit bei der Umrechnung liegt darin begründet, daß wir nur den ungefähren Termin ihres Sed-Festes kennen, er muß nicht mit der Fertigstellung der Obelisken identisch sein, kann aber nur wenig vorher oder danach gelegen haben.
Beim Gang durch den Terrassentempel von Der el Bahari hatten wir bereits festgestellt, daß die mittlere Terrasse offenbar dem Sed-Fest geweiht war. Sowohl die Pfeiler als auch Vorhalle und Vorraum der Hathorkapelle tragen zahlreiche Darstellungen von Zeremonien des Sed-Festes, darunter nicht wenige, die Thutmosis III. bei denselben Kulthandlungen zeigen wie Hatschepsut. Dies besagt, daß Hatschepsut ihren Neffen an ihrem Sed-Fest, an seinen Zeremonien und an den Wirkungen, die diese auf die Stärkung der Lebenskraft des Königs und des Königtums hatten, voll teilnehmen ließ. Das aber ist völlig einmalig und, soweit unsere Kenntnisse reichen, ohne Parallele in der altägyptischen Geschichte[10].
Es handelt sich dabei keineswegs um bloße Randerscheinungen, sondern um Zeremonien von zentraler Bedeutung. Auf einem der Pfeiler umarmt Amun den jungen König, dessen Name hier als ›Menkheperkarê‹ erscheint, also in der frühen, an Hatschepsuts Thronnamen angeglichenen Form, und daneben steht »erste Feier des Sed-Festes«[11].
Auf einem anderen Pfeiler steht er mit der Königin vor Amun. Er trägt, ebenso wie Hatschepsut, die Atef-(Osiris)-Krone, Zepter und Stab in Händen, und Amun verkündet beiden: »Ich gebe dir das Feiern von Millionen Sed-Festen!«

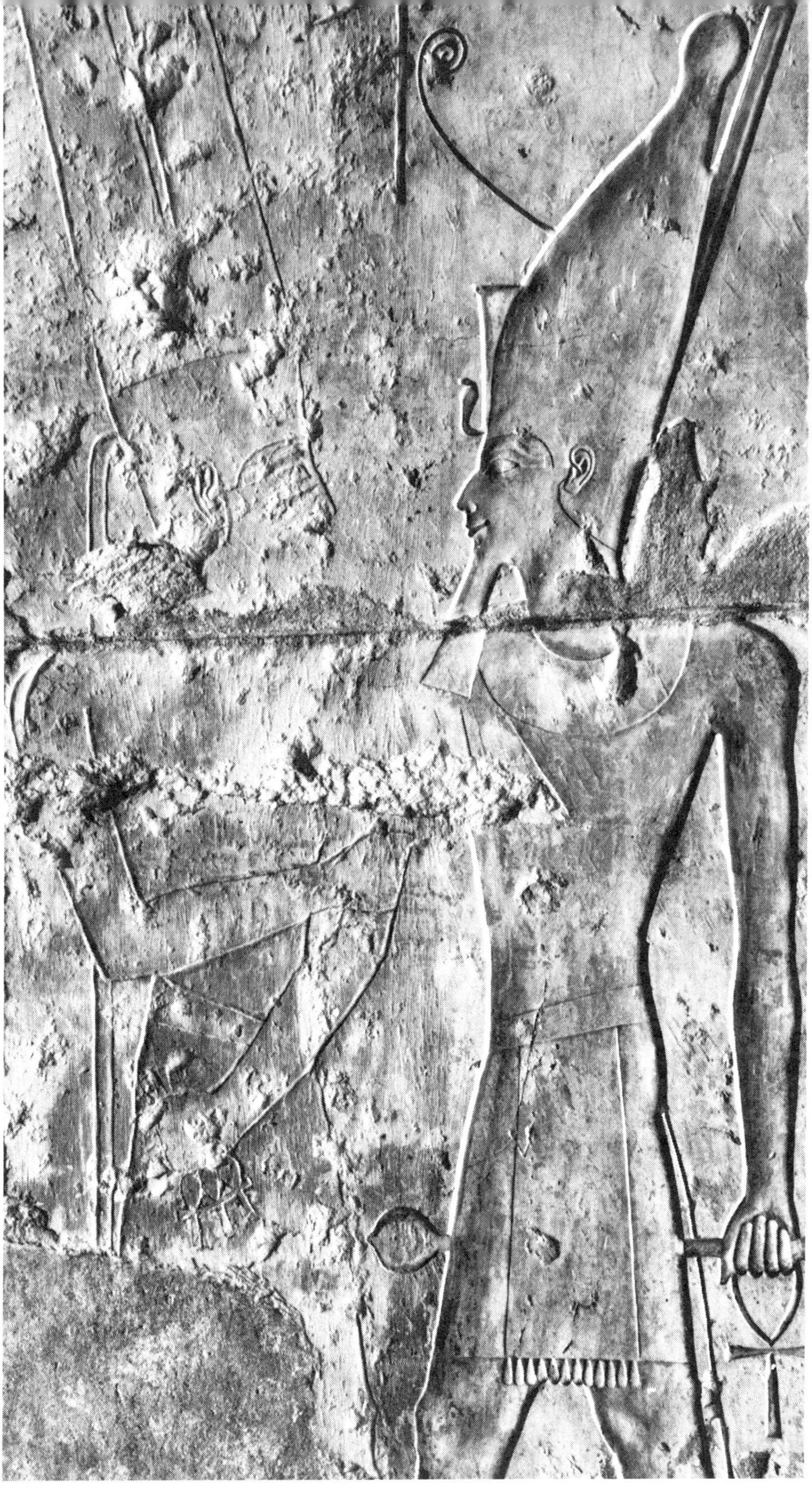

zu Seite 194:
Hatschepsut, mit Königskopftuch, Uräusschlange und künstlichem Königsbart, auf einem Sed-Fest-Relief ihres Terrassentempels

zu Seite 195:
Amun umarmt Thutmosis III. beim Sed-Fest Hatschepsuts. Gestalt und Namen des Gottes waren ausgelöscht und später wiederhergestellt

Ähnlich heißt es schon in einer Darstellung in der Opferhalle des Tempels, während Hatschepsut vor Amun in seiner phallischen Form als Amun-Kamutef einen Brotlaib und Thutmosis vor dem sitzenden Gott einen Tisch mit Gaben opfert: »Ich gebe dir die Feier von Millionen Sed-Festen auf dem Thron des Horus und daß du die Lebenden führst wie Rê ewiglich«[12]. Dieses Versprechen ist an dieser Stelle sogar ausdrücklich an Thutmosis gerichtet, nicht an Hatschepsut.
An der Außenwand der Hathorkapelle finden wir eine Darstellung Hatschepsuts, wie sie eine der Lauf-Zeremonien vor Hathor vollführt, die zum Sed-Fest ebenso gehörten wie zur Tempelweihe. Sie trägt dabei ein Ruder in der Hand, wohl ein Zeichen der Herrschaft nicht nur über das Land, das sie symbolisch umläuft, sondern auch über die Gewässer. In der Szene daneben hält Thutmosis dieses Ruder, und es scheint so, als ob er der Königin bei der Vollbringung der zahllosen und anstrengenden Zeremonien des Festes behilflich sei. Und wieder besiegelt Hathor diese seine Teilnahme mit den an ihn gerichteten Worten: »Ich wiederhole dir Sed-Feste . . .«[13]. Nahebei ist noch eine andere uralte Kulthandlung abgebildet, von der wir nicht genau wissen, ob sie zum Sed-Fest gehörte oder für sich allein Bedeutung hatte: eine Art Schlagballspiel, das den Namen ›Den Ball nach Hathor, der Beschützerin von Theben, schlagen‹ trug. Es wird von dem jungen König gespielt, der einen Stock aus Olivenholz und einen Ball hält, während zwei Priester bereitstehen, die geschlagenen Bälle aufzufangen[14].
Daß Hatschepsut also ihren Mitregenten nicht nur an den Zeremonien ihres Sed-Festes teilnehmen ließ, sondern dies an den Wänden ihres Totentempels verewigte, ist wohl der bedeutsamste Hinweis auf Hatschepsuts Verhältnis zu Thutmosis III. Eine kostbarere Gabe, die weit über den Tod hinaus Geltung hatte, konnte ein Mensch dem anderen, ein Herrscher im alten Ägypten dem Mitregenten überhaupt nicht spenden, denn das Sed-Fest stärkte ja nicht nur Leben und Königtum hier, sondern auch das ›erneuerte‹ Leben nach der Krisis des Todes, mehr als alle täglichen Kulthandlungen im Totentempel[15].
Wir wissen wenig darüber, was Thutmosis III. während der gemeinsamen Regierungszeit tatsächlich an eigenen Herrschertaten vollbracht hat, und oft ist hieraus der Schluß gezogen worden, seine Rolle als Herrscher sei nur nominell gewesen[17].
Die ersten Spuren selbständiger Herrscheraktivitäten Thutmosis' III. stammen aus dem religiösen Bereich: in seinem 7. und im 15. Regierungsjahr machte er im eigenen Namen Schenkungen an den Amuntempel[18]. Dann gibt es Andeutungen, daß von seinem 15. Regierungsjahr an ihm nahestehende Personen zunehmend in hohe Ämter

zu Seite 196:
Auf diesem Relief im Tempel Hatschepsuts verleiht Amun dem Mitregenten Thutmosis III. mit dem Symbol des Henkelkreuzes ewiges Leben

befördert wurden. Das war durchaus üblich und läßt keine Deutung etwa auf eine Verschlechterung des Verhältnisses zwischen den beiden Mitregenten zu, denn der Mitherrscher hat auch in früheren und späteren Zeiten immer das Recht gehabt, aus seinen Vertrauensleuten eine Art »Schattenkabinett« zu bilden oder sie in hohe Staatsämter zu berufen, sobald er dem Kindesalter entwachsen war[19].

Noch interessanter sind Hinweise auf Feldzüge, die Thutmosis III. während der Mitregentschaft geführt hat: Er selbst erwähnt in seinem Bericht über seinen ›ersten‹ – d. h. seit seiner Alleinherrschaft gezählten – Krieg gegen Syrien, daß er schon vorher die Stadt Gaza erobert habe[20], ein Ereignis, das also noch während der Doppelherrschaft erfolgt sein muß. Außerdem gibt es Spuren von mindestens einem Feldzug des jungen Königs gegen Nubien noch vor dem gegen Syrien gerichteten. Auf einem Pylon des Tempels in Erment nämlich ist ausführlich die Erbeutung eines riesigen Nashorns durch den Herrscher geschildert und dabei heißt es: »Beute des Pharaos im Lande des elenden Kusch bei seinem ersten siegreichen Feldzug«[21].

Wie auch immer man diese Zeugnisse im einzelnen bewerten mag – einig sind sich die Gelehrten darüber, daß Thutmosis III. sich seit dem Ende seiner Kindheit meist bei der Armee aufgehalten hat. Das aber heißt bei seinem nie bestrittenen Rang als königlicher Mitherrscher, daß er Oberkommandierender war. Eine solche Stellung kann man wirklich nicht als ›nur nominell‹ oder ›äußeren Schein‹ bezeichnen, noch dazu in der 18. Dynastie, die unter dem Hyksosschock der Armee eine weit höhere Bedeutung einräumte, als sie vorher in Ägypten je besaß.

Auch Hatschepsut machte dabei keine Ausnahme, wenn wir uns nur an ihre Speos-Artemidos-Inschrift erinnern, in der sie auch ihre Fürsorge für die Armee hervorhebt. Es hat bei unbefangener Betrachtung geradezu den Anschein, als ob seit der Mündigkeit Thutmosis' III. eine abgesprochene Arbeitsteilung vorgelegen habe. Die Ressorts Inneres, Wirtschaft und Bauten leitete Hatschepsut persönlich, Verteidigung (und damit weitgehend wohl auch die Außenpolitik) lag in Thutmosis' Hand; wichtige kultische Zeremonien begingen sie gemeinsam.

Wenn wir die Tatbestände ganz nüchtern betrachten, dann ergibt sich, daß Hatschepsut sich nicht damit begnügt hat, den Stiefsohn bei ihrer eigenen Thronbesteigung nicht beiseiteschaffen zu lassen (was in der damaligen Zeit, wie wir aus gleichzeitigen Vorgängen etwa im Hethiterreich wissen, durchaus üblich war). Sie hat ihm nicht nur alle Vorrechte belassen, die einem Mitherrscher zukamen, sondern darüber

Willenskraft, Energie und Herrscherbewußtsein zeigt das Gesicht Thutmosis III.

hinaus deutliche Zeichen der Respektierung, wenn nicht Zuneigung gegeben. Sie hat ihm mit dem Armee-Oberkommando eine der wichtigsten Funktionen im ägyptischen Staat jener Zeit und ein Machtmittel in die Hand gegeben, wenn sie ihn nicht sogar in ihrem Namen Kriege führen ließ.

Allerdings, und auch das muß man sehen, ist in fast allen Darstellungen und Inschriften Hatschepsuts ganz klar sie es, die im Vordergrund steht, und Thutmosis nimmt zwar voll den Rang eines Mitregenten, aber eben doch nur den des Juniorpartners ein. Nun war er gegenüber seiner Tante zwar an Alter der jüngere, aber nicht als König; seine Thronerhebung lag ja zwei Jahre vor der Krönung Hatschepsuts. Hier mag ein Grund für Verstimmung, Ärger, ja Haß bei dem jungen König liegen.

Mag, sage ich und betone damit den spekulativen Charakter dieser Vermutung – denn eben über Thutmosis' III. Reaktionen auf die Haltung der Stiefmutter und Tante wissen wir gar nichts. Immerhin: kein Protest, kein Zeichen des Ärgers oder gar stärkerer Haßgefühle liegen vor, keine Quelle spricht davon, weder von seiten des Königs noch seiner Mitarbeiter und Günstlinge. Auch nicht nach Hatschepsuts Verschwinden und Auslöschung, die damit nur noch rätselhafter werden.

18.
Ihr Königsgrab - das größte von allen

Ein letztes großartiges Beispiel von Hatschepsuts Bautätigkeit haben uns die Archäologen erst in diesem Jahrhundert erschlossen. Während des Jahres 1903 haben im Tal der Könige die Ägyptologen Theodore M. Davis und der spätere Entdecker von Tutenchamuns Grab, Howard Carter, in mühsamer Arbeit die völlig mit Geröll und Steintrümmern gefüllten Gänge ausgegraben, die zur Sargkammer der großen Pharaonin führten[1]. Dabei galt es nicht nur, wie im Grab Tutenchamuns, wenige Meter des Stollens freizulegen. Hatschepsuts zweites, ihr Königsgrab ist das bei weitem längste aller Königsgräber: vom Eingang sind es 213 Meter bis zur Sargkammer – das in der Länge nächste, das Grab Ramses III., mißt ›nur‹ 125 Meter – und über 97 Meter geht es in die Tiefe, auch dies ein ›Rekord‹ in der thebanischen Gräberwelt. »Wahrlich, wie gleicht es ihr!« möchte man wiederum ausrufen.

Zwei vorzüglich erhaltene Quarzitsarkophage von hervorragender künstlerischer Arbeit enthielt die Grabkammer: den der Königin selber und den ihres Vaters Thutmosis' I., dessen Mumie sie in ihrem eigenen Grab hatte beisetzen lassen. Doch beide Sarkophage waren leer, als man sie fand.

Die von drei als Deckenstützen aus dem Felsen geschlagenen Säulen gegliederte Grabkammer enthielt außer diesen Sarkophagen noch einen Steinkasten zur Aufnahme der Eingeweide der Mumie; auch er war leer. Die übrigen Funde der Ausgräber bestanden in einer Beigabengrube am Eingang, die über 180 Objekte enthielt, meist Modelle der beim Grabbau verwendeten Werkzeuge, vom Korb zum Wegtragen der ausgeschachteten Erde und Steine bis zum Kupfermeißel, vom Miniaturmodel zur Ziegelformung bis zur Bronzesäge, sowie Amu-

Königssarkophag Hatschepsuts: Isis kniet auf der »Gold«-Hieroglyphe und hält den Ring »Ewigkeit«; sie schenkt damit »dauerndes göttliches Leben«. In den Kartuschen (l) »Hatschepsut Khnemetamun«, (r) »Makarê«

lette, meist mit dem Thronnamen Makarê, der bei manchen Gegenständen ausgekratzt worden war[2]. Und schließlich fanden Davis und Carter in der Grabkammer noch fünfzehn Kalksteinplatten mit Resten von Texten und Bildern des Totenbuches, meist zerbrochen, die Farben verblichen und die Schrift kaum mehr lesbar[3].

Über Größe und Form des Grabes, dessen Korridore nicht, wie die meisten Beschreibungen behaupten, u-förmig, sondern vom Eingang an in leichtem, stetigem Kreisbogen fast wieder bis zur Talwand zurücklaufen, hat man sich immer wieder Gedanken gemacht. Da der Eingang an der Ostwand eines Ausläufers des ›Tales der Könige‹ liegt, der nur durch einen schmalen Bergrücken vom Talkessel von Der el Bahari getrennt ist, nimmt man allgemein an, daß der Auftrag der Königin lautete, ihre Grabkammer unter den Totentempel von Der el

Bahari zu verlegen und damit abzugehen von der von Amenophis I. geschaffenen Neuordnung des königlichen Totenkultes mit Trennung von Grab und Verehrungstempel und zurückzukehren zu den Bräuchen des Alten und Mittleren Reiches, in denen Königsgrab und Verehrungstempel eine geschlossene Einheit bildeten.

Technische Schwierigkeiten werden dann für die Abweichung von diesem Ziel verantwortlich gemacht: die einen Gelehrten sagen, bei den Schachtarbeiten auftauchendes Hartgestein habe dazu gezwungen, andere lassen die Grabbaumeister in dem hier tatsächlich ziemlich bröckeligen Kalkgestein verzweifelt nach härterem Stein für die Anlage der Grabkammer suchen, bis sie schließlich resigniert aufgaben und die Kammer an der Stelle anlegten, an der sie am Ende gerade angelangt waren.

Diese – zudem widersprüchlichen – Gründe scheinen mir zu rationalistisch gedacht und werden weder der ägyptischen Steinbearbeitungs- und Grabbautechnik, noch ihren kultischen Bedingungen, und vor allem nicht der Persönlichkeit Hatschepsuts gerecht. Wenn die Pharaonin tatsächlich einen geraden Gang mit Grabkammer unter ihrem Tempel befohlen hätte, so können wir kaum annehmen, daß ein Baumeister gewagt hätte, mit einer so törichten Ausrede von zu hartem oder zu weichem Stein zu kommen. Und in der Tat zeigen ja die aufgefundenen Kalksteinplatten, mit denen die Wände der Grabkammer ausgekleidet werden sollten, weil die bröckelige Struktur des Steins weder Reliefs noch saubere, haltbare Bemalung des Felsens erlaubt hätte, daß man mit solchen Schwierigkeiten fertig wurde.

Unwahrscheinlich ist auch, daß Hatschepsut bei der Grabanlage so weit von den kultischen Vorschriften Amenophis' I. abgewichen sein sollte. Wir werden gerade bei näherer Betrachtung ihres Grabes sehen, wie eng sie sich ganz bewußt an die Tradition ihres Großvaters gehalten hat.

Seit Amenophis I. bis Amenophis III. und dann noch einmal bei Tutenchamun zeigen die Zugangswege zur Grabkammer Biegungen, bisweilen sogar in S-Form, unter den ersten Königen der Dynastie oft geschwungen, seit Thutmosis III. meist im rechten Winkel.

Zu Hatschepsuts Zeit galt der schon in den Gräbern ihres Großvaters, Vaters und Gatten vorgezeichnete Brauch der Biegung der Grabachse, allerdings erst bei der Grab- bzw. Vorkammer. Mir scheint die Rückführung der Krümmung von Hatschepsuts Grab auf diese kultisch begründete Tradition viel wahrscheinlicher, als die auf technische Gründe.

Hatschepsuts Königsgrab entspricht in allen Einzelheiten der Tradi-

tion, wenn auch alles größer und weitläufiger angelegt ist als bei den Vorfahren und Nachkommen. Jeder Teil des Grabes hatte seinen besonderen Namen, der uns manchmal einen Hinweis auf seine kultische Bedeutung gibt. Auf die Eingangstreppe ›Korridor des Sonnenweges‹ folgt ein langer, meist – so bei Hatschepsut – steil abfallender Tunnel ›Durchgang des Gottes‹; der viereckige Vorraum hieß ›Halle des Wartens‹, und eine neue Treppe führte hinab zum Sargraum, ›Goldhalle‹ oder ›verborgene Kammer‹ genannt[4]. Bei ›Gold‹ dürfen wir nicht so sehr an die Schätze des Tutenchamungrabes denken, sondern an die Bedeutung des kostbaren Metalls als ›Leib der Götter‹; in der Goldhalle wurde also der Leib des Pharaos vergöttlicht und *darum* mit Goldsärgen und anderen Goldbeigaben umgeben, vor allem in den wohlhabenden Zeiten der späten 18. Dynastie, während Hatschepsuts Grabausstattung sicher bescheidener war.
Die Nebenräume – in Hatschepsuts Grab sind es drei – hießen ›Schatzhäuser‹. Hinter dieser Bezeichnung verbargen sich die Orte, an denen in unvordenklicher Zeit in den Sümpfen des Nildeltas die Wiederbelebung des verstorbenen Osiris erfolgt sein soll; geheimnisvolle, schon zu Hatschepsuts Zeiten vielfach kaum mehr verstandene Riten, von denen man nur wußte, daß sie zur Auferstehung gehörten[5].
In diesem Zusammenhang ist auch der tiefe Schacht zu sehen, den wir in Hatschepsuts wie in so vielen anderen Königsgräbern finden und der fast immer nur als Schutzmaßnahme gegen Diebe erklärt wird. Sollte dies eine seiner Funktionen gewesen sein, dann gewiß die unbedeutendste, denn die auf den Gebieten der Grabsicherung wie des Grabraubes gleich erfinderische Phantasie der Ägypter dürfte sich hiervon keinen großen Schutz versprochen haben – mit Recht, denn sie haben in keinem einzigen Fall die Beraubung verhindert, während das einzige fast unberührte Grab, das des Tutenchamuns, gar keinen solchen Schacht besaß. Der Brunnenschacht sollte vielmehr in erster Linie ein Bild des Wassers sein und entsprach so dem ›heiligen Teich‹ der Tempel, dem Abbild des Urgewässers Nun, aus dem die Schöpfung sich immer neu erhebt. Zugleich war er auch Symbol des Fruchtwassers der Mutter, in dem der Embryo heranwächst. Denn in einer Phase seiner Wiedergeburt wurde der verstorbene König auch als auf die Geburt wartender Embryo vorgestellt[6].
Hatschepsuts Grabkammer ist rechteckig und weicht mit dieser Form von denen ihrer unmittelbaren Vorfahren und Nachfolger ab, die mit einem ovalen Grundriß die Königskartusche nachahmen und damit, ebenso wie mit der Form ihrer Sarkophage, ein Denkmal des eigenen Namens sind. Hatschepsut aber kehrte zu der Form zurück, wie ihr

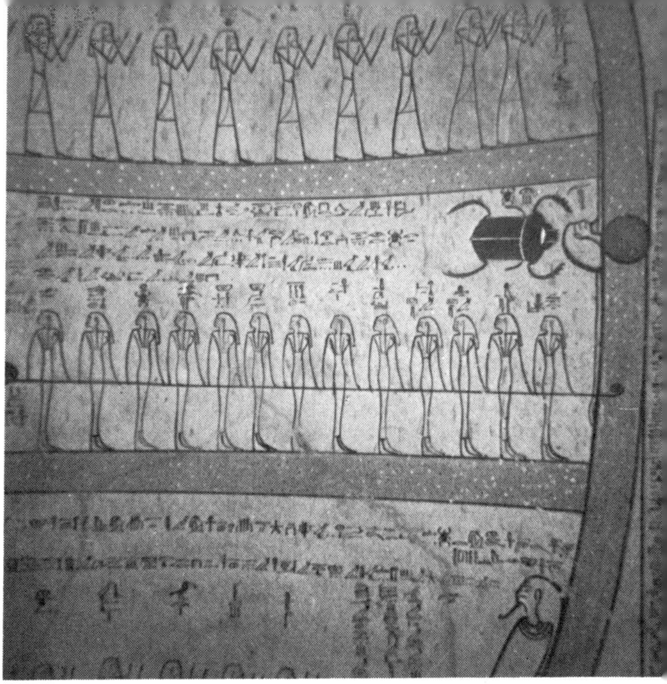

Großvater Amenophis sie seinem Sargraum gegeben hatte, und wir können genau feststellen, weshalb. In allen Königsgräbern der 18. Dynastie bis zu dem Amenophis' III. ist an den Wänden der Sargkammer mit Bildern und Texten das ›Buch der verborgenen Kammer‹ abgezeichnet, und zwar so, daß die Wände den Eindruck eines riesigen, aufgerollten Papyrus wiedergeben.

›Die Schrift der verborgenen Kammer. Die Orte der Seelen, Götter, Schatten und Geister. Ihre Tätigkeit‹, so heißt der volle Titel dieses Buches[7], das in der Ägyptologie meist kurz ›Amduat‹ oder ›Unterweltbuch‹ genannt wird. In einzelnen Kapiteln, die jeweils einer Nachtstunde entsprechen, wird das Schicksal des Sonnengottes bei seiner Fahrt durch das Nachtreich, das für den Ägypter in der westlichen Wüste lag, geschildert und genau angegeben, worauf der Gott – und in seiner Begleitung der verstorbene Pharao – zu achten hat, um die Begegnungen mit Göttern, Seelen und Geistern zu bestehen.

Gleichzeitig finden die geheimnisvollen Verwandlungen statt, beim Sonnengott von der altersschwachen untergehenden Sonne in Widdergestalt über die entscheidende fünfte Stunde, wenn die Barke über eine Pyramide gleitet, welche das göttliche Ei schützt, aus dem die neue Sonne entsteht – bis zum Ende der zwölften Stunde die junge Morgensonne als Skarabäuskäfer, dem Schriftzeichen des Werdens, am Horizont wieder auftaucht[8]. Und da der tote König den Sonnengott auf seiner Barke begleitet, so wird auch er dieser Verwandlung teilhaftig als Osiris, der immer wieder zu Rê wird.

»Diese Bilder sind entsprechend in der Verborgenheit der Unterwelt

oben links:
Das »Buch der verborgenen Kammer« im Grab Thutmosis' III.: Die neue Sonne entsteht als Falke in der Unterwelt

oben rechts:
Im letzten Kapitel vom »Buch der verborgenen Kammer« verläßt die wiederauferstehende Morgensonne als Skarabäus die Unterwelt, mit ihr der verstorbene König

anzubringen, nicht zu sehen, nicht zu schauen«, mit dieser Anweisung schließt das ›Buch der verborgenen Kammer‹[9]. Die letzten Worte sind dabei mit roter Schrift als besonders wichtig hervorgehoben und lassen uns wieder einmal deutlich werden, daß alle die mit großer Mühe und Kunstfertigkeit ausgeführten und auch unser ästhetisches Empfinden außerordentlich ansprechenden Bilder und Darstellungen in den ägyptischen Königsgräbern nur für den Toten bestimmt waren und für keines Menschen Auge sonst. Nicht nur die Unversehrtheit des königlichen Toten gebot diese Abschließung, sondern auch das tiefe Geheimnis um das Wissen vom Jenseits. »Der erlesene Leitfaden, die geheime Schrift der Unterwelt, die von keinem Menschen gekannt wird, außer vom Erlesenen«[10], so heißt es in einem anderen Teil des Buches, und der Priester am ›Lebenshaus‹, der Tempelbibliothek, der allein mit dem König die geheime Schrift kennt, trägt den Titel ›Iri-andsch‹, den wir etwa mit ›Geheimer Archivar‹ übersetzen könnten[11].

Möglicherweise hat es von diesem mit äußerstem Geheimnis umgebenen Buch nur eine einzige Ausfertigung, nur eine Papyrusrolle, gegeben, die immer wieder als Unterlage für die Ausschmückung der Königsgräber diente. Alle erhaltenen Abschriften an den Grabwänden zeigen Beschädigungen an den gleichen Stellen, die mit jeder späteren Verwendung zunehmen. Im Grab Amenophis' II., des Stiefenkels der Königin, finden wir in einer solchen Lücke sogar den Vermerk »zerstört gefunden«[12].

Der Schlußanweisung des Buches entnehmen wir aber auch, daß der Text »entsprechend« an den Wänden der Grabkammer anzubringen sei, also nicht etwa in beliebiger Richtung und Reihenfolge, sondern genau nach den im Buch selbst angegebenen Vorschriften. Da heißt es etwa im Titel zur 10. Stunde: »Es ist dies (das Buch) angefertigt wie die Bilder, die gemalt sind im Osten der verborgenen Kammer der Unterwelt.« Die Ostwand der Sargkammer, als zum Sonnenaufgang gerichtet, trug den Text der letzten vier Nachtstunden, die 1. bis 4. gehörten dementsprechend nach Westen, während die 5. und 6. Stunde gen Süden, die 7. und 8. Stunde nach Norden geortet waren.

Aus diesen Vorschriften ergab sich, daß die Sargkammer zwei längere und zwei kürzere Wände brauchte, und daß ihre Längsachse etwa in Nord-Südrichtung liegen mußte. Wird schon hieraus deutlich, daß Gestalt und Lage der Sargkammer keineswegs beliebig waren, so stellte eine weitere Vorschrift noch eine Bedingung für den Bau des Grabes: Die Stufen aus der Vorhalle der Sargkammer mußten diese an einer bestimmten Stelle der 4. Stunde treffen, wo der Weg in die Unterwelt zum Grab des Sokar, des uralten Gottes der Totenstadt von Memphis, beschrieben wird[13] und somit eine neue göttliche Gleichung des verstorbenen Königs stattfinden kann. Die Treppe *zum* war aber gleichzeitig die Treppe *aus* dem Grabraum, und im Grab Thutmosis III. ist der König auch an dieser Stelle dargestellt mit der Beischrift: »Er kommt heraus aus der Unterwelt, den Himmel erhellend, Rê zu folgen am Himmel und in der Erde«[14].

Alle diese komplizierten, für das Fortleben so bedeutsamen Bedingungen waren nun leichter in einem rechteckigen Raum zu erfüllen, dessen Zugangstreppe am Ende einer Längswand lag, als in einem ovalen. Hier liegt also der Grund, weshalb Hatschepsut, die sonst so gern jedem Vorbild ihres Vaters folgte, in der Gestalt der Grabkammer sich nach dem des Großvaters richtete. Die Kalksteintafeln in ihrem Grab gestatten trotz ihrer schlechten Erhaltung doch noch die Feststellung, daß auch sie selbstverständlich das ›Buch der verborgenen Kammer‹ an den Wänden ihrer Grabkammer abbilden wollte. Der Zyklus war aber bei weitem noch nicht vollendet. Die Königin starb, noch ehe die Arbeiten an ihrem Grab abgeschlossen werden konnten.

19.
Rätsel um eine Mumie

In einem Wüstental des Sinai, bei den Türkisminen, die ihr so viele kostbare Steine für persönlichen Schmuck und Gaben an die Götter geliefert hatten, findet sich Hatschepsuts Bild vor dem Gott Onuris neben dem Thutmosis' III. vor der Göttin Hathor. Dazu ist vermerkt »Regierungsjahr 20«[1]. Dies ist die letzte sicher datierte Inschrift unserer Königin, der letzte Zeitpunkt, zu dem sie als Herrscherin bezeugt ist.

Danach verschwindet sie, und noch bis vor kurzem wußten wir nicht genau, wann, ja wir wissen heute noch immer nicht, wie. Ist sie zurückgetreten? Ist sie vom Thron gestoßen worden? Ist sie gestorben – und wenn, war es ein gewaltsamer Tod? Weiter geht die Reihe der dunklen Rätsel mit den Fragen nach ihrem Begräbnis: Wurde ihr Leichnam zerstört, gar verbrannt? Oder hat sie ein Begräbnis erhalten, durch wen und wo? Denn ihr Königsgrab ist nie für sie benutzt worden. Gibt es, wenn schon ihre Grabstätte nicht bekannt sein sollte, vielleicht Reste eines Begräbnisses? Oder gar eine Mumie, welche die ihrige sein könnte?

So viele Fragen, so viele Antworten durch Historiker und Ägyptologen. Denn eindeutige schriftliche Zeugnisse fehlen völlig, archäologische weitgehend, und was sich fand, ist häufig in seiner Aussage unklar und in seiner Deutung umstritten. Welch tragisches Ende für das Leben dieser Frau, groß in einer Zeit und einem Land, für die nichts Schrecklicheres vorstellbar war, als das Versinken in das Nicht-Sein, die Nicht-Existenz, von der kein körperlicher Rest bleibt, von der weder Bild noch Wort kündet, von der keines Menschen Erinnerung eine Spur bewahrt.

Doch wie Generationen von Ägyptologen nicht nur das ungelöste

Rätsel fasziniert hat, sondern sie sich geradezu in einem Akt der Wiedergutmachung bemühten, Leben und Nachleben der Königin aus kleinsten weit verstreuten Spuren wiederzugewinnen, auch wenn erst mühsam dicke Lagen von Irrtümern und Fälschungen zu durchdringen waren, wollen auch wir uns bemühen, zu dieser Wiedergutmachung durch Wiedererinnerung beizutragen. Zunächst wollen wir sehen, welche Tatsachen sich doch vielleicht hier oder dort finden lassen, um dann zu versuchen, ob und wie sie mit anderen zusammenpassen und welche Deutung sich daraus ergeben mag.

Manetho spricht tatsächlich an der Stelle seiner Königsgeschichte, wo Hatschepsut erscheinen müßte, von einer Königin ›Amessis‹. Manetho schrieb griechisch, ebenso seine Kopisten mehrere Jahrhunderte später, durch deren Überlieferungen wir allein Teile des verlorenen Originals kennen. Sehr wahrscheinlich ist das »m« in diesem Namen ein verschriebenes griechisches »sp«[2], und da das anlautende ägyptische H im Griechischen meist wegfällt und ägyptisches ›ps‹ auch sonst häufig von Griechen umgestellt wird, dürfte der Originalname ›Hapsessis‹ und damit eine gräzisierte Form von Hatschepsut sein. Manetho gibt ihr eine Regierungszeit von 21 Jahren 9 Monaten; das paßt recht gut mit ihrem letzten bezeugten Regierungsjahr 20 zusammen sowie mit dem ersten eindeutig aus Thutmosis' III. Alleinherrschaft stammenden, nämlich seiner Überschreitung der ägyptischen Grenzen am 25. 8. im Regierungsjahr 22 auf seinem ersten syrischen Feldzug.

Manche Ägyptologen glauben, diesen Spielraum sogar noch weiter einengen zu können. Auf einer Stele im Tempel von Erment hat Thutmosis nämlich möglicherweise schon vor Beginn seines Syrienfeldzuges allein geurkundet, und er gibt als Datum »Jahr 22, Monat 2 der Winterjahreszeit, Tag 10« an. Dieser Tag wird nun in der modernen Forschung als der Beginn der Alleinherrschaft angesehehen[3]. Hornung berechnet daraus als Todestag Hatschepsuts den 30. 1. 1468 v. Chr.[4].

Ich habe hier bewußt den Ausdruck ›Todestag‹ gebraucht, denn eine andere Erklärung als der Tod ist für das Verschwinden Hatschepsuts und den Beginn der Alleinherrschaft Thutmosis' III. kaum mit den Tatsachen in Einklang zu bringen. Das ägyptische Königtum war durch seine unaufhebbaren religiösen Bezüge eine so starke und strenge Bindung, daß der ›lebende Horus‹ nicht vom Thron der beiden Länder herabsteigen und Privatmann werden konnte. Rücktritt eines Pharaos gab es in keinem einzigen Fall in der ägyptischen Geschichte.

Das besagt freilich noch nichts über die Art ihres Todes. Die einen Gelehrten sprechen von Mord[5] oder halten doch wenigstens ein gewaltsames Ende für sehr wahrscheinlich: »Sie hat das Schicksal ihrer Denkmäler erlitten«, meint der verdienstvolle deutsche Ägyptologe Schott[6].

Nun hat es Mord an Pharaonen durchaus gegeben. König Amenemhet I. (1991–1962 v. Chr.) berichtet gar selbst in einer – natürlich posthumen – Lehre für seinen Sohn Sesostris I.: »Nach dem Abendessen war es, als der Abend gekommen war. Ich hatte mir eine Stunde der Erholung gegönnt und lag auf meinem Bett, denn ich war müde geworden . . . Hätte ich schnell die Waffen mit meiner Hand ergriffen, dann hätte ich die Feiglinge Hals über Kopf zurückgetrieben. Doch niemand ist tapfer in der Nacht, und man kann nicht allein kämpfen. Nicht kann eine Heldentat ohne Helfer geschehen. Siehe, der Mord geschah, als ich ohne dich war . . .«[7].

Dieser Königsmord ist wohl der erste literarische Mord, denn außer in der Lehre für Sesostris spielt er auch eine wichtige Rolle in der berühmten altägyptischen Geschichte des Sinuhe, der zu Beginn der Erzählung auf die Nachricht von dem Mord an Amenemhet I. hin aus Ägypten flüchtet und damit sein abenteuerliches Leben in fremden Ländern beginnt. Das ist umso verwunderlicher, als wir ja die im allgemeinen sehr ausgeprägte ägyptische Zurückhaltung über Vorgänge im Palast kennen. So ist es wohl auch nur ein Zufall, daß aus erhaltenen Gerichtsakten bekannt wurde, daß Ramses III. infolge einer Haremsintrige ermordet werden sollte[8].

Doch das sagt uns noch nicht, ob auch Hatschepsut Opfer eines solchen Verbrechens geworden ist. Als Urheber oder Anstifter, wenn nicht gar als Täter, könnte ja kaum ein anderer infrage kommen als Thutmosis III. Welche Gründe könnte er für eine solche Tat gehabt haben?

Viele Wissenschaftler setzen als selbstverständlich voraus, daß Thutmosis äußersten Haß gegen seine Stiefmutter empfand: »Er brauchte 20 Jahre, um das Land von der verhaßten Stiefmutter zu befreien«, sagt Hayes[9]; Wolf spricht von »angestautem Haß« gegen sie[10]; ähnliche Zitate lassen sich in fast jeder ägyptischen Geschichte finden. Konkreter wird Hayes mit der Vermutung, daß Thutmosis die Ungeduld über Hatschepsuts pazifistische, schwächliche Außenpolitik gepackt habe[11]. Dieses Motiv nimmt auch Helck auf und stellt nach gründlicher Untersuchung fest: es sei auffallend, daß Thutmosis sofort nach Verschwinden Hatschepsuts seinen Feldzug gegen Syrien beginnt, der die dringend nötige Antwort auf eine gefährliche Bedrohung Ägyptens durch eine syrische Koalition unter der Führung von Kadesch gewesen sei, hinter dem die Macht Mitannis gestanden habe[12].

Wenn wir die beiden als möglich geschilderten Motive, persönlichen Haß und Abwehr einer Bedrohung von außen, näher betrachten, verlieren sie allerdings an Überzeugungskraft. Wir hatten im vorigen Kapitel gesehen, daß Thutmosis als Mitregent Hatschepsuts eine durchaus ehrenvolle Stellung mit wichtigen Funktionen und Aufgaben einnahm und besonders in den letzten Jahren zunehmend Selbständigkeit nicht nur zeigte, sondern von der Königin auch erhielt. Denken wir nur an seine Ernennung von Beamten, die Ausübung des Oberkommandos der Armee und eigene Feldzüge. Diese Rolle mag ihm nicht genügt haben, aber war dies Grund genug für einen doch immer risikoreichen Mord an einer nach allem, was wir wissen, bis zuletzt über Machtmittel und treue Mitarbeiter verfügende Königin? Gewiß, im menschlichen Verhalten ist vieles möglich, und manches mag darauf hindeuten, daß der Stiefsohn seine Stiefmutter nicht gerade geliebt hat, doch scheint das Mordmotiv des persönlichen Hasses doch etwas dünn begründet und psychologisch wenig wahrscheinlich zu sein bei einem Mann, der wie Thutmosis III. zahlreiche Beweise für Klugheit, Willensstärke und Kraft gegeben hat – Mord aber ist eher ein Beweis für psychische Schwäche.

Wie sieht es aber mit der abzuwehrenden Bedrohung Ägyptens als Mordmotiv aus? Es kann kein Zweifel sein, daß die Lage, der sich Thutmosis bei Beginn seines Syrienfeldzuges gegenübersah, sehr ernst war. Der Abfall der syrischen Verbündeten von Ägypten war wie ein Lauffeuer über ganz Palästina und Syrien hinweggegangen, und die Koalition der Städte und Stämme von Gaza bis zum Orontes mit der Macht Mitannis im Rücken stellte eine sehr schwere Gefahr für Ägypten dar. Aber war diese Bedrohung wirklich auf Hatschepsuts Tun und Lassen zurückzuführen, und konnte sie nur durch ihre Ermordung, die dann fast den Anschein einer patriotischen Tat bekäme, beseitigt werden?

Auch diese Fragen muß ich verneinen. Die Beweisführung geht doch von der als selbstverständlich genommenen Voraussetzung aus, daß Hatschepsut keine Kriege führte noch führen ließ, daß sie durch pazifistische Außenpolitik den syrischen Aufstand provozierte und daß sie versucht hätte, Thutmosis an einer energischen Militäraktion zu hindern. Alle drei Thesen stimmen aber mit den Tatsachen nicht überein. Wir wissen, daß sich Hatschepsut der sorgsamen Ausbildung und guten Bewaffnung ihrer Armee selbst rühmte; wir wissen, daß sie Feldzüge selbst geführt hat und andere durch Thutmosis hat führen

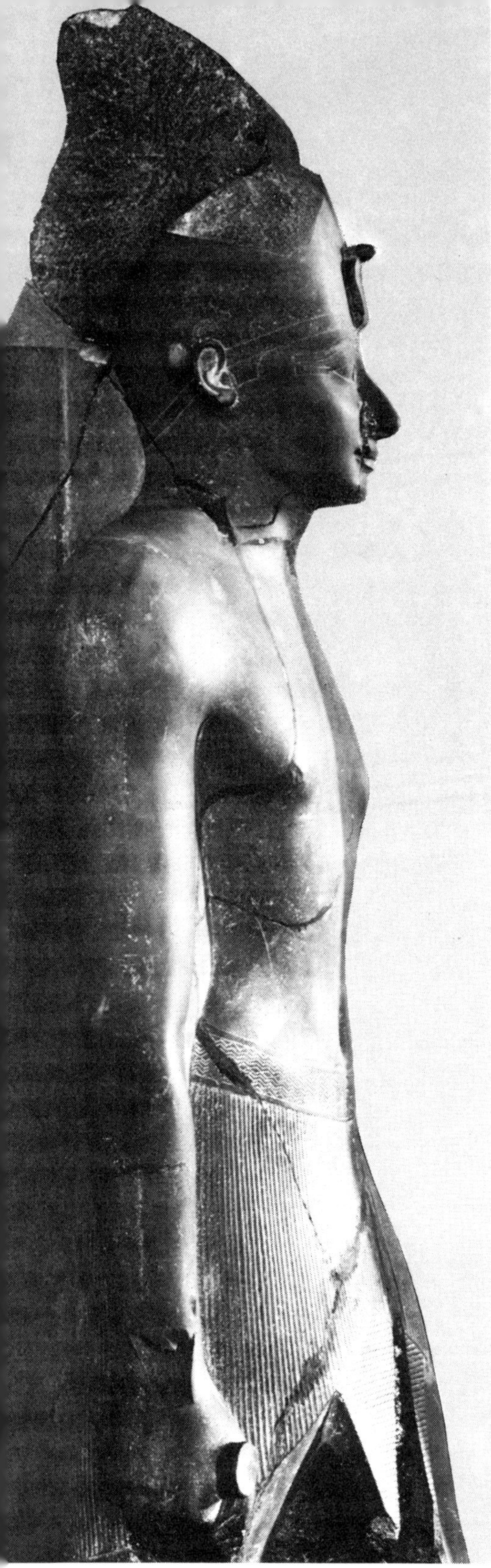

lassen. Zu den letzteren gehört die Eroberung von Gaza, die noch während der Mitregentschaft erfolgte. Gerade dieser Feldzug kann doch aber nur die erste Antwort auf die sich abzeichnenden Schwierigkeiten in Syrien gewesen sein und spricht dafür, daß die Königin ebenso wie der Stiefsohn diese Gefahr erkannte und ihm zumindest kein Hindernis in den Weg legte, darauf militärisch zu reagieren. Damit aber verliert die ganze politische Motivation für Hatschepsuts Ermordung an Schlüssigkeit, wenn sie nicht ganz in sich zusammenfällt.

Bei aller gebotenen Zurückhaltung mit Schlußfolgerungen bei so undeutlicher Quellenlage scheint mir doch alles für einen natürlichen Tod Hatschepsuts zu sprechen, wie dies etwa auch Redford annimmt[13].

Was aber ist aus der Königin nach ihrem Tod geworden? Ihre beiden Gräber wurden leer gefunden. Das hoch an einer Felswand gelegene Grab der Königsgemahlin ist mit Sicherheit nie für eine Bestattung benutzt worden[14]; es ist unvollendet geblieben und enthielt außer dem leeren Sarkophag nicht die geringsten Reste von Begräbnisbeigaben, die selbst nach mehrfacher Beraubung von Gräbern sich fast immer finden. Zwei zerbrochene Krugränder von sehr gewöhnlicher Ware sind die einzigen Fundstücke überhaupt und stammen von den Arbeitern, die beim Grabbau beschäftigt waren.

Ähnliches gilt für das Königsgrab Hatschepsuts im ›Tal der Könige‹, obwohl hier die Ägyptologen nicht ganz so entschieden die Benutzung des Grabes für Hatschepsuts Bestattung ablehnen können, sondern sich damit begnügen müssen, sie für unwahrscheinlich zu halten[15]. Diese Unsicherheit gründet darin, daß *ein* königliches Begräbnis in diesem Grab stattgefunden hat, nämlich für Thutmosis I., dessen Mumie Hatschepsut in ihrem eigenen Grab hatte beisetzen lassen[16].

Thutmosis III. – einer der mächtigsten Herrscher Ägyptens. Hatte er Mord nötig?

Erst Thutmosis III. ließ seinen Großvater wieder in dessen eigenes Grab umbetten. Hatschepsuts eigener Sarkophag war zur Zeit der Untersuchung des Grabes durch Carter jedenfalls ebenso leer, wie der danebenstehende Thutmosis' I.

Dieser Befund der beiden von Hatschepsut für sich angelegten Gräber *kann* ein Hinweis darauf sein, daß die Königin nach ihrem Tod kein königliches Begräbnis, ja vielleicht auch keine Mumifizierung und Beisetzung erhalten hat und ihr Leichnam vernichtet wurde. Freilich: es *muß* nicht so sein. Es geschah gar nicht selten, daß Pharaonen nach ihrem Tode nicht in dem von ihnen vorbereiteten Grab bestattet wurden. Gerade aus der 18. Dynastie kennen wir mehrere solcher Fälle. Von der Odyssee der Mumie Thutmosis' I. hatten wir gerade gesprochen; Hatschepsuts Gemahl, Thutmosis II., hat nie in seinem vorbereiteten Grab gelegen; Tutenchamun starb so jung, daß sein eigenes Grab noch nicht fertiggestellt war und man ihn in einem sehr kleinen, kaum für einen Pharao geplanten Grab eilig beisetzte – und doch haben diese Drei königliche Begräbnisse erhalten, und ihre Mumien sind noch jetzt vorhanden. Der Mitregent Echnatons, Semenchkarê, landete im Grab der Königin Teje; Echnatons Mumie lag kurz in seinem Felsengrab bei seiner Residenz Tell-el-Amarna und wurde erst später vernichtet. Und es gibt auch Fälle, daß Nachfolger das Grab ihres Vorgängers selbst benutzten, ihm aber ein durchaus königliches Begräbnis in einem anderen Grab richteten.

Was aber ist nun im Fall Hatschepsuts geschehen? Kein anderes Grab von ihr wurde gefunden, kein weiterer Sarg mit ihrem Namen, keine Mumie, die ihn auf den Leinenbinden trüge. Und so lag die oft geäußerte Vermutung nahe, daß Hatschepsuts Leiche oder Mumie von ihrem haßerfüllten Nachfolger irgendwo verscharrt, wenn nicht gar vernichtet wurde. Aber neueste Untersuchungen geben uns auch hier die Möglichkeit zu einem zwar immer noch nicht ganz sicheren, aber doch hoffnungsvollen Urteil.

Der französische Ägyptologe und damalige Generaldirektor der ägyptischen Altertumsverwaltung, Gaston Maspero, hat in einem dicken Band in Folioformat seine sorgfältigen Untersuchungen über die Funde dargestellt, die in einer Felshöhle nahe Der el Bahari im vorigen Jahrhundert gemacht wurden und sich als Sammellager der Mumien von Pharaonen vor allem der 18. und 19. Dynastie und ihrer Angehörigen herausstellten[17]. Die Mumien waren mit den von Grabräubern übriggelassenen Resten der Grabausstattungen durch Hohepriester der 22. Dynastie aus den erbrochenen Gräbern im Tal der Könige hierher gebracht und damit erhalten worden.

Unter diesen Funden beschreibt Maspero auch ein Kästchen aus Sykomorenholz, etwa 18 cm hoch, das eine menschliche Leber oder Milz enthielt. Sie war mit einer asphaltähnlichen Masse übergossen worden, die etwas übergeflossen ist[18]. Es ist ein sogenannter ›Kanopenkasten‹: Bei der Einbalsamierung der Mumie wurden Anfang des Neuen Reiches Magen, Leber, Milz und Gedärm aus dem Körper genommen und in gesonderten Behältern beigesetzt – in der frühen 18. Dynastie oft in Holzschreinen wie hier. Auf einer Seite des Kästchens ist sorgfältig die Inschrift eingegraben worden: »König von Ober- und Unterägypten Makarê, Tochter der Sonne Hatschepsut Khnemetamun, sie soll ewig leben!«[18] Dabei ist das ›Amun‹ im zweiten Namensteil ausgekratzt, ein Zeichen dafür, daß zur Zeit Echnatons das Kästchen in die Hände seiner ›Zensoren‹ gefallen ist, die landauf, landab alle Erwähnungen des Amun auslöschten, doch weder Titel noch Königsnamen Hatschepsuts vernichteten. Die Kombination des Thronnamens Makarê mit dem vollen königlichen Geburtsnamen Hatschepsut Khnemetamun macht völlig eindeutig, daß es sich nicht um irgendeine andere Hatschepsut oder Makarê (beide Namen gibt es bei Prinzessinnen und Königsgemahlinnen hin und wieder, nie aber in dieser Verbindung, geschweige mit dem Königstitel) handeln kann.
Leider stellte sich bei meinen Nachforschungen im Frühjahr 1974 heraus, daß dieses Kästchen im Ägyptischen Museum zu Kairo nicht mehr auffindbar ist. Der verdienstvolle Leiter des Museums, Dr. Henry Riad, konnte trotz größter Bemühungen nur feststellen, daß es zwar von Maspero im Eingangsbuch des Museums eingetragen worden war, doch fehlt der sonst übliche Vermerk über den Standort, und auch eine gemeinsame Suche unter den zahlreichen hölzernen Kanopenschreinen des Museums brachte den Hatschepsuts nicht zum Vorschein. Nur das Foto in Masperos Werk ist also zur Zeit Beweis für sein Vorhandensein und die Richtigkeit von Masperos Wiedergabe der Inschrift.
Ergänzend zu diesem Eingeweideschrein ist eine Totenstatuette zu sehen, die heute im Museum Westreenianum in Den Haag aufbewahrt wird und deren genauen Fundort man leider nicht kennt. Diese Statuetten hießen bei den Ägyptern ›Uschebtiu‹ = Antworter, denn sie sollten im Reich des Osiris für den Grabinhaber einspringen, wenn dieser zu Arbeiten auf den Feldern des Jenseits aufgerufen wurde. Darum halten sie auch oft Hacken in ihren Händen und tragen kleine Körbe auf dem Rücken zum Auflesen der Ähren. Eine Inschrift fordert den Uschebti auf, anstelle des Grabinhabers auf den Ruf zur Feldarbeit

Uschebti (Grabfigur) Hatschepsuts, mit Königskopftuch, Uräusschlange, Königsbart und den gekreuzten Armen der Königsmumien. In der Kartusche unzerstört ihr Thronname »Makarê«

zu antworten »Hier bin ich«. Auf diesem Uschebti in Den Haag ist als Name des Grabinhabers geschrieben »König Makarê«[20]. Das Uschebti gehört seinem Stil nach ebenso wie das Kästchen mit der Leber in den Anfang der 18. Dynastie.

Offensichtlich stammen diese beiden Stücke aus der Grabausstattung Hatschepsuts. Es wäre nun immer noch denkbar, daß sie, wie dies bisweilen geschah, nicht beim Begräbnis Hatschepsuts Verwendung fanden, aber als gute, noch brauchbare Stücke bei einer späteren königlichen Beisetzung verwertet wurden. Maspero selbst, der freilich das Uschebti noch nicht kannte, vermutet dies im Fall des Kanopenkästchens, das von einer königlichen Gemahlin der 21. Dynastie namens Makarê verwendet worden sei, deren Mumie in dem gleichen Versteck wie das Kästchen gefunden wurde, während die der Hatschepsut sich nicht darin fand. Er weist dabei darauf hin, daß die Hohenpriester des Amun der 21. Dynastie gar nicht selten frühere Grabausstattungen usurpiert hätten[21].

Für unsere Frage wäre selbst dann, wenn diese Vermutung Masperos zutreffen sollte (und es gibt für sie keinerlei Beweise), allein wichtig zu wissen, ob Kästchen und Uschebti jahrhundertelang unbenutzt herumstanden, bis der Glücksfall eine Königsgemahlin mit wenigstens *einem* passenden Namensteil sterben ließ, oder ob sie zunächst bei Hatschepsuts Begräbnis Verwendung fanden und erst später, und dafür sind mehrere Gründe denkbar, zerstreut oder wiederverwendet wurden.

Wahrscheinlich scheint mir, daß sie Originalteile von Hatschepsuts Grabausstattung sind und auch bei ihrer Beisetzung benutzt wurden. Ein weiterer Hinweis: Wenn man Hatschepsuts Leiche oder Mumie beseitigt oder verscharrt und ihre Grabausstattung ›auf Vorrat‹ liegengelassen hätte, so hätte man nicht gerade ihre Königstitel und -namen darauf unbeschädigt gelassen. Wir werden noch sehen, daß die Auslöschung von Hatschepsuts Namen an viel schwieriger zu erreichenden Gegenständen erfolgt ist – warum dann nicht an Dingen, die bequem zur Hand in einem Depot lagerten?

Wenn man diesen Argumenten folgt, bleibt nur der Schluß, daß Hatschepsut ein Begräbnis erhalten hat, und zwar eine königliche Bestattung als Pharao (das zeigen wiederum Königstitel und -namen auf Schrein und Uschebti!), und dieses kann ihr nur der Mitherrscher und Nachfolger Thutmosis III. ausgerichtet haben. Der wichtigste Beweis hierfür aber wäre gegeben, wenn neueste Forschungsergebnisse Bestätigung fänden, daß nämlich die Mumie Hatschepsuts gefunden worden sei.

Hatschepsuts Mumie gefunden – das wäre eine Weltsensation, nur mit der Entdeckung von Tutenchamuns Grab zu vergleichen, wenn dieser Fund im ›Tal der Könige‹ oder einem Felsversteck in der Totenstadt von Theben erfolgt wäre, ausgegraben nach allen Regeln der Kunst und umgeben von dem faszinierenden Schauder der Schatzgräberei, vom ›Fluch des Pharao‹ (den es nie gegeben hat) bis zu unermeßlichen Goldschätzen.

Aber leider – der Ort der Entdeckung war das Museum von Kairo, die Mumie, um die es sich handelt, war nackt und bloß und trug nur Reste von Leinenbinden und keinerlei goldenen Schmuck oder Edelsteine, sie hatte dort viele Jahre lang gelegen, bis sie in den dreißiger Jahren mit zwei anderen nicht identifizierbaren Mumien wieder in der Nebenkammer des Amenophisgrabes eingemauert wurde, aus der sie stammte, und die jetzigen Entdecker waren zwar immerhin Gelehrte, aber nicht einmal alle Ägyptologen, sondern der Anstoß zu dem verblüffenden Fund kam von Professoren der – Zahnheilkunde!

Unter der Leitung von Dr. James E. Harris hat in den Jahren nach 1966 eine Gruppe von Zahnärzten und Röntgenologen der Universitäten Michigan und Toronto die Mumien des Ägyptischen Museums Kairo mit tragbaren Röntgenapparaten durchleuchtet, um Aufschlüsse über zahnmedizinisch wichtige Fragen wie Vererbung bestimmter Gebißanomalien, Verhältnis zwischen Nahrung und Zahnkrankheiten und anderen zu erhalten. Die von der ägyptischen Altertumsverwaltung großzügig gegebene Genehmigung und die Hilfe ägyptischer und amerikanischer Ägyptologen wurde klug genutzt, nicht nur Röntgenaufnahmen der Gebisse, sondern wenigstens bei den Pharaonen der gesamten Mumie anzufertigen und zu analysieren, wobei oft interessante und verblüffende Entdeckungen gemacht werden konnten.

In ihrem Buch ›X-Raying the Pharaos‹ haben nun James E. Harris und der Ägyptologe Kent R. Weeks neben vielen anderen Ergebnissen ihrer Arbeit auch über ihre Begegnung mit Hatschepsut berichtet. Als vorsichtige Gelehrte kleiden sie ihre Entdeckung in die Worte: »Einige Mitglieder unserer Expedition fragten sich, ob nicht die Mumie einer ›älteren Frau‹, die im Grab Amenophis II. gefunden worden ist, tatsächlich ihre (Hatschepsuts) Überreste darstellen«[22]. Das hier angesprochene Grab Amenophis' II. im ›Tal der Könige‹ war neben dem Versteck von Der el Bahari das zweite Sammelgrab, in dem die Priester der 22. Dynastie Pharaonenmumien aus ihren von Räubern durchsuchten oder zerstörten Gräbern in Sicherheit brachten. Als Victor Loret im Jahr 1898 das Grab Amenophis' II. öffnete, fand er, außer der Mumie dieses Königs, in einer Nebenkammer noch etwa ein Dutzend

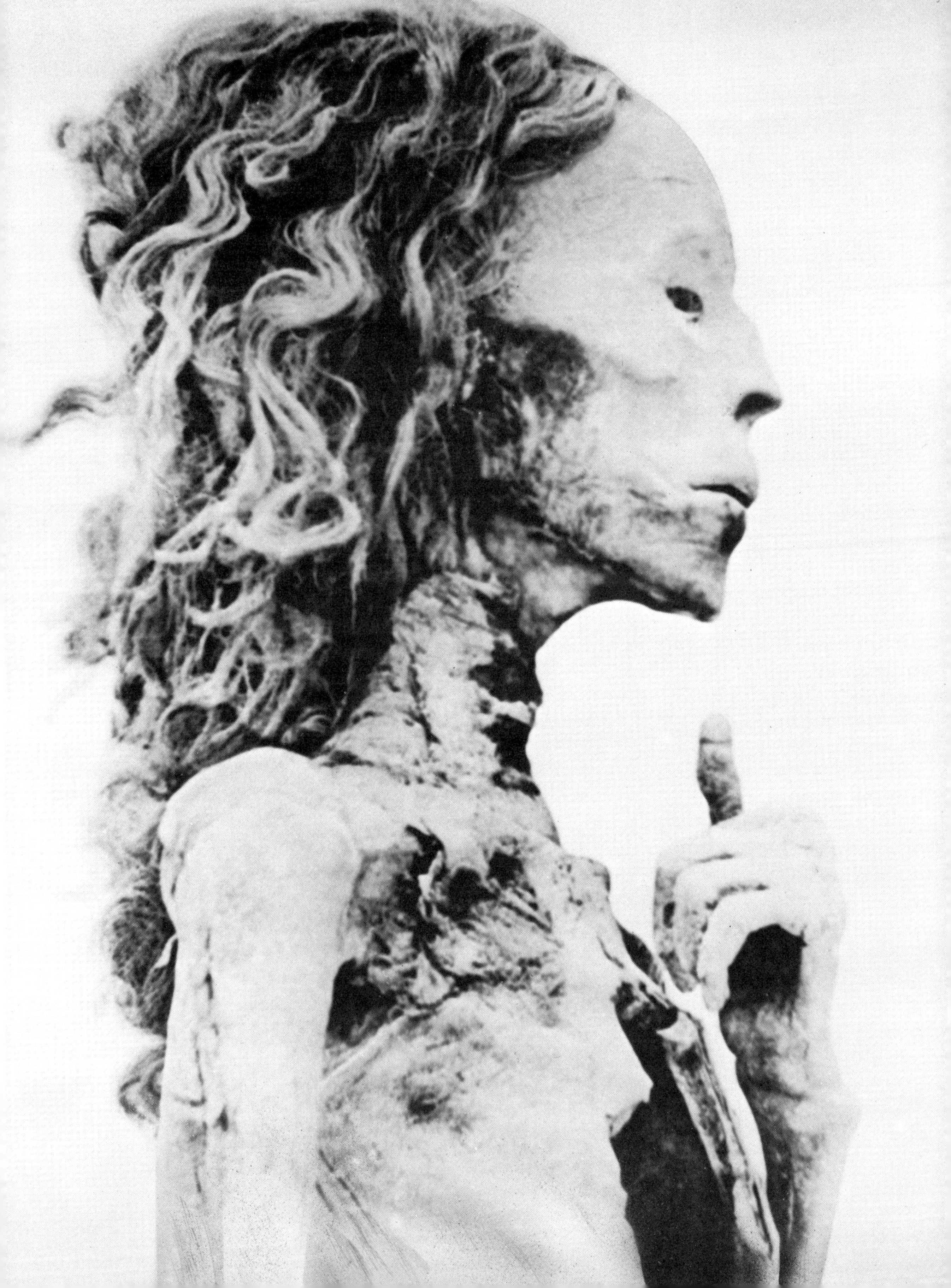

anderer, darunter die seines Enkels Amenophis' III., der in einem Sarg Ramses' III. unter einem Deckel Sethos' II. lag, und die Merenptahs, des Sohnes und Nachfolgers von Ramses II.[23].
Unter diesen Mumien war nun auch die einer Frau. Da sich weder auf Sarg noch Hüllen ein Hinweis auf ihre Identität fand, wurde sie nach ihrer Überführung ins Ägyptische Museum als »unbekannte ältere Frau« unter CGC 61070 inventarisiert. Sie ist, wie so viele andere, von Grabräubern schwer beschädigt worden: Die Beine waren abgebrochen, Unterleib und unterer Teil des Brustkorbes wiesen Verstümmelungen auf. Der Oberkörper ist aber erheblich besser erhalten. Besonders gilt das für den Kopf, der am Hinterhaupt noch lange, braune, gelockte Haare trägt, die offen bis auf die Mitte des Rückens fallen und die Lebendigkeit der Gesichtszüge unterstreichen. Das Gesicht trägt einen Zug von Ruhe und Erhabenheit, der uns auch dann ergreifen und erschüttern würde, wenn es eine Unbekannte wäre und bliebe. Die Nase zeigt die lange, schmale Form, die wir von den Darstellungen Hatschepsuts her kennen, wobei das Einsinken der Nasenwurzel und Ausweiten der Nasenlöcher erst bei der Einbalsamierung geschah, als man das Gehirn mit einem Bronzehaken durch die Nase entfernte. Der Mund wirkt erstaunlich lebendig mit den schmalen, sensiblen Lippen, und das Kinn ist gut ausgebildet, aber nicht vorspringend, wie wir es ebenfalls von Hatschepsuts Bildern her kennen.
Diese anscheinenden Ähnlichkeiten dürfen gewiß nicht überschätzt werden. Ob und wieweit die Darstellungen der Pharaonen der frühen 18. Dynastie Porträtähnlichkeit zeigen oder nur Idealbilder sind, ist noch immer umstritten. Tatsache ist, daß die meisten Darstellungen der Hatschepsut untereinander außerordentlich ähnlich sind, und daß diese Mumie wirklich in einigen Zügen, deren Erhaltung man bei der Mumifizierung erwarten kann, den von Hatschepsuts Statuen und Reliefs gezeigten ähnelt.
Das wäre freilich als weit hergeholtes und wissenschaftlich unzulässiges Spiel mit persönlichen Meinungen abzutun, wenn die amerikanischen Forscher nicht noch einige andere Gründe für ihre Vermutung anführten, für die dann die äußere Ähnlichkeit nur eine zusätzliche Stütze wäre:
»Was die Techniken der Mumifizierung anbetrifft, die dieses Individuum zeigt, so ist sicher, daß sie während dieser (frühen) Periode der 18. Dynastie einbalsamiert wurde.« (Die Methoden der Mumifizierung änderten sich gerade im Neuen Reich so stark, daß man danach ziemlich genau den Zeitraum bestimmen kann, in dem diese stattfand.) »Das ungefähre Alter der Mumie im Augenblick des Todes –

zu Seite 218:
Wahrscheinliche Mumie Hatschepsuts: Das Profil entspricht dem ihrer Statuen, die Armhaltung haben zu ihrer Zeit nur Königsmumien, die Hand umfaßte Zepter oder Geißel

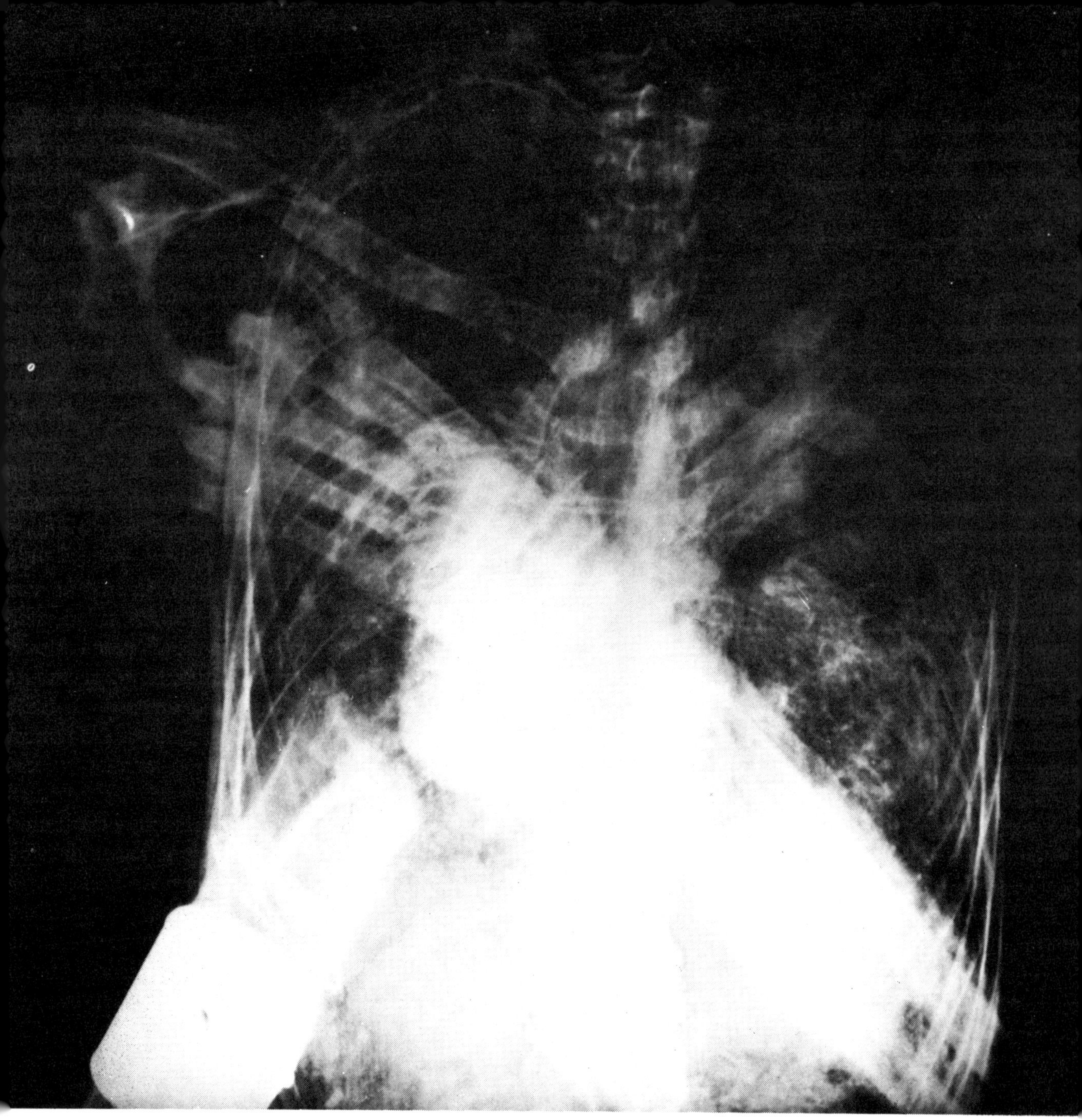

Die Röntgenaufnahme der Mumie Thutmosis' III. zeigt die über der Brust gekreuzten Arme der Königsmumien und die unter den Leinenbinden verborgenen Schmuckstücke

etwa zwischen 35 und 45 – paßt zu dem, was wir über Hatschepsuts Lebensdauer wissen. In ihrer Erscheinung zeigt sie eine starke Ähnlichkeit mit den Mumien Thutmosis' II. (ihres Halbbruders) und Thutmosis' III. (ihres Stiefsohnes). Der linke Arm der Mumie (zum jetzigen Zeitpunkt der einzig sichtbare) ist gebeugt und liegt über der Brust mit geballter Faust. Diese Haltung läßt daran denken, daß sie bei ihrem Begräbnis eines der Symbole des Königtums trug. Schließlich, ihr Begräbnis im Grab Amenophis' II. zusammen mit Königen und Adligen des Neuen Reiches zeigt, daß auch sie zumindest dem Adel, wenn nicht der königlichen Familie selbst angehörte«[24].

Das überzeugendste Argument ist wohl das der Arm- und Handhaltung. Alle Königsmumien der 18. Dynastie seit Thutmosis II., aber auch nur sie, kreuzen die Arme über der Brust und tragen in den Händen Krummstab und Geißel, zeigen also die Haltung, in der der Gott Osiris dargestellt wird, in den sich die verstorbenen Pharaonen ja verwandeln. Alle anderen Mumien haben die Arme entweder lang an der Seite des Körpers ausgestreckt oder vor den Geschlechtsteilen oder über dem Bauch gekreuzt. Die Faust unserer Mumie hat ganz sicher etwas gehalten, da sie nicht ganz geschlossen ist, wahrscheinlich eine Geißel, wie sie auch die Figur der Hatschepsut im Grab des Kenamun (s. S. 229) in der erhobenen Faust trägt.

Im Frühjahr 1974 erhielten die Amerikaner nun die Möglichkeit, diese Mumie näher zu untersuchen. Die Mauer vor der Seitenkammer im Grab Amenophis' II. wurde wiederum niedergelegt, und Dr. James E. Harris konnte mit einem tragbaren Röntgengerät an die Durchleuchtung der Mumie gehen. Ein erstes wichtiges Ergebnis dieser Untersuchung wurde mir vom Chefinspektor der ägyptischen Altertümerverwaltung für Oberägypten, Dr. Ramadan Saad, mitgeteilt und von Professor Kent R. Weeks, dem jetzigen Leiter der amerikanischen archäologischen Mission in Oberägypten, bestätigt: Die Haltung des erhobenen linken Armes ist zweifellos ursprünglich und nicht etwa durch gewaltsame spätere Verbiegung oder Bruch von Grabräubern oder rettenden Priestern verursacht worden.

Die Röntgenaufnahmen der Mumie werden von Dr. Harris sehr sorgfältig und unter Einsatz modernster Computertechnik mit denen anderer Pharaonenmumien verglichen, um durch Feststellung als vererblich bekannter Skelett- oder Gebißeigenschaften einen eindeutigen Beweis für die Identität dieser Mumie zu führen. Der Veröffentlichung der Ergebnisse dieser Untersuchungen muß man mit großer Spannung entgegensehen. Ich zögere aber schon jetzt nicht, die Wahrscheinlichkeit für sehr groß zu halten, daß diese Mumie die Hatschepsuts ist.

Auch das Auftauchen von Hatschepsuts Kanopenkasten in dem anderen Versteck, dem von Der el Bahari, ist kein Gegenargument, denn wir hatten ja gesehen, daß zum Beispiel Amenophis III. im Grabversteck Amenophis' II. und in einem Sarg Ramses' III. gefunden wurde, dessen Mumie wiederum in dem Der el Bahari-Versteck lag. Soweit

die Mumien, Särge und Beigaben nicht schon durch die alten Grabräuber durcheinandergebracht worden waren, wurden sie von den Priestern bei ihrer offenbar äußerst eiligen und heimlichen Rettungsaktion zerstreut und verwechselt.
Anfang Dezember 1976 erschienen Presseberichte, nach denen die Analyse der Röntgenbilder des Mumienschädels im Vergleich zu denen der angeblichen Teje-Mutter Tuju und des Teje-Sohnes Amenophis' IV.-Echnaton »sehr große Ähnlichkeiten« ergeben hätte und dies sowie Elektronenstrahl-Analysen der Mumienhaare und eines Haarbüschels der Königin Teje aus dem Tutanchamun-Grab zur »Identifizierung« der Mumie als derjenigen Tejes geführt habe. Diese Berichte sind in sich widerspruchsvoll, denn eine Mumie bzw. einen Schädel Echnatons, mit dem man Röntgenaufnahmen unserer Mumie vergleichen könnte, gibt es gar nicht; ob Tuju wirklich Tejes Mutter war, ist umstritten, und inwieweit eine Elektronenstrahl-Analyse von Mumienhaaren nach deren Veränderungen durch Zerfall, Mumifizierung und dreieinhalb Jahrtausenden wissenschaftlich eindeutige Identifizierungen ermöglicht, ist fraglich. Eine kritische Beurteilung dieser Berichte wird erst nach Vorliegen der wissenschaftlichen Veröffentlichung der amerikanischen Forscher möglich sein, die leider erfahrungsgemäß noch einige Zeit auf sich warten lassen wird. Bis dahin halte ich weiterhin die Wahrscheinlichkeit für größer, daß es sich bei dieser Mumie um die Hatschepsuts handelt. Ob es dafür – oder für eine andere Zuweisung – je wissenschaftliche Sicherheit geben wird, steht dahin.
Mit Erschütterung stand ich im Grab des Pharaos Amenophis II. vor der weißgekalkten Mauer, die nach der Röntgenuntersuchung schleunigst wieder aufgeführt wurde und hinter der die Überreste der großen Königin ruhen, ausgestreckt auf dem Boden, ohne Hüllen oder Sarg. Noch kündet keine Inschrift auf der Mauer, noch spricht kein Dragoman davon, was sich hinter dieser Lage von Ziegelsteinen verbirgt. Welch schauriges Schicksal für diese großartige Frau, wenn auch ein gewisser Trost darin liegen mag, daß ihre Mumie – noch! – wenigstens der Neugier der Touristen entzogen ist.

20.
Wer löschte ihr Andenken?

Ein Rätsel aber, das zunächst durch die Entdeckung von Hatschepsuts Mumie eine Aufhellung oder sogar Lösung erhalten sollte, wird damit nur noch dunkler und verwirrender: die Auslöschung von Namen, Bildern und Statuen Hatschepsuts. Was ist da genau geschehen, wer tat es und warum? Noch vor dreißig Jahren schienen die Antworten auf diese Fragen einfach und waren allgemein akzeptiert, wenn auch einzelne Forscher auf gewisse Unstimmigkeiten hingewiesen hatten. Danach hatte Thutmosis III. in seinem Haß gegen seine Stiefmutter sofort nach deren Tode alle Spuren nicht nur ihrer Herrschaft, sondern ihrer Existenz ausgelöscht. Aber kann uns eine solche Feststellung heute noch genügen?

Beginnen wir wieder mit einer Untersuchung der Tatsachen, ehe wir uns an Deutungsversuche machen. Jeder Besucher des Terrassentempels von Der el Bahari muß bei einer Betrachtung der wunderschönen Reliefs an Wänden, Pfeilern und Toren feststellen, daß es darin Lükken gibt. Ein Schemen, ein Schatten einer Gestalt ist dort noch zu sehen, wo ursprünglich einmal das Bild eines Menschen gewesen sein muß. Bei genauerer Betrachtung ist es sogar bisweilen möglich, mehr über diesen Schatten zu sagen: es muß ein Herrscher gewesen sein, denn Kronen oder Uräusschlange sind manchmal noch recht deutlich in Umrissen zu erkennen.

Das ist eigentlich etwas verwunderlich, denn wenn hier jemand ein Bild auslöschen wollte, so hat er es mit allergrößter Sorgfalt getan, und tatsächlich ist die ganze Fläche des Reliefs durch Schläge mit einem kleinen Rundmeißel so exakt abgearbeitet worden, daß an keiner Stelle der Umriß auch nur im geringsten verletzt wurde. An anderen Reliefs wiederum scheinen bestimmte Figuren sehr stark eingetieft zu

sein, tiefer als andere. Meist handelt es sich dabei um Königsfiguren oder um die von Göttern, besonders um Amun, den wir leicht an den hohen Federn auf seinem Kopfschmuck erkennen können. Das sieht ganz danach aus, als sei hier eine ursprüngliche Figur ausgemeißelt und durch eine andere ersetzt worden, deren Relief dann natürlich tiefer als seine Umgebung liegen muß.
Die gleichen Feststellungen kann der Ägyptologe beim Lesen der Hieroglyphen machen. Insbesondere die Königsnamen, die ja an ihren Umrahmungen durch den Kartuschenring leicht herauszufinden sind, haben auf gleiche Art gelitten wie die Bilder, und so fällt es nicht schwer, festzustellen, daß es sich stets um die Namen Hatschepsuts handelt, die ausgelöscht wurden. Dabei gab es merkwürdige Unterschiede in der Art der Auslöschung: der Thronname ›Makarê‹ war an den Stellen, an denen er nur ausgemeißelt und nicht durch einen anderen ersetzt war, mit derselben Sorgfalt abgearbeitet, wie die Relieffiguren, so daß jedes ursprüngliche Hieroglyphenzeichen noch in Umrissen zu erkennen ist. Bei dem Geburtsnamen ›Khnemetamun Hatschepsut‹ hingegen war oft der Namensteil ›Amun‹ ganz grob ausgehackt, wobei die Zerstörung weit über die jeweilige Hieroglyphe hinausgreift.
Bei erneutem Vergleich muß man feststellen: Ähnlich verschiedenartig ist auch die Zerstörung bei den Reliefs vorgenommen worden, und folglich müssen zwei ganz verschiedene Auslöschungen stattgefunden haben: eine, die gegen die Königin Hatschepsut gerichtet war, und eine andere, die Amun und andere Götter in Namen und Gestalt verfolgte.
Aber damit nicht genug. Wir hatten schon gesehen, daß einige Reliefs offenbar überarbeitet wurden oder eine Figur durch eine andere ersetzt wurde. Dasselbe zeigten nun bei genauer Untersuchung auch die Namen: in den allermeisten Fällen waren sie durch andere ersetzt. Und nun wurde die Geschichte vollends verwirrend, denn an die Stelle von ›Makarê‹ war keineswegs immer derselbe Name getreten, sondern manchmal der Thutmosis' I., dann wieder der seines Sohnes Thutmosis' II. oder der Thutmosis' III. Und um die Verwirrung voll zu machen, gab es in einigen Kartuschen auch noch den Namen Sethos' I.[1], der ja nun gar nicht in die Zeit der frühen 18. Dynastie hineingehört und über 175 Jahre später regierte.
Es erscheint nur logisch, anzunehmen, daß der anstelle eines ausgelöschten angebrachte Name der eines später lebenden und regierenden Königs ist. Welcher König, so fragten sich die Forscher, würde ein Interesse daran haben können, einen anderen als seinen eigenen Na-

men einzusetzen, wenn er sich schon die Mühe mit der Auslöschung des Andenkens eines Vorgängers gemacht hatte? Diese Überlegung ist so logisch, daß der um die Erforschung der altägyptischen Geschichte hochverdiente Kurt Sethe gezwungen war, aufgrund dieser Annahme ein höchst kompliziertes System der Thronfolge in der frühen 18. Dynastie anzunehmen. Er schreibt: »Die Namen der beiden Könige Thutmosis' I. und II. können nicht von Thutmosis III., sondern nur von ihnen selbst eingesetzt worden sein. Ist das aber der Fall, so müssen Makarê und Thutmosis III., die auf den betreffenden Denkmälern ursprünglich nebeneinander genannt waren, schon *vor* Thutmosis II. regiert haben . . . und Thutmosis I. . . . muß noch bis in die Zeit Thutmosis' II. gelebt haben«[2].

Wir sollten uns hüten, über solche Vermutungen aus unserem heutigen besseren Wissen heraus zu lächeln. Es hat harter Arbeit, scharfsinniger Überlegungen und der Glücksfälle von neuentdeckten Inschriften bedurft, um unsere heutige Kenntnis von der Thronfolge der Thutmosiden wachsen zu lassen und zu festigen. Und den wirklichen Beweis dafür, daß die für uns Abendländer des 20. Jahrhunderts zwingende Logik des Satzes: Ersatz eines Königsnamens nur durch den daran Interessierten, also einen später Regierenden, eben für die alten Ägypter keineswegs zwingend war, lieferte erst die Entdeckung des Grabes der Königin Tausret, von der wir oben schon als einer der Nachfolgerinnen Hatschepsuts als Pharaonin gesprochen haben. In diesem Grab war ihr Name durch den Sethos' II. ersetzt worden, und man konnte einwandfrei nachweisen, daß dies erst lange nach dessen Tod geschehen war[3]. Demnach ist festzuhalten, daß *keiner* der über Hatschepsuts Kartusche gemeißelten Namen mit zwingender Notwendigkeit der Verursacher dieses Wechselspiels gewesen sein *muß*.

Die immer neuen, immer genaueren Untersuchungen aller Monumente Hatschepsuts, besonders aber des Tempels von Der el Bahari, haben noch weitere Einzelheiten von Auslöschung und Ersetzung gebracht. So traten bisweilen an Hatschepsuts Stelle auch Opfertische, Blumensträuße oder andere Gegenstände. Inzwischen weiß man auch, daß fast alle Monumente Hatschepsuts in der einen oder anderen Form oder in Kombination von mehreren durch die Auslöschung betroffen worden sind. Besonders gilt dies auch von ihren Statuen, die zerschlagen und in Gruben gestürzt, oft freilich gerade dadurch über die Zeiten gerettet wurden.

Die Wiederherstellungen von Reliefs, um dies gleich vorwegzunehmen, sind einwandfrei auf ihre Quelle zurückgeführt. Ramses II. ließ, wie an vielen anderen Monumenten, auch an denen Hatschepsuts die von Echnatons Zensoren ausgelöschten Bilder und Namen Amuns und anderer Götter wieder anbringen[4], übrigens ohne dabei Namen oder Bild Hatschepsuts, wenn es noch unbeschädigt war, auszulöschen, womit ein äußerstes Datum gesetzt ist, *vor* dem die Auslöschung Hatschepsuts geschehen sein muß. Ramses' Steinmetzen gingen dabei recht plump zu Werke, und man kann die von ihnen neugemeißelten Gestalten von den feinen, reinen und lebensvollen Linien der ursprunglichen Reliefs aus der Zeit Hatschepsuts schon am Stil unterscheiden.

Die neueren Untersuchungen brachten aber auch Stellen zutage, an denen Hatschepsuts Bild oder ihr Thronname oder auch beides unbeschädigt waren – nicht viele zwar, aber an recht bedeutsamen Orten. In Der el Bahari sind an einigen Torpfeilern die Thronnamen stehengeblieben: »Es bleibt die Liebe der Makarê im Hause des Sobek« hieß danach eines der Tore, und »Es bleibt die Liebe der Makarê im Hause der Hathor« ein anderes[5]. Schon dies kann man kaum noch als Zufall oder als Pfuscharbeit der auslöschenden Steinmetzen betrachten, denn die Tempeltore hatten als Erscheinungspforte Gottes große kultische Bedeutung. Noch deutlicher wird diese Verschonung in den Kapellen. Insbesondere in den tief in den Felsen gehauenen Räumen der Hathorkapelle ist die Königin zu sehen, wie sie am Euter der Hathorkuh trinkt, und an der Rückwand in einer Szene aus der Krönungszeremonie: Hatschepsut wird von Hathor zur Krönung geführt. An verschiedenen Stellen kann auch der Nichtfachmann den Thronnamen ›Makarê‹ unbeschädigt in der Kartusche erkennen, die erhobenen Arme des Zeichens ›Ka‹, die sitzende Göttin mit der Feder im Haar ›Ma‹ und die Rundscheibe des ›Re‹. Das nun kann keinesfalls Zufall oder Nachlässigkeit sein, denn einmal sind diese Bilder der Königin noch heute deutlich, also waren sie zur Zeit der Auslöschung unmöglich zu übersehen, und der Name Thutmosis' III. ist immerhin auch hier an einigen wenigen Stellen doch über den Hatschepsuts gesetzt, so daß auch das bisweilen gebrauchte Argument nicht zutreffen kann, der ›Auslöscher‹ habe sich nicht an reine Kulträume der Götter gewagt, oder diese seien zur Zeit der Auslöschung nicht mehr zugänglich gewesen.

Besonders auffällig ist die Erhaltung von Namen und Gestalt der Königin an ihren großen Jubiläumsobelisken im Tempel von Karnak. Durch eine spätere Einbeziehung in einen Saalbau Thutmosis' III. waren sie zur Hälfte verdeckt. Die Spuren dieser Bedeckung kann man an dem noch stehenden Mal deutlich erkennen. Aber ob darunter oder

darüber: Namen und Bilder Hatschepsuts sind unzerstört erhalten. Besonders gut kann man das an der Spitze des gestürzten Obelisken beobachten, die heute neben dem Heiligen See liegt: eine der entscheidenden Szenen der Krönung, die Übertragung des göttlichen Ka durch Amun auf Hatschepsut, ist klar erkennbar abgebildet, und ebenso die Namenskartusche Makarê. Ja, es ist sogar deutlich zu sehen, daß zur Zeit der Amunsverfolgung unter Echnaton die Figur des Gottes und sein Name in der Inschrift getilgt, später aber wieder hergestellt wurden, und daß beide, Auslöscher und Restaurator, Makarê völlig unberührt ließen. Da Zerstörung und Wiederherstellung an den stehenden Obelisken vollzogen wurden, können wir gerade hieraus einige interessante Folgerungen ziehen:
Für zur Auslöschung entschlossene Herrscher und ihre Steinmetze waren die Obeliskenspitzen weder zu hoch noch uninteressant, trotz der Ummantelung des unteren Teils. Auch die Behauptung, durch die Ummantelung der Basis sei die Spitze ohnehin den Blicken des Volkes entzogen gewesen, stimmt nicht. Bei dem erheblich geringeren Maß an Höhe des Tempels Thutmosis' III. gegenüber den heute sichtbaren Bauten aus späterer Zeit waren die Spitzen sowohl von außerhalb der Ummauerung des Tempels wie auch vom Tempelhof deutlich zu sehen! Ein Beweis hierfür ist, daß Ramses II. neben Hatschepsuts Inschrift am Oberteil des Obelisken eigene Schriftbänder anbringen ließ (übrigens, ohne Hatschepsuts Namen zu zerstören), was er ja sicher nicht an einem unsichtbaren Mal getan hätte. Für die Erhaltung von Hatschepsuts Bild und Namen an dieser und anderen Stellen müssen also andere Gründe gelten.
Es ist auffällig, daß beide gerade dort erhalten geblieben sind, wo sie nach altägyptischem Denken dann zuerst hätten zerstört werden müssen, wenn wirklich eine Auslöschung des Weiterlebens der Königin als Osiris, als König in der anderen Welt, beabsichtigt war, nämlich an religiös besonders ›wirksamen‹ Orten und in besonders wichtigem Zusammenhang. Hier muß eine bestimmte Absicht mitsprechen, das jenseitige Weiterleben Hatschepsuts nicht nur als Mensch überhaupt, sondern als Königin, als Tochter Amuns und Hathors, zu sichern; und dazu reichten ja nach ägyptischem magischen Denken ganz wenige, für die Dauer gedachte Darstellungen dieses göttlichen Königtums in Bild und Schrift aus.
Hat so ein haßerfüllter, machtgieriger Mitregent gehandelt, nachdem er endlich der Herrschaft der Schwiegermutter ein Ende hatte machen können? Oder fügt sich diese Handlung nicht viel besser in die These, die wir schon hinsichtlich der Beisetzung Hatschepsuts aufgestellt

hatten, daß nämlich Thutmosis III. seiner Stiefmutter ein durchaus königliches Begräbnis gegeben hat, daß er also das Seinige tat, um ihr ewiges Weiterleben als Osiris, als ›König der Westlichen‹ zu ermöglichen?

Wie aber sind dann die Auslöschungen zu erklären? Ist es überhaupt sicher, daß es Thutmosis III. war, der sie vornehmen ließ? Und wann ist dies geschehen?

Beginnen wir mit dem Versuch, die letzte Frage zu beantworten, weil wir uns dabei auf Tatsachen stützen und auch einige Hinweise auf Antworten für andere Fragen gewinnen können. Der amerikanische Ägyptologe Charles F. Nims hat die Reste der Bauten Hatschepsuts in Karnak sehr genau untersucht, besonders die ihrer ›Roten Kapelle‹ und der zum Teil heute noch stehenden Nebenräume, die einst das Allerheiligste umgaben[7]. Dabei stellte er fest, daß Hatschepsuts Tod vor der Fertigstellung der Nebenräume erfolgte, daß Thutmosis III. sie weiterbaute und auf seinen Namen übernahm. Das war auch schon früher bemerkt worden[8]. An solchen Stellen kann man nicht von Auslöschung sprechen. Es war während der ganzen ägyptischen Geschichte üblich, daß Pharaonen sich als alleinige Bauherren von Monumenten bezeichneten, die entweder aus Zeiten der Mitregentschaft stammten, oder die sie allein fertigstellten.

Als Thutmosis III. anläßlich der Neugestaltung des Hofes seines Großvaters einen Torweg durch die Nebenräume brach, wurden noch keine Auslöschungen an Namen oder Figuren Hatschepsuts begangen. Diese Arbeiten wurden aber mit Sicherheit nicht vor dem 24. Regierungsjahr begonnen[9]. Das heißt, daß mindestens 2 Jahre nach Hatschepsuts Tod noch keine Auslöschungen vorkamen.

Bei Hatschepsuts ›Roter Kapelle‹ selbst ergab eine sehr sorgfältige Untersuchung, daß Thutmosis diese lange Zeit als eigenes Bauwerk bezeichnet hat, weil er sie nach Hatschepsuts Tod fertigstellte, und daß er sie frühestens in seinem 46. Regierungsjahr abreißen ließ[10]. Aber erst *nach* diesem Abriß sind vereinzelt Namen und Figuren Hatschepsuts darauf ausgelöscht worden. Die meisten blieben erhalten – wiederum bei besonders wichtigen religiösen Zeremonien.

Auch auf anderen Monumenten Hatschepsuts ergaben sich nach Nims Untersuchungen keine Anzeichen dafür, daß die ersten Ausmeißelungen früher als bei der ›Roten Kapelle‹ erfolgt wären[11]. Die Aktionen gegen Hatschepsut sind also mit großer Wahrscheinlichkeit nicht vor einem Zeitpunkt erfolgt, der 24 Jahre nach ihrem Tod und ziemlich gegen Ende der Regierung Thutmosis' III. lag. Ich glaube, man kann unter diesen Umständen *ein* Motiv endgültig ausschließen,

nämlich Haß. Ein Haß, der mehr als zwei Jahrzehnte einer höchst erfolgreichen eigenen Regierung überdauert und sich dann plötzlich so verstärkt, daß er jetzt zur Auslöschung des Andenkens an die Gehaßte führte? Das kann wohl niemand ernsthaft annehmen.
Eine Beobachtung, die ich in den Gräbern Thebens bei Scheich Abd el Kurnah machte, verstärkt die Zweifel an der Urheberschaft Thutmosis' III. an der Zerstörungsaktion: In Grab Nr. 93, das einem Vermögensverwalter Amenophis' II., also des Sohnes von Thutmosis III., namens Kenamun gehörte, ist auf der Rückwand der Querhalle der Grabinhaber dargestellt, wie er seinem König Neujahrsgeschenke vorführt, die in einem Pavillon liegen. Unter den Schmuckstücken, Wagen und Waffen befinden sich auch Statuetten königlicher Vorfahren Amenophis' II., alle jeweils in einem Schrein eingeschlossen. Eine von ihnen ist durch helle Hautfarbe als Frau gekennzeichnet und führt deutlich erkennbar den Namen Hatschepsut! Die Statue trägt ein Diadem mit der königlichen Uräusschlange auf dem Kopf und in der erhobenen linken Hand – derselben Armhaltung also, wie sie die wahrscheinliche Hatschepsut-Mumie zeigt! – eine Geißel als Zeichen des Königtums. Es kann sich hier auch nicht um die Figur der Gattin Thutmosis' III. und Mutter Amenophis II., Merietrê Hatschepsut, handeln, denn deren erster Namensteil fehlt in der Kartusche, und auch sonst sind keine Königsgemahlinnen oder Königsmütter in der Reihe der königlichen Vorfahren zu finden, sondern nur regierende Herrscher.
Die Vermutung liegt nahe, daß es zur Todeszeit des Kenamun, also während der Herrschaft Amenophis II., noch nicht zur Auslöschung gekommen war, denn wie hätte ein hoher Beamter, der doch alle ›Geheimnisse des Palastes‹ kannte, es wagen können, seinem Herrscher das Abbild einer verfehmten, einer ›Un-Person‹ zu schenken, und diesem Geschenk dann auch noch in Bild und Schrift im Grabe Dauer zu verleihen?
Wenn man durch diese Hinweise erst einmal mißtrauisch gegen die allgemein akzeptierte Meinung über Thutmosis III. als Urheber von Hatschepsuts Auslöschung geworden ist, stößt man bei Durchsicht der Literatur und der Museen auf erstaunlich viele Spuren, die diese Skepsis bestätigen: Zur Zeit Amenophis' II. gibt es noch einen anderen Beamten namens Setau, Aufseher der Speicher des Amun, der ganz unbefangen auf seiner Statue das Anagramm von Hatschepsuts Königsnamen Makarê, die Kobra mit der Sonnenscheibe, von den Ka-Armen umrahmt, einmeißeln läßt[12]. Im Grab Thutmosis' IV., des Stief-Urenkels von Hatschepsut, fand sich neben einem blauen Ska-

rabäus mit Hatschepsuts Namen ein Schmuckgefäß, das ihren Namen in der Königskartusche trägt. Und Thutmosis IV. hat dieses Gefäß nicht nur benutzt und geschätzt, denn sonst wäre es kaum in seinem Grabschatz gelangt, sondern er hat auch noch seine Königskartusche neben die Hatschepsuts gesetzt und damit als ganz selbstverständlich das Königtum Hatschepsuts anerkannt, ja sie offensichtlich unter die besonders verehrungswürdigen Vorfahren auf dem Thron gezählt[13].

Aber noch deutlicher sprechen kürzlich gefundene Blöcke aus Karnak gegen eine Urheberschaft Thutmosis' III. Auf ihnen ist der König dargestellt, wie er in vollem Ornat vor Hatschepsutstatuen in Osirisform opfert und solche Statuen auf seinem Königsschiff über den Nil bringt. Es handelt sich offenbar um den Begräbniszug der Königin. Ganz sicher geht aus Darstellungen und Text zweierlei hervor: Hatschepsut ist bei Herstellung dieser Reliefs bereits verstorben, denn sonst könnte sie nicht als Osiris dargestellt sein, und ihre Statuen sind noch unter der Alleinregierung Thutmosis' III. mit eindeutig königlichen Bezeichnungen versehen, wie »Makarê, die im Andenken des Hauses Amuns fortbesteht . . .« oder »Makarê, die mit der Vollkommenheit Amuns eins wird . . .«, oder schließlich auf der Darstellung der Überfahrt auf dem Königsschiff, dessen Steuerruder der Pharao Thutmosis III. persönlich bedient: »Vollkommene Göttin, Herrin der beiden Länder . . .«[14]

Es ist eigentlich kaum mehr verständlich, wie angesichts aller dieser Tatsachen moderne Forscher an den alten Theorien von der Ermordung Hatschepsuts und ihre anschließende Auslöschung durch Thutmosis III. festhalten können, wie etwa Suzanne Ratié in ihrem Buch ›Hatschepsut‹, das erst 1974 erschienen ist, die sogar selbst einige dieser Funde erwähnt. Auch in der Ägyptologie – wie in allen Wissenschaften – gibt es eben Annahmen ehrwürdigen Alters, die meist von einem hochverdienten Altmeister der Wissenschaft aufgestellt wurden und sich dann von Generation zu Generation forterben, ohne neu überprüft zu werden. Ihnen widersprechende Tatsachen werden dann entweder gar nicht zur Kenntnis genommen oder mit verwundertem Achselzucken als »erstaunlich« oder »noch nicht ganz erklärlich« beiseite geschoben.

zu Seite 231: Amenophis' III. Gemahlin Teje war nichtköniglicher Herkunft. War dieser Bruch mit dem Erbgesetz der Grund für Hatschepsuts Auslöschung?

Offenbar ist die Auslöschung Hatschepsuts doch erst von einem späteren König veranlaßt worden. Schon der sorgfältige erste Ausgräber des Terrassentempels von Der el Bahari, der Schweizer Ägyptologe Edouard Naville, hat in seiner wissenschaftlich vorbildlichen Veröffentlichung der Inschriften und Bilder dieses Tempels einen solchen Verdacht geäußert: »Wenn wir einmal Echnaton und seinen Eifer bei

der Beseitigung jeder Spur von Amuns Namen und Abbild beiseitelassen, gab es dann nur Thutmosis III. unter den Nachfolgern Hatschepsuts, der ein Interesse daran haben konnte, die Erinnerung an sie dem Vergessen anheimfallen zu lassen? Hatte nicht Amenophis III., der den gesamten Bericht von der wunderbaren Geburt der Königin auf den Mauern seines eigenen Tempels in Luxor abgeschrieben hat, einen guten Grund, die Wundergeschichte auszulöschen, die bewies, daß er nicht der erste Herrscher mit dem Recht war, sich eines Gottes als Vater zu rühmen«[15].

Wir wissen inzwischen, daß Amenophis seinen Geburtsbericht keineswegs von dem Hatschepsuts in Der el Bahari ›abgeschrieben‹ hat, daß beide vielmehr auf ältere Fassungen zurückgehen, so daß also dieses Motiv für ihn nicht zutreffen kann. Ein Grund aber könnte in einer ganz anderen Eigenheit des Königs gefunden werden: Er ist nämlich der erste König der 18. Dynastie, der mit dem bisherigen ›Hausgesetz‹ der Dynastie bricht, wonach Thronfolger nur der sein konnte, der die Erbprinzessin heiratete. Amenophis III. aber machte Teje zu seiner Großen Königlichen Gemahlin und Mutter seines Nachfolgers Amenophis IV. – Echnaton. Sie war die Tochter eines zwar als ›Führer der Streitwagen‹ verdienten und hochrangigen Offiziers, der aber mit Sicherheit nicht Angehöriger des Königshauses war[16]. Fraglich ist übrigens auch schon die Abstammung von Amenophis' III. Mutter Mutemwiya, Großer Königlicher Gemahlin von Thutmosis IV., die manche Autoren für eine mitannische Prinzessin halten[17].

Neueste Erkenntnisse sprechen aber dafür, daß sie die vollberechtigte Erbtochter Amenophis II. und seiner Großen Königlichen Gemahlin Meritamun war, denn sie trug den Titel einer ›Gottesgemahlin des Amun‹, den zur Zeit der nationalstolzen 18. Dynastie niemals eine Ausländerin hätte erhalten können. Mutemwiya aber ist für lange Zeit auch die Letzte, die diesen in Religion, Königsdogma und Erbfolgerecht so bedeutsamen Titel trägt. Jedenfalls führt ihn weder Amenophis' III. Gattin Teje, noch eine der Erbtöchter oder Königinnen der auf ihn folgenden letzten Könige der 18. Dynastie. Erst Satrê, die Gattin des Gründers der 19. Dynastie, Ramses' I., nimmt dieses Amt wieder auf.

So bricht Amenophis III. nicht nur mit einem königlichen Erbfolgegesetz, das aus uralter Zeit stammte, in den letzten 200 Jahren durchgehend Gültigkeit hatte und im Bewußtsein des Volkes in Zusammenhang mit den Heldenkönigen der Befreiungskriege stand, sondern er mißachtet damit und mit der Aufhebung des Amtes der Gottesgemahlin des Amun die Maat. Liegt hier vielleicht der wahre Grund für

die Auslöschung Hatschepsuts: Der Versuch eines Königs, zur Legitimierung seiner Nachkommen als Thronfolger eine neue Erbregel – die Mitregentschaft anstelle der weiblichen Blutlinie – durchzusetzen und dazu die alte ›mutterrechtliche‹ vergessen zu machen, von der rundum im Lande Denkmäler einer Frau berichteten, unter der mutterrechtliche Erbfolge gar in die Herrschaft einer Frau umgeschlagen war? Eines Königs, der mit der Aufhebung des Amtes der ›Gottesgemahlin des Amun‹ zudem die Privilegien der Amunspriester schmälerte, deren Tempelannalen von den großen Leistungen berichteten, die jene Herrscherin für ›ihren Vater Amun‹ und damit für dessen Tempel vollbracht hatte?
Dieses Motiv erscheint jedenfalls einleuchtender für die Auslöschung Hatschepsuts als ein verspäteter Haßausbruch Thutmosis' III. Die sorgsame, fast künstlerische Art der Ausmeißelung stimmt mit dem auch sonst bezeugten hohen Kunstverständnis Amenophis' III. überein, die Ersetzung ihres Namens durch die der männlichen, als besonders tüchtige Könige bekannten Thutmosiden würde durchaus in diese Motivation hineinpassen, und auch die Verschonung einzelner Darstellungen und Namen Hatschepsuts zur Gewährung ihres ewigen Lebens widerspricht ihr nicht, da ja gerade diesen König keinerlei persönlicher Haß auf die Königin motivierte. Die Folgerungen aus dem Kenamungrab fügen sich ebenso ein, wie die übrigen Befunde, die auf eine Auslöschung nach Thutmosis IV. und vor Echnaton schließen lassen, womit ja nur noch Amenophis III. bleibt.
Zusammengefaßt ergeben meine Untersuchungen also folgendes Bild: Thutmosis III. gibt Hatschepsut ein ihrem Rang entsprechendes Begräbnis. Er ersetzt an den Bauten Hatschepsuts, die er fertigstellt, nach altem Brauch auch ihren Namen als Bauherrn durch den eigenen. Er nimmt Hatschepsut nicht in seine Königsliste im Karnaktempel auf, da sie ja kein direkter Vorfahr von ihm war, löscht ihren Namen aber nicht aus den Reichsannalen, auf die sich noch 1250 Jahre später der Priester Manetho bei seiner Geschichtsschreibung stützen kann. Er ist offenbar nicht verantwortlich für die allgemeine Auslöschung von Hatschepsuts Namen und Gestalt.
Zur Zeit von Hatschepsuts (Stief-) Enkel Amenophis II. nimmt Hatschepsut noch einen unbestrittenen Platz unter den Vorfahren des Königs ein, wie das Kenamungrab zeigt. Noch ihr Urenkel Thutmosis IV. nimmt Erinnerungsstücke an sie mit in sein Grab.
Erst Amenophis III. löscht an vielen Stellen Namen und Bild der Königin, weil er selbst mit dem Hausgesetz bricht und eine ›Bürgerliche‹ heiratet anstelle der Erbtochter.

Spätere Pharaonen lassen Hatschepsuts Namen und Gestalt, wo sie noch auf sie stoßen, unbehelligt – weder für Echnaton noch für Sethos oder Ramses II. gilt Hatschepsut als auslöschungswürdige, dem Nichts auszuliefernde Verbrecherin, wie dies etwa für alle Nachfolger Echnatons bei dessen Auslöschung der Fall war.
So strahlend dieses Leben einer Prinzessin begann, so hell es sich zu den Höhen des Königtums erhob, so dunkel ist sein Ende. Aber über diese Dunkelheit hinweg bleibt eine leuchtende Spur von Taten und Wirkungen, die von Khnemetamun Hatschepsut ausgehen, der Königin von Ober- und Unterägypten Makarê.

21. Was bleibt

Ägypten blühte unter Hatschepsuts Herrschaft auf. Sie legte die Grundlagen zu einer wirtschaftlichen Macht und dem Reichtum, die den Wohlstand im Innern und die Ausbreitung des Weltreiches unter ihren Nachfolgern ermöglichte. Vor allem aber: Ägypten wurde durch sie eine geistige und kulturelle Macht[1]. Die ägyptische Literatursprache, das Mittelägyptische, erhielt zu ihrer Regierungszeit den Schliff, der sie höchst ausdrucksfähig und künstlerisch für alle Literaturzweige brauchbar machte. Sie prägte mit dem Stil ihrer Bauten und Bilder die ägyptische Kunst für viele Generationen, ja selbst der ›Expressionismus‹ der Amarnazeit entwickelte sich aus Elementen, die sie vorzeichnete.

Nicht weniger deutlich sind die Spuren ihrer Person und ihrer Regierung in der Entwicklung des Menschenbildes zu erkennen. Wert und Würde der Persönlichkeit erfahren zu ihrer Zeit eine Steigerung, die sich in ihren eigenen Inschriften ebenso zeigt, wie in denen ihrer hohen Beamten, und sei es auch häufig in uns übersteigert erscheinendem Selbstwertgefühl. Damit verbunden ist eine neue Sicht der Geschichte als einer Abfolge einmaliger und erstmaliger Handlungen. Gefühl wird gezeigt und ausgesprochen, von der Königin wie von ihren Untertanen. Aus beidem, aus der Entdeckung des Individuums und des Gefühls, erwächst eine Neuwertung der Liebe, die damit künstlerisch, vor allem dichterisch darstellungsfähig wird. In Hatschepsuts Zeit liegt die Wurzel für die reiche Literatur an ägyptischen Liebesliedern, die uns noch heute ansprechen und zu erfreuen vermögen.

Auch die Gesellschaft hatte sich gegenüber dem Mittleren Reich geändert. Waren damals die Ägypter kaum etwas anderes als Staatsskla-

ven in einem allerdings sehr wohlwollend-verantwortungsbewußten System absoluter Königsherrschaft gewesen, spielte jetzt persönliches Eigentum in weitesten Kreisen eine wachsende Rolle und bestärkte seinerseits das Selbstwertempfinden des Einzelnen. Das ging ebenso vom Hofe aus, wie es wieder auf ihn zurückwirkte. Die hohen Beamten haben immer stärker das Gefühl, eher persönliche Gefolgsleute des Königs zu sein als nur Werkzeuge seines Willens, und der König gibt vielfältige Beweise seines Vertrauens und seiner Wertschätzung. Die Ideale der Gerechtigkeit gegenüber jedermann, der Rechte aller Bürger auch gegenüber Staat und Beamtenschaft, der Treue und Korrektheit werden in Weisungen an die höchsten Beamten immer wieder eingeprägt.
Gewiß sind alle diese Entwicklungen schon vorher angelegt, aber unter Hatschepsut kommen sie zur Blüte, sie spricht sie deutlich aus, und der alte Streit, ob der Zeitgeist die Menschen formt oder ob große Menschen den Zeitgeist schaffen, könnte sich an Hatschepsut und ihrer Zeit kräftig beleben. Der Blick auf andere Völker gewinnt fast wissenschaftliches Interesse – denken wir nur an die exakte Beschreibung der Puntbewohner – und zugleich weitet sich die Kenntnis der Umwelt. Diese Umwelt aber wird in ihrem Fremdsein nicht nur untersucht und erkannt, sondern auch anerkannt, und so wird auch geistig der Weg zu kulturellem Austausch geöffnet, der Ägypten so reich befruchten sollte.
Freilich lagen auch Gefahren in den Entwicklungen, für die Hatschepsut den Grund legte oder deren Tendenzen sie verstärkte. Die Öffnung nach außen brachte politisch eine immer stärkere Verstrickung in die immerwährenden Händel, Intrigen und Völkerschübe Vorderasiens, in denen Ägypten seine Rolle nur durch einen machtpolitischen Aufwand spielen konnte, der nach einigen Jahrhunderten seine Menschen- und Wirtschaftskraft überstieg und es schließlich völlig erschöpfen sollte. Auf geistigem Gebiet führte die Öffnung schließlich zu einer Überfremdung mit syrisch-hurrischem Geist, der seit Ende des Neuen Reiches sehr wesentlich zur Klerikalisierung[2] und Erstarrung der ägyptischen Religion beitrug.
Die starke Religiosität Hatschepsuts, die noch ganz die Züge einer vertrauensvollen Geborgenheit in das Einssein von Schöpfer und Welt, der Dankbarkeit für die Fürsorge des göttlichen Vaters trägt, hat in der Übersteigerung späterer Zeiten durch Opfer, Bauten und Stiftungen immer riesigeren Ausmaßes Ägyptens Wirtschaftskraft zusätzlich zu den Anforderungen, welche die Außenpolitik an sie stellte, geschwächt, sie führte zur Konzentration gewaltiger Reichtümer in

Unter ihrer Herrschaft blühte Ägypten auf: Hatschepsut als Sphinx mit Kopftuch und künstlichem Bart des regierenden Herrschers

der ›toten Hand‹ und zur Verarmung breiter Volksschichten und ließ die Priesterschaft Amuns in eine Machtposition wachsen, die, wenn auch sehr viel später, zu einem Kampf zwischen Königs- und Priestermacht führte, durch den Ägyptens erneuter Fall unter Fremdherrschaft erleichtert werden sollte.

Der Historiker kann an diesem für Ägypten verhängnisvollen Entwicklungen nicht vorbeisehen; die Gerechtigkeit gebietet aber die Feststellung, daß diese ihre negativen Züge erst lange nach Hatschepsuts Zeit zeigten und daß die Königin diese schlechterdings nicht vorhersehen konnte.

Wenn wir Hatschepsuts Einfluß auf das ägyptische Königtum, auf das Regierungssystem also, betrachten, so gilt die Feststellung, daß ihre ›revolutionäre Tat‹, die Einnahme des Thrones von Ober- und Unterägypten durch eine Frau, das Königtum weder zu ihrer Zeit noch nachwirkend geschwächt hat. Im Gegenteil, sie fügte sich der vorgezeichneten Rolle eines ägyptischen Königs so vorzüglich ein[3], daß für viele Generationen sich keinerlei Erschütterung oder auch nur Schwierigkeiten für das Königtum abzeichnen, weder in der Machtstellung und Machtausübung noch in Legitimität und Thronfolge. Die bisweilen aufgestellte These, daß Hatschepsut ein Matriarchat habe errichten wollen, damit gescheitert sei und dieses damit für immer in Ägypten unmöglich gemacht habe[4], scheint mir auf einer falschen Fragestellung zu beruhen: Eine ausschließliche Herrschaft von Frauen auf dem Horusthron – und das verstehen die Autoren hier unter Matriarchat – ist nicht nur nirgends als Absicht Hatschepsuts bezeugt, sondern dem widerspricht auch ihre Art der Behandlung ihres Stiefsohnes Thutmosis' III. als Mitregenten und künftigem Alleinherrscher. Die Möglichkeit aber, daß *auch* Frauen den Pharaonenthron besteigen konnten, hat Hatschepsut gewiß nicht verschüttet, wie die Beispiele der Mutnedjmet und Tausret belegen. Und die hohe Wertung der königlichen Gemahlinnen hat auch bei den folgenden Herrschern der 18. und 19. Dynastie keinerlei Schaden genommen: die Rolle etwa, die Amenophis III. seine Große Königliche Gemahlin Teje spielen ließ, steht der einer Tetischêre oder einer Ahmes-Nefertari keineswegs nach; Nofretetes Bedeutung für und neben Amenophis IV. – Echnaton ist kaum hoch genug zu veranschlagen, und wer die Gräber im ›Tal der Königinnen‹ gesehen hat, kennt die Hochschätzung, die selbst ein solcher Monomane wie Ramses II. seiner Frau entgegenbrachte.

Ägypten hat unter Hatschepsut nach allem, was wir wissen, eine seiner glücklichsten Epochen gehabt – für das Land und für seine Bewoh-

ner. So steht sie für uns am Anfang der langen Reihe großer Frauen der Weltgeschichte, groß im Wollen wie im Tun. Sie hat ihrer Welt unauslöschlich das Siegel ihres Geistes aufgeprägt, sie hat sie verwandelt und ein Stück weitergebracht, ihre Welt, die auch ein untrennbarer Teil der Welt ist, aus der wir kommen.

Wenn wir uns mit Hatschepsut beschäftigen, lernen wir auch etwas über uns kennen, über unsere Geschichte und Kultur, aber auch etwas über uns als Menschen, über das Wesen und Verhältnis von Mann und Frau. Sie war eine große Frau – mehr noch, ein großer Mensch. Keinen besseren Nachruf mag es für sie geben, als das Bekenntnis eines ihrer hohen Beamten, Senemih des Schatzmeisters, in seinem Grabe:

»Wovon man nur hörte, siehe, es ist geschehen. Von dem, was verkündet war, sagt man nun: nie geschah gleiches seit der Götterzeit, seit den Annalen der Vorfahren, außer unter dem König, der leiblichen Tochter Amuns«[5].

Literaturverzeichnis

1. Abkürzungen von Zeitschriften und Sammelwerken nach Hornung, Einführung in die Ägyptologie:

Abhandlungen des Deutschen Archäologischen Instituts Kairo	ADIK
Annales du Service des Antiquités en Egypte	ASA
The Cambridge Ancient History, 3rd Edition, Vol II Part 1, Cambridge 1973	CAH
Journal of Egyptian Archaeology, London	JEA
Journal of Near Eastern Studies, Chicago	JNES
Mitteilungen des Deutschen Archäologischen Instituts Abt. Kairo, Wiesbaden	MDIK
Zeitschrift für ägyptische Sprache und Altertumskunde, Berlin–Leipzig	ZÄS
Zeitschrift der Deutschen Morgenländischen Gesellschaft, Wiesbaden	ZDMG

2. Verzeichnis. Die in den Quellenhinweisen verwendeten Kurztitel sind im folgenden kursiv gesetzt:

Abd el Razik, Mahmud: Some Remarks on the Great *Pylon* of the Luxor-Temple. MDIK 22 1967
Abd el Razik, Mahmud: *Luxor* Studies. MDIK 27,2 1971
Abubakr, Abdelmonem: Untersuchungen über die ägyptischen *Kronen.* Glückstadt 1937
Aldred, Cyril: *Echnaton* – Gott und Pharao Ägyptens. Bergisch-Gladbach 1968
Arnold, Dieter: Bericht über die im Winter 1971/72 in *El-Tarif* durchgeführten Arbeiten. MDIK 29,2 1973
Assmann, Jan: Der König als *Sonnenpriester.* ADIK 7 1970
Barta, Winfried: Zum *Gold*namen der ägyptischen Könige im Alten Reich. ZÄS 95, 1969
Barta, Winfried: Das *Götterkultbild* als Mittelpunkt bei Prozessionsfesten. MDIK 23 1968
v. Beckerath, Jürgen: Die *Dynastie* der Herakleopoliten. ZÄS 93, 1966
Bleeker, Claas: Die *Geburt* eines Gottes. Leiden 1956
Bleeker, Claas: Der religiöse Gehalt einiger *Hathor*-Lieder. ZÄS 99 1973
Breasted, Henry: Ancient *Records* of Egypt. Vol. II: The 18th Dynasty Chicago, 1906
Brunner, Hellmut: *Grundzüge* einer Geschichte der ägyptischen Literatur. Darmstadt 1966
Brunner, Hellmut: Die *Geburt* des Gottkönigs. Wiesbaden, 1964
Brunner, Hellmuth: Den Gottesvater als *Erzieher* des Kronprinzen. ZÄS 86, 1961
Brunner, Hellmut: Die *Weisen,* ihre Lehren und Prophezeiungen in altägyptischer Sicht. ZÄS 93 1966
Brunner-Traut, Emma: Altägyptische *Märchen.* Düsseldorf 1963
Brunner-Traut, Emma und Hell, Vera: *Ägypten* – Studienreiseführer mit Landeskunde. Stuttgart 1966
Carter, Howard: A *Tomb* prepared for Queen Hatshepsuit and other recent Discoveries at Thebes. JEA 4 1917

Casson, Lionel: *Ägypten* – die Pharaonenreiche. Reinbeck 1971
Desroches-Noblecourt, Christiane: *Peinture* des tombeaux et des temples égyptiens. 4. Aufl. Paris, 1964
Desroches-Noblecourt, Christiane: Leben und Tod eines Pharao – *Tut-ench-Amun.* Frankfurt 1971
Drower, Margaret: *Syria* 1550 – 1400 B. C. CAH
Emery, Walter: Ägypten – Geschichte und Kultur der *Frühzeit.* München 1964
Forman, Werner und Kirschkewitz, Hannelore: Die Altägyptische *Zeichnung.* Hanau 1971
Gardiner, Alan: Davies Copy of the Great Speos Artemidos *Inscription.* JEA 32 1946
Goedicke, Hans: Zur *Chronologie* der »Ersten Zwischenzeit«. ZDMG 112, 1962
Habachi, Labib: Two *Graffiti* at Sehel from the Reign of Queen Hatshepsut. JNES 16 1957
Hari, Robert: Horemheb et la Reine *Moutnedjmet* ou la fin d'une Dynastie. Genf, 1964
Harris, James und Weeks, Kent: *X-Raying* the Pharaos. London, 1973
Hayes, William: *Egypt* from the death of Ammenemes III. to Seqenenrê II. CAH
Hayes, William: Egypt: Internal *Affairs* from Thutmosis I. to the death of Amenophis III. CAH
Hayes, William: The *Scepter* of Egypt. Part II: The Hyksos Period and the New Kingdom. Cambridge Mass. 1959
Hayes, William: *Varia* from the time of Hatshepsut. MDIK 15 1957
Helck, Wolfgang: Die Berufung des *Wesirs* WSR. Ägyptologische Studien, Berlin, 1955
Helck, Wolfgang: Die *Beziehungen* Ägyptens zu Vorderasien im 3. und 2. Jahrtausend vor Christus. Wiesbaden 1962
Helck, Wolfgang: Der *Einfluß* der Militärführer in der 18. ägyptischen Dynastie. Leipzig 1939
Helck, Wolfgang: Das thebanische *Grab* 32. MDIK 17, 1961
Helck, Wolfgang: Zur *Verwaltung* des Mittleren und des Neuen Reiches. Leiden–Köln 1958
Helck, Wolfgang und Otto, Eberhard: Kleines *Wörterbuch* der Ägyptologie. Wiesbaden 1970
Helck, Wolfgang: *Urkunden* der 18. Dynastie – Übersetzungen zu den Heften 17–22. Berlin 1961
Hermann, Alfred: *Beiträge* zur Erklärung der ägyptischen Liebesdichtung. Ägyptologische Studien, Berlin 1955
Hermann, Alfred: *Rilkes* ägyptische Gesichte. Darmstadt 1966
Herzog, Rolf: *Punt.* ADIK 6, 1968
Hölscher, Uvo: The *Excavation* of Medinet Habu II. Chicago 1939
Hornung, Erik: Der *Eine* und die Vielen. Darmstadt 1971
Hornung, Erik: *Einführung* in die Ägyptologie. Darmstadt 1967
Hornung, Erik: Geschichte als *Fest.* Darmstadt, 1966
Hornung, Erik: Zur geschichtlichen *Rolle* des Königs in der 18. Dynastie. MDIK 15 1957
Hornung, Erik: Untersuchungen zur *Chronologie* und Geschichte des Neuen Reiches. Ägyptologische Abhandlungen. Wiesbaden 1964
Hornung, Erik: *Neue* Materialien zur Ägyptischen Chronologie. ZDMG 117 1967
Hunke, Sigrid: Allahs *Sonne* über dem Abendland – unser arabisches Erbe. Stuttgart 1960
Hunke, Sigrid: Am *Anfang* waren Mann und Frau. Hamm 1955
Hunke, Sigrid: Das *Ende* des Zwiespalts – zur Diagnose und Therapie einer kranken Gesellschaft. Bergisch Gladbach 1971
Hunke, Sigrid: Europas andere *Religion* – die Überwindung der religiösen Krise. Düsseldorf–Wien 1969
James, T. G. H.: Egypt from the *Expulsion* of the Hyksos to Amenophis I. CAH
James, T. G. H.: Egyptian *Sculptures.* Unesco 1966
Junker, Hermann: *Pyramiden*zeit – das Wesen der altägyptischen Religion. Einsiedeln–Zürich–Köln 1949
Kaiser, Werner: Stadt und Tempel von *Elefantine.* 1.–4. Grabungsbericht. MDIK 26 1970; 27,2 1971; 28,2 1972; 30,1 1974
Kammenhuber, Anneliese: Die *Arier* im Vorderen Orient. Heidelberg 1968
Kaplony, Peter: Die *Inschriften* der ägyptischen Frühzeit, Bd. I–III. Wiesbaden 1963
Kees, Hermann: Das alte *Ägypten* – kleine Landeskunde. Berlin 1958
Kees, Hermann: Die weiße Kapelle Sesostris I. in Karnak und das *Sedfest.* MDIK 16 1958
Landström, Björn: Die *Schiffe* der Pharaonen. München 1974
Lange, Kurt und Hirmer, Max: *Ägypten* – Architektur, Plastik, Malerei in drei Jahrtausenden. München 1967
Leclant, Jean: Tefnout et les Divines *Adoratrices* thébaines. MDIK 15 1957

Maspéro, Gaston: Les *Momies* Royales de Deir el Bahari. Paris 1898
Matz, Friedrich: Kreta *Mykene* Troja. 2. Auflage. Stuttgart 1956
Meyer, Eduard: *Geschichte* des Altertums. 1884
Morenz, Siegfried: Ägyptische *Religion.* Stuttgart 1960
Müller, Dieter: Grabausstattung und Totengericht in der Lehre für König *Merikare.* ZÄS 94 1967
Müller, Dieter: Der gute *Hirte* – ein Beitrag zur Geschichte der ägyptischen Bildrede. ZÄS 86 1961
Munro, P.: *Nefertem* und das Lotos-Emblem. ZÄS 95 1968
Naville, Edouard: The *Temple* of Deir el Bahari. London 1894
Nawrath, Alfred: *Ägypten* – Land zwischen Sand und Strom. Bern 1962
Nims, Charles: The *date* of dishonoring Hatshepsut. ZÄS 93 1966
Otto, Eberhard: *Ägypten* – der Weg des Pharaonenreiches. 4. Auflage Stuttgart 1966
Otto, Eberhard: Zwei Bemerkungen zum *Königskult* der Spätzeit. MDIK 15, 1957
Otto, Eberhard: Götter und *Tempel.* In Lange, Ägypten
Otto, Eberhard: Wesen und Wandel der ägyptischen *Kultur.* Berlin–Heidelberg 1969
Parker, Richard: The Beginning of the Lunar *Month* in Ancient Egypt. JMES 29 1970
Plessen, Elisabeth: *Hatschepsut.* Die Großen der Weltgeschichte Band I. Zürich 1972
Posener, Georges u. a.: *Lexikon* der ägyptischen Kultur. München–Zürich 1960
Ratié, Suzanne: *Hatschepsut.* Wiesbaden 1974
Read, John: Early eighteenth dynasty *chronology.* JNES 29 1970
Redford, Donald: *History* and Chronology of the Eighteenth Dynasty of Egypt. Toronto 1967
Ricke, Herbert: Das *Kamutef*heiligtum in Karnak. Beiträge zur ägyptischen Bauforschung Heft 3. Kairo 139/1954
Ricke, Herbert: Ein *Tempel* mit Pfeilerumgang Thutmosis III. und Hatschepsuts in Karnak. ASA 37 1937
Schott, Siegfried: Altägyptische *Liebeslieder.* Zürich 1950
Schott, Siegfried: Zum *Krönungstag* der Königin Hatschepsut. Nachrichten der Akademie der Wissenschaften (NAW) Göttingen 1955
Schott, Siegfried: Die *Schrift* der verborgenen Kammer in Königsgräbern der XVIII. Dynastie. NAW Göttingen 1958/59
Schott, Siegfried: Das schöne *Fest* vom Wüstental – Festbräuche einer Totenstadt. NAW Mainz 1952
Schott, Siegfried: Zur *Unvergänglichkeit* des Namens. MDIK 25 1969
Sethe, Kurt: Die *Thronwirren* unter den Nachfolgern König Thutmosis I. Leipzig 1896
Sethe, Kurt: *Urkunden* der 18. Dynastie übersetzt. Leipzig 1914
Siegler, Karl Georg: Die *Tore* von Kalabsha. MDIK 25 1969
Spiegel, Joachim: Das *Wesen* der altägyptischen Hochkultur. Heidelberg 1953
Stadelmann, Rainer: Tempelpalast und *Erscheinungsfenster* in den thebanischen Totentempeln. MDIK 29,2 1973
Stiebing, William H. jr.: *Hyksos* burials in Palestine. JNES 30 1971
Stubbings, Frank: The *Rise* of Mycenean Civilisation. CAH
Touny, A. D. und Wenig, Steffen: Der *Sport* im Alten Ägypten. Leipzig 1969
Uphill, E. P.: A joint *Sed*-Festival of Thutmosis III. and Queen Hatshepsut. JNES 20 1961
Volten, Aksel: Das *Harpunier*gestirn. MDIK 16, 1958
Wenig, Steffen: Die *Frau* im Alten Ägypten. Wien–München 1969
Westendorf, Wolfhart: Das Alte *Ägypten.* Baden-Baden 1968
Westendorf, Wolfhart: Bemerkungen zur »Kammer der *Wiedergeburt*« im Tutanchamungrab. ZÄS 94 1967
Wiesner, Joseph: Ägyptische *Kunst.* Frankfurt–Berlin 1963
Wildung, Dietrich: Zur Frühgeschichte des Amun-Tempels von *Karnak.* MDIK 25 1969
Winlock, H. E.: *Excavations* at Deir el Bahari. New York 1942
Wolf, Walther: Das Alte *Ägypten.* München 1971
Wolf, Walther: *Funde* in Ägypten. Geschichte ihrer Entdeckungen. Göttingen 1966
Wolf, Walther: Die *Kunst* Ägyptens. Stuttgart 1957
Wolf, Walther: *Kultur*geschichte des Alten Ägyptens. Stuttgart 1962

Quellenhinweise

Einleitung
[1] Helck, Beziehungen 3

1. Kapitel
[1] Hayes, Egypt 54
[2] Drowers, Syria 419
[3] Wolf, Ägypten 92
[4] Otto, Ägypten 129
[5] Maspero, Momies 527f
[6] Wolf, Kultur 275
[7] Wolf, Funde 161f
[8] Wolf, Ägypten 198
[9] Helck, Beziehungen 104
[10] Hornung, Rolle 120ff
[11] Helck, Beziehungen 112
Hayes, Scepter 111
[12] Wolf, Ägypten 153

2. Kapitel
[1] Otto, Ägypten 140
[2] Beckerath, Dynastie 13, A.3
[3] Helck, Grab 109
[4] Hayes, Scepter 44
[5] Hornung, Chronologie 16
[6] Hornung, Neue 15
[7] Hayes, Scepter 46
[8] Hayes, Scepter 52
[9] Sethe, Urkunden 54
[10] James, Expulsion 312
[11] James, Expulsion 312
[12] Helck, Beziehungen 116
[13] Helck, Beziehungen 116

3. Kapitel
[1] Redford, History 30
[2] Hayes, Egypt 72
[3] Sethe, Urkunden 26ff
[4] Wolf, Kultur 106
[5] Hayes, Egypt 73
[6] Sethe, Urkunden 13
[7] Sethe, Urkunden 13
[8] Sethe, Urkunden 45f
[9] Wolf, Funde 157
Sethe, Urkunden 21
[10] James, Expulsion 307
[11] Wolf, Ägypten 97
[12] Stubbings, Rise 633ff
[13] Wolf, Funde 153ff
[14] Wolf, Funde 159
[15] Wolf, Funde 158
[16] Stubbings, Rise 634ff
[17] James, Expulsion 298
[18] James, Expulsion 306
[19] James, Expulsion 307
[20] Redford, History 71
[21] James, Egypt 307
[22] Hayes, Scepter 44
[23] Redford, History 71
[24] Leclant, Adoratrices 168
[25] Redford, History 91
[26] Redford, History 72
[27] James, Egypt 308
[28] Hayes, Scepter 44
[29] Redford, History 71
[30] Hayes, Scepter 44

4. Kapitel
[1] Sethe, Urkunden 80
[2] Hayes, Egypt 315
[3] Hornung, Chronologie 108
[4] Hornung, Neue 15
[5] Hornung, Rolle 121
[6] Hayes, Egypt 315
[7] Redford, History 73
[8] Sethe, Urkunden 8
[9] Hayes, Egypt 347
[10] Sethe, Urkunden 9
[11] Sethe, Urkunden 10
[12] Sethe, Urkunden 128
[13] Drowers, Syria 432
[14] Drowers, Syria 432
[15] Drowers, Syria 433
[16] Helck, Beziehungen 117
[17] Aldred, Echnaton 53ff
[18] Helck, Beziehungen 117
[19] Drowers, Syria 432
[20] Lange, Ägypten 80
[21] Sethe, Urkunden 55f
[22] Hayes, Egypt 392
[23] Lange, Ägypten 80
[24] Sethe, Urkunden 57
[25] Brunner-Traut, Ägypten 197
[26] Sethe, Urkunden 81

5. Kapitel
[1] Schott, Liebeslieder 89
[2] Schott, Krönungstag 199
[3] Brunner, Geburt 192
[4] Wolf, Ägypten 199
[5] Brunner, Geburt 193
[6] Hornung, Einführung 169
[7] Hornung, Einführung 169
[8] Morenz, Religion 258ff
Otto, Kultur 153ff
[9] Meyer, Geschichte 113
Wolf, Kultur 475
[10] Brunner, Geburt 196ff
[11] Brunner, Geburt 19
[12] Brunner, Geburt 183
[13] Hunke, Religion 36, 41;
Hunke, Ende 28
[14] Hornung, Einführung 108ff
[15] Morenz, Religion 21;
Otto, Ägypten 52
[16] Hornung, Eine 1ff
[17] Hunke, Religion 17
[18] Hornung, Eine 253

6. Kapitel
1 Wolf, Ägypten 24
2 Hornung, Rolle 121
3 Otto, Ägypten 53
4 Wolf, Kultur 44; Spiegel, Wesen 22
5 Hornung, Rolle 129
6 Hornung, Rolle 129
7 Otto, Wesen 43
8 Otto, Königskult 196
9 Wolf, Kultur 114
10 Barta, Gold 80
11 Wolf, Kultur 226
12 Helck, Beziehungen 109
13 Hornung, Eine 249

7. Kapitel
1 Brunner, Geburt 193
2 Sethe, Urkunden 241
3 Wenig, Frau 26
4 Hayes, Egypt 316
5 Desroches, Tut-ench-amun 87
6 Brunner, Erzieher 90
7 Brunner, Erzieher 92
8 Desroches, Tut-ench-amun 110
9 Desroches, Tut-ench-amun 111
10 Wolf, Kultur 89
11 Posener, Lexikon 235
12 Schott, Liebeslieder 10
13 Schott, Liebeslieder 10
14 Wenig, Frau 14ff
15 Brunner-Traut, Ägypten 463
16 Desroches, Tut-ench-amun 188
17 Brunner, Erzieher 93
18 Schott, Krönungstag 200
19 Sethe, Urkunden 247
20 Sethe, Urkunden 248
21 Hayes, Egypt 369
22 Redford, History 82
23 Sethe, Urkunden 256f
24 Redford, History 54
25 Sethe, Urkunden 243

8. Kapitel
1 Sethe, Urkunden 58
2 Sethe, Urkunden 59
3 Hayes, Egypt 316
4 Sethe, Urkunden 144
5 Sethe, Urkunden 193
6 Redford, History 54
7 Hayes, Scepter 80
8 Hari, Moutnedjmet 230
9 Hornung, Einführung 95
10 Otto, Wesen 56f
11 Otto, Wesen 56
12 Schott, Liebeslieder 27
13 Hayes, Scepter 105
14 Sethe, Urkunden 34
15 Brunner, Erzieher 91
16 Wolf, Ägypten 103
17 Hayes, Scepter 105
18 Hayes, Egypt 314
19 Hayes, Egypt 315
20 Redford, History 74
21 Redford, History 73
22 Hayes, Scepter 105
23 Hayes, Scepter 105
24 Hayes, Egypt 316
25 Hayes, Scepter 80
26 Schott, Krönungstag 203
27 Carter, Tomb 114ff
28 Redford, History 73
29 Carter, Tomb 114ff
30 Carter, Tomb 115
31 Carter, Tomb 115
32 Wolf, Kultur 72
33 Volten, Harpunier 346ff
34 Morenz, Religion 280
35 Desroches, Tut-ench-amun 190
36 Carter, Tomb 116
37 Carter, Tomb 115
38 Hornung, Chronologie 109

9. Kapitel
1 Redford, History 3
2 Sethe, Urkunden 157
3 Redford, History 18
4 Sethe, Urkunden 211
5 Sethe, Urkunden 60
6 Hayes, Scepter 82
7 Hayes, Scepter 80
8 Redford, History 80
9 Hayes, Egypt 392
10 Lange, Ägypten 138ff
11 Habachi, Graffiti 96
12 Habachi, Graffiti 92
13 Habachi, Graffiti 95
14 Brunner-Traut, Ägypten 643f
15 Habachi, Graffiti 95
16 Hayes, Egypt 331
17 Schott, Krönungstag 210
18 Habachi, Graffiti 95
19 Habachi, Graffiti 96
20 Redford, History 76
21 Redford, History 74
22 Redford, History 77ff
23 Hayes, Egypt 332

10. Kapitel
1 Schott, Krönungstag 212ff
2 Schott, Krönungstag 212
3 Hornung, Rolle 120ff
4 Hornung, Rolle 120
5 Kees, Sedfest 202
6 Posener, Lexikon 138
7 Kees, Sedfest 202
8 Desroches, Tut-ench-amun 128
9 Kees, Sedfest 197
10 Otto, Königskult 196
11 Kees, Sedfest 202
12 Kees, Sedfest 209
13 Kees, Sedfest 202
14 Hayes, Scepter 83; Hornung, Rolle 129
15 Hornung, Rolle 122
16 Sethe, Urkunden 247f
17 Goedicke, Chronologie 245
18 Naville, Temple 15
19 Sethe, Thronwirren 26f
20 Hayes, Scepter 94
21 Kaplony, Inschriften Anm. 305 & 1597
22 Otto, Ägypten 44
23 Hornung, Einführung 80
24 Wolf, Kultur 109
25 Otto, Ägypten 90
26 Goedicke, Chronologie 245
27 Wolf, Ägypten 58
28 Emery, Frühzeit 104
29 Wolf, Funde 131ff
30 Otto, Ägypten 140
31 Schott, Krönungstag 202
32 Hari, Moutnedjmet 230
33 Wolf, Ägypten 149f

11. Kapitel
1 Gardiner, Inscription 46
2 Desroches, Tut-ench-amun 185f
3 Brunner-Traut, Ägypten 192
4 Gardiner, Inscription 47
5 Wolf, Kultur 287
6 Redford, History 63
7 Otto, Ägypten 143
8 Hayes, Scepter 4
9 Hornung, Rolle 124
10 Gardiner, Inscription 46
11 Gardiner, Inscription 46
12 Habachi, Graffiti 99ff
13 Habachi, Graffiti 101
14 Habachi, Graffiti 104
15 Redford, History 59
16 Sethe, Urkunden 248
17 Sethe, Urkunden 255
18 Sethe, Urkunden 257
19 Sethe, Urkunden 260
20 Sethe, Urkunden 261
21 Redford, History 55
22 Hornung, Rolle 130
23 Redford, History 81
24 Hunke, Anfang 261ff
25 Redford, History 64
26 Redford, History 64
27 Helck, Beziehungen 118
28 Helck, Beziehungen 118
29 Helck, Beziehungen 119
30 Redford, History 60
31 Redford, History 60, A. 27
32 Redford, History 62

12. Kapitel
[1] Schott, Krönungstag 204f; Desroches, Tut-ench-amun 24f
[2] Desroches, Tut-ench-amun 25
[3] Redford, History 80
[4] Hayes, Egypt 416
[5] Ricke, Kamutef 33f
[6] Ricke, Kamutef 37
[7] Ricke, Kamutef 35f
[8] Ricke, Kamutef 33
[9] Abdelrazik, Luxor 220f
[10] Hölscher, Excavation 43
[11] Arnold, El-Tarif 153ff
[12] Hölscher, Excavation 43
[13] Sethe, Urkunden 311
[14] Hölscher, Excavation 13
[15] Hölscher, Excavation 48
[16] Kaiser, Elefantine 3, 159ff
[17] Ratié, Hatschepsut 111ff
[18] Brunner-Traut, Ägypten 455
[19] Gardiner, Inscription 46
[20] Helck, Verwaltung 2
[21] Sethe, Urkunden 312

13. Kapitel
[1] Sethe, Urkunden 294
[2] Lange, Ägypten 68
[3] Sethe, Urkunden 297
[4] Sethe, Urkunden 237
[5] Morenz, Religion 18
[6] Hayes, Scepter 89f
[7] Hayes, Scepter 92
[8] Hayes, Scepter 95
[9] Lange, Ägypten 83
[10] Assmann, Sonnenpriester 13
[11] Assmann, Sonnenpriester 14
[12] Assmann, Sonnenpriester 45
[13] Assmann, Sonnenpriester 44
[14] Kees, Ägypten 153
[15] Sethe, Urkunden 295
[16] Stadelmann, Erscheinungsfenster 220
[17] Stadelmann, Erscheinungsfenster 241
[18] Stadelmann, Erscheinungsfenster 240
[19] Hayes, Scepter 99
[20] Morenz, Religion 90
[21] Posener, Lexikon 34
[22] Winlock, Excavations 134
[23] Hayes, Varia 79
[24] Wolf, Kultur 409
[25] Wolf, Kultur 368
[26] Touny, Sport 83
[27] Schott, Liebeslieder 81
[28] Hayes, Scepter 85
[29] Emery, Frühzeit 38f
[30] Casson, Ägypten 127
[31] Hayes, Scepter 85ff
[32] Hayes, Scepter 86f
[33] Hayes, Scepter 84

14. Kapitel
[1] Sethe, Urkunden 342f
[2] Breasted, Records 116ff
[3] Sethe, Urkunden 348
[4] Schott, Krönungstag 207f
[5] Sethe, Urkunden 354
[6] Breasted, Records 107
[7] Herzog, Punt 67ff
[8] Landström, Schiffe
[9] Landström, Schiffe 63
[10] Landström, Schiffe 123ff
[11] Landström, Schiffe 28f
[12] Breasted, Records 107
[13] Breasted, Records 108
[14] Breasted, Records 109
[15] Breasted, Records 111
[16] Schott, Krönungstag 209

15. Kapitel
[1] Schott, Krönungstag 195, A.
[2] Schott, Fest 770
[3] Sethe, Urkunden 305
[4] Schott, Fest 770
[5] Schott, Fest 772
[6] Morenz, Religion 94
[7] Morenz, Religion 95
[8] Morenz, Religion 142
[9] Hermann, Rilke 44f
[10] Schott, Fest 772
[11] Helck, Wörterbuch 260
[12] Morenz, Religion 110
[13] Schott, Fest 772
[14] Schott, Krönungstag 196
[15] Schott, Fest 875
[16] Schott, Fest 876
[17] Schott, Fest 877
[18] Schott, Fest 813
[19] Schott, Liebeslieder 127
[20] Schott, Liebeslieder 126
[21] Schott, Fest 773
[22] Schott, Liebeslieder 128f
[23] Schott, Fest 770

16. Kapitel
[1] Hayes, Varia 84
[2] Wolf, Kultur 264
[3] Hayes, Varia 84
[4] Hayes, Scepter 106
[5] Schott, Krönungstag 216, A. 72
[6] Schott, Krönungstag 218
[7] Hayes, Varia 79
[8] Helck, Einfluß 42
[9] Sethe, Urkunden 406
[10] Helck, Verwaltung 357
[11] Helck, Verwaltung 360ff
[12] Helck, Verwaltung 1
[13] Breasted, Records 161
[14] Helck, Verwaltung 298
[15] Hornung, Einführung 82
[16] Helck, Verwaltung 29ff
[17] Breasted, Records 269
[18] Breasted, Records 269
[19] Helck, Verwaltung 39
[20] Helck, Verwaltung 397
[21] Breasted, Records 158f
[22] Hayes, Scepter 81
[23] Schott, Fest 814
[24] Schott, Fest 815
[25] Redford, History 85
[26] Redford, History 84
[27] Helck, Verwaltung 347
[28] Helck, Verwaltung 347
[29] Helck, Verwaltung 347, A. 2
[30] Aldred, Echnaton 114
[31] Hayes, Scepter 107

17. Kapitel
[1] Hayes, Scepter 105
[2] Emery, Frühzeit 32
[3] Hayes, Scepter 104
[4] Uphill, Sedfestival 250
[5] Otto, Kultur 23
[6] Wolf, Kultur 56
[7] Kees, Sedfest 198
[8] Naville, Temple 18
[9] Naville, Temple 18
[10] Uphill, Sedfestival 251
[11] Uphill, Sedfestival 248
[12] Uphill, Sedfestival 248
[13] Uphill, Sedfestival 249
[14] Uphill, Sedfestival 250
[15] Uphill, Sedfestival 249
[16] Hayes, Egypt 368
[17] Redford, History 76
[18] Redford, History 85
[19] Aldred, Echnaton 113
[20] Redford, History 60
[21] Redford, History 62; Helck, Urkunden 15

18. Kapitel
[1] Schott, Schrift 323
[2] Hayes, Scepter 103
[3] Schott, Schrift 323
[4] Hayes, Egypt 402
[5] Desroches, Tut-ench-amun 182
[6] Desroches, Tut-ench-amun 189
[7] Schott, Schrift 340
[8] Desroches, Tut-ench-amun 181
[9] Schott, Schrift 350
[10] Schott, Schrift 348
[11] Schott, Schrift 350
[12] Schott, Schrift 333
[13] Schott, Schrift 326
[14] Schott, Schrift 327

19. Kapitel

[1] Schott, Krönungstag 216
[2] Helck, Urkunden 33, A. 22
[3] Helck, Urkunden 13, A. 1
[4] Hornung, Chronologie 108
[5] Helck, Beziehungen 120
[6] Schott, Krönungstag 216
[7] Wolf, Ägypten 194f
[8] Wolf, Ägypten 153
[9] Hayes, Egypt 318
[10] Wolf, Ägypten 106
[11] Hayes, Egypt 318
[12] Helck, Beziehungen 120
[13] Redford, History 87
[14] Carter, Tomb 115
[15] Hayes, Egypt 319
[16] Schott, Schrift 323
[17] Maspero, Momies
[18] Maspero, Momies 584
[19] Sethe, Thronwirren 111
[20] Sethe, Thronwirren 111
[21] Maspero, Momies 584
[22] Harris, X-Raying 135
[23] Wolf, Funde 245
[24] Harris, X-Raying 135f

20. Kapitel

[1] Sethe, Thronwirren 13
[2] Sethe, Thronwirren 18
[3] Redford, History 52
[4] Brunner, Geburt 4
[5] Sethe, Thronwirren 13
[6] Siegler, Tore 140
[7] Nims, Date 97
[8] Schott, Krönungstag 216
[9] Nims, Date 97
[10] Nims, Date 100
[11] Nims, Date 100
[12] Ratié, Hatschepsut 161
[13] Ratié, Hatschepsut 155
[14] Ratié, Hatschepsut 187f
[15] Naville, Temple 28
[16] Hayes, Egypt 322
[17] Hayes, Egypt 321

21. Kapitel

[1] Plessen, Hatschepsut 131
[2] Helck, Beziehungen 620
[3] Hornung, Rolle 132
[4] Redford, History 87
[5] Schott, Krönungstag 219

Bildhinweise

Seite 110: Hatschepsuts Pylon (Hirmer Fotoarchiv, München)
Seite 114: Hatschepsuts Kleiner Tempel (Hirmer Fotoarchiv, München)
Seite 117: Alabastersphinx (Hirmer Fotoarchiv, München)
Seite 120: Festung Buhen (aus: ›Egypt‹, Hallwag Verlag, Bern und Stuttgart 1966)
Seite 124/125: Beide Terrassentempel (Hirmer Fotoarchiv, München)
Seite 129: Sphinx Hatschepsuts (Staatliche Museen zu Berlin/DDR, Ägyptisches Museum)
Seite 131: Hatschepsut opfert vor Amun (Hirmer Fotoarchiv, München)
Seite 132: Sitzstatue Hatschepsuts (Metropolitan Museum, New York)
Seite 135: Hatschepsut opfert Hathor (Hirmer Fotoarchiv, München)
Seite 139: Oberste Terrasse (Hirmer Fotoarchiv, München)
Seite 142: Hatschepsut beim Kultlauf (aus: Touny/Wenig, ›Der Sport im alten Ägypten‹, Edition Leipzig 1969)
Seite 143: Djoser beim Kultlauf (aus: Touny/Wenig, ›Der Sport im alten Ägypten‹, Edition Leipzig 1969)
Seite 151: Ankunft in Punt (Aufn. d. Verf.)
Seite 152: Verladung in Punt (Aufn. d. Verf.)
Seite 162: Familie beim Totenschmaus (aus: Aldred, ›Echnaton‹, Lübbe 1968)
Seite 177: Senenmut (Metropolitan Museum, New York)
Seite 180: Senenmut mit Nofrurê (Aufn. m. frdl. Genehmigung d. Ägyptischen Museums, Kairo)
Seite 190: Thutmosis III. als Mitregent (Aufn. d. Verf.)
Seite 194: Hatschepsut beim Sed-Fest (Aufn. d. Verf.)
Seite 195: Thutmosis III. bei Hatschepsuts Sed-Fest (Hirmer Fotoarchiv, München)
Seite 196: Thutmosis III. in Der el Bahari (Aufn. d. Verf.)
Seite 199: Thutmosis III. als Pharao (Hirmer Fotoarchiv, München)
Seite 202: Königssarg Hatschepsuts (Hirmer Fotoarchiv, München)
Seite 205: Die ›neue Sonne‹ (Aufn. d. Verf.)
Seite 205: Morgensonne als Skarabäus (Aufn. d. Verf.)
Seite 212: Thutmosis III. – ein Mörder? (Hirmer Fotoarchiv, München)
Seite 215: Uschebti Hatschepsuts (Aufn. m. frdl. Genehm. d. Rijksmuseum Meermanno-Westreenianum, s'Gravenhage, Niederlande)
Seite 218: Hatschepsuts Mumie (aus: Harris/Weeks, »X-raying the Pharaos«, Charles Scribners Sons Ltd., New York)
Seite 220: Röntgenaufnahme der Mumie Thutmosis III. (aus: Harris/Weeks, »X-raying the Pharaos«, Charles Scribners Sons Ltd, New York.
Seite 231: Teje – eine Bürgerliche (Hirmer Fotoarchiv, München)
Seite 236: Sphinx Hatschepsuts (Hirmer Fotoarchiv, München)

Karten und Pläne

Die Karten auf den Seiten 22, 23 und 25 sind mit freundlicher Genehmigung des R. Oldenbourg Verlags, München, dem ›Abriß der Geschichte des alten Ägypten‹ von Jürgen v. Beckerath entnommen; für den Grundriß des Tempels von Der el Bahari (Seiten 126/127) aus Lange/Hirmer, ›Ägypten – Architektur, Plastik, Malerei in drei Jahrtausenden‹ erteilte der Hirmer Verlag, München, freundlicherweise die Abdrucksgenehmigung.

Register

Arabische und ägyptische Namen und Ausdrücke sind so umschrieben, wie sie sich in Deutschland eingebürgert haben oder wie sie am ehesten einem Nicht-Fachmann eine ungefähr richtige Aussprache ermöglichen. Auf die wissenschaftliche Umschrift wurde daher bewußt verzichtet.
Abkürzungen: König = K, Königsgemahlin = Kg, regierende Königin = Kn, Gott = G, Göttin = Gn

Sch

St

T

U

V